国家骨干高职院校项目建设成果

汽车市场营销

Qiche Shichang Yingxiao

付慧敏 欧阳娜 主 编
李向平 主 审

人民交通出版社股份有限公司
China Communications Press Co.,Ltd.

内 容 提 要

本书是汽车技术服务与营销专业职业岗位核心能力课程教材,是在各高等职业院校积极践行和创新先进职业教育思想和理念,深入推进"校企合作、工学结合"人才培养模式的大背景下,根据新的教学标准和课程标准组织编写而成。

本书以汽车销售为主线,内容主要包括汽车与市场营销基础认知、汽车市场营销策划、汽车消费者购买行为分析、实施汽车市场4P策略、汽车整车销售,共5个学习情境、20个工作任务。

本书主要供高职高专院校汽车技术服务与营销专业和汽车运用技术专业教学使用。

图书在版编目(CIP)数据

汽车市场营销／付慧敏,欧阳娜主编.—北京：
人民交通出版社股份有限公司,2015.1
国家骨干高职院校项目建设成果
ISBN 978-7-114-12358-0

Ⅰ.①汽… Ⅱ.①付…②欧… Ⅲ.①汽车－市场营销学－高等职业教育－教材 Ⅳ.①F766

中国版本图书馆CIP数据核字(2015)第161068号

国家骨干高职院校项目建设成果

书　　名：	汽车市场营销
著 作 者：	付慧敏　欧阳娜
责任编辑：	卢仲贤　司昌静
出版发行：	人民交通出版社股份有限公司
地　　址：	(100011)北京市朝阳区安定门外外馆斜街3号
网　　址：	http://www.ccpress.com.cn
销售电话：	(010)85285973
总 经 销：	人民交通出版社股份有限公司发行部
经　　销：	各地新华书店
印　　刷：	北京市密东印刷有限公司
开　　本：	787×1092　1/16
印　　张：	13.5
字　　数：	340千
版　　次：	2015年1月　第1版
印　　次：	2017年1月　第2次印刷
书　　号：	ISBN 978-7-114-12358-0
定　　价：	40.00元

(有印刷、装订质量问题的图书由本公司负责调换)

江西交通职业技术学院
优质核心课程系列教材编审委员会

主　任：朱隆亮
副主任：黄晓敏　刘　勇
委　员：王敏军　李俊彬　官海兵　刘　华　黄　浩
　　　　张智雄　甘红缨　吴小芳　陈晓明　牛星南
　　　　黄　侃　何世松　柳　伟　廖胜文　钟华生
　　　　易　群　张光磊　孙浩静　许　伟

道路桥梁工程技术专业编审组（按姓名音序排列）
蔡龙成　陈　松　陈晓明　邓　超　丁海萍　傅鹏斌
胡明霞　蒋明霞　李慧英　李　娟　李　央　梁安宁
刘春峰　刘　华　刘　涛　刘文灵　柳　伟　聂　堃
唐钱龙　王　彪　王立军　王　霞　吴继锋　吴　琼
席强伟　谢　艳　熊墨圣　徐　进　宣　滨　俞记生
张　先　张先兵　郑卫华　周　娟　朱学坤　邹花兰

汽车运用技术专业编审组
邓丽丽　付慧敏　官海兵　胡雄杰　黄晓敏　李彩丽
梁　婷　廖胜文　刘堂胜　刘星星　毛建峰　闵思鹏
欧阳娜　潘开广　孙丽娟　王海利　吴纪生　肖　雨
杨　晋　游小青　张光磊　郑　莉　周羽皓　邹小明

物流管理专业编审组
安礼奎　顾　静　黄　浩　闵秀红　潘　娟　孙浩静
唐振武　万义国　吴　科　熊　青　闫跃跃　杨　莉
曾素文　曾周玉　占　维　张康潜　张　黎　邹丽娟

交通安全与智能控制专业编审组
陈　英　丁荔芳　黄小花　李小伍　陆文逸　任剑岚
王小龙　武国祥　肖　苏　谢静思　熊慧芳　徐　杰
许　伟　叶津凌　张春雨　张　飞　张　铮　张智雄

学生素质教育编审组
甘红缨　郭瑞英　刘庆元　麻海东　孙　力　吴小芳
余　艳

序 PREFACE

　　为配合国家骨干高职院校建设，推进教育教学改革，重构教学内容，改进教学方法，在多年课程改革的基础上，江西交通职业技术学院组织相关专业教师和行业企业技术人员共同编写了"国家骨干高职院校重点建设专业人才培养方案和优质核心课程系列教材"。经过三年的试用与修改，本套丛书在人民交通出版社股份有限公司的支持下正式出版发行。在此，向本套丛书的编审人员、人民交通出版社股份有限公司及提供帮助的企业表示衷心感谢！

　　人才培养方案和教材是教师教学的重要资源和辅助工具，其优劣对教与学的质量有着重要的影响。好的人才培养方案和教材能够提纲挈领，举一反三，而差的则照搬照抄，不知所云。在当前阶段，人才培养方案和教材仍然是教师以育人为目标，服务学生不可或缺的载体和媒介。

　　基于上述认识，本套丛书以适应高职教育教学改革需要、体现高职教材"理论够用、突出能力"的特色为出发点和目标，努力从内容到形式上有所突破和创新。在人才培养方案设计时，依据企业岗位的需求，构建了以岗位需求为导向，融教学生产于一体的工学结合人才培养模式；在教学内容取舍上，坚持实用性和针对性相结合的原则，根据高职院校学生到工作岗位所需的职业技能进行选择。并且，从分析典型工作任务入手，由易到难设置学习情境，寓知识、能力、情感培养于学生的学习过程中，力求为教学组织与实施提供一种可以借鉴的模式。

　　本套丛书共涉及汽车运用技术、道路桥梁工程技术、物流管理和交通安全与智能控制等27个专业的人才培养方案，24门核心课程教材。希望本套丛书能具有学校特色和专业特色，适应行业企业需求、高职学生特点和经济社会发展要求。我们期待它能够成为交通运输行业高素质技术技能人才培养中有力的助推器。

　　用心用功用情唯求致用，耗时耗力耗资应有所值。如此，方为此套丛书的最大幸事！

江西省交通运输厅总工程师

2014年12月

前言

为落实《国家中长期教育改革和发展规划纲要(2010—2020)》精神,深化职业教育教学改革,积极推进课程改革和教材建设,满足职业教育发展的新需求,根据工学结合、理实一体化课程开发程序和方法,编写了本书,供高职高专院校汽车技术服务与营销专业教学使用。

本书在启动之时,学院组织相关教师对企业进行了实地调研,充分考虑了目前高等职业教育的特点以及汽车营销市场对人才的需求,坚持面向市场、面向社会,以能力为本位,以职业发展为导向,注重理论知识与实践技能的有机结合,实践内容与现行行业标准紧密结合。

本书有如下特点:

1. 整合学习体系

将汽车营销的整体知识结构分为5个学习情境,保证每个学习情境的完整性与独立性,每个学习情境下设立工作任务,设计任务工作单,构建以行动导向为主要特点的学习体系。

2. 理论、实践一体化

本书将理论学习与实践学习融为一体,有利于提高学生的实际操作能力。

3. 引导学生主动学习

学生通过任务工作单的完成,可以对理论部分自我学习,提高对理论知识的掌握。

教材编写过程中力求"应用为目的,必需、够用为度";内容翔实,实例丰富,既有理论指导作用,又有实践运用价值。

本书由江西交通职业技术学院付慧敏、欧阳娜担任主编,梁婷、刘星星、邓丽丽、郑莉、孙丽娟等参编,江西运通汽车城西销售服务有限公司通用雪佛兰4S店李向平担任主审。其中,梁婷编写学习情境一,刘星星编写学习情境二,邓丽丽编写学习情境三,郑莉编写学习情境四的工作任务一和工作任务二,欧阳娜编写学习情境四的工作任务三和工作任务四,孙丽娟编写学习情境五的工作任务一~工作任务三,付慧敏编写学习情境五的工作任务四~工作任务六。

在本书编写过程中,参考了大量的图书资料和图片资料,在此向有关作者表示衷心感谢。除参考文献中所列的署名作品之外,部分作品的名称及作者无法详细核实,故没有注明,在此表示歉意。

汽车市场的发展在不断变化,汽车营销属于汽车与市场营销的交叉学科,内容繁多。由于作者水平有限,书中不妥或错误之处在所难免,恳请读者批评指正。

作　者

2014 年 12 月

目录 CONTENTS

学习情境一　汽车与市场营销基础认知 ………………………………………………… 1
　　工作任务一　世界各地汽车工业发展认知 …………………………………………… 2
　　工作任务二　市场营销概念及营销观念的认知 ……………………………………… 8
　　工作任务三　汽车销售的4S模式认知 ……………………………………………… 16

学习情境二　汽车市场营销策划 ……………………………………………………… 24
　　工作任务一　汽车市场营销环境分析 ………………………………………………… 25
　　工作任务二　汽车市场调查与预测 …………………………………………………… 38
　　工作任务三　汽车市场细分与目标市场选择 ………………………………………… 51
　　工作任务四　汽车营销策划书的编写 ………………………………………………… 61

学习情境三　汽车消费者购买行为分析 ……………………………………………… 68
　　工作任务一　汽车消费者购买行为认知 ……………………………………………… 69
　　工作任务二　汽车个体消费者购买行为分析 ………………………………………… 76
　　工作任务三　汽车组织(集团)消费者购买行为分析 ………………………………… 87

学习情境四　实施汽车市场4P策略 …………………………………………………… 92
　　工作任务一　实施汽车产品策略 ……………………………………………………… 93
　　工作任务二　实施汽车价格策略 ……………………………………………………… 104
　　工作任务三　实施汽车分销渠道策略 ………………………………………………… 116
　　工作任务四　实施汽车促销策略 ……………………………………………………… 126

学习情境五　汽车整车销售 …………………………………………………………… 141
　　工作任务一　汽车销售展厅接待 ……………………………………………………… 142
　　工作任务二　汽车客户需求分析 ……………………………………………………… 151
　　工作任务三　车辆介绍与试乘试驾 …………………………………………………… 158
　　工作任务四　异议处理与促进交易 …………………………………………………… 174
　　工作任务五　交车服务 ………………………………………………………………… 188
　　工作任务六　车辆的售后服务管理 …………………………………………………… 196

参考文献 ………………………………………………………………………………… 203

学习情境一　汽车与市场营销基础认知

情境概述

本学习情境主要讲授世界三大车系的特点,营销观念的发展,市场要素,4S店汽车营销企业的岗位设置和功能特点,根据岗位职业能力的要求,共有3个真实的工作任务。

一、职业能力分析

通过本情境的学习,期望达到下列目标。

1. 专业能力

(1)熟悉世界三大车系的主要品牌与车型特点。
(2)能够应顾客要求进行车系、品牌车型的特点介绍,为顾客购车提供必要参考。
(3)熟悉国际、国内汽车市场的基本情况。
(4)掌握市场营销与汽车营销概念。
(5)掌握4S店的岗位设置和功能特点。

2. 社会能力

(1)通过分组活动,培养团队协作能力。
(2)通过规范文明操作,培养良好的职业道德和安全环保意识。
(3)通过小组讨论、上台演讲评述,培养与客户的沟通能力。

3. 方法能力

(1)通过查阅资料、文献,培养个人自学能力和获取信息能力。
(2)通过情境化的任务单元活动,掌握解决实际问题的能力。
(3)填写任务工作单,制订工作计划,培养工作方法能力。
(4)能独立使用各种媒体完成学习任务。

二、学习情境描述

汽车营销是汽车专业知识与市场营销知识的有机结合。作为一名与汽车营销相关的服务人员,必须熟悉国内外各大品牌车系的特点,了解国内外汽车销售市场,还要充分理解"汽车营销"的含义,明确自己的工作任务,立足岗位职能,为顾客进行必要的指导。

三、教学环境要求

本学习情境要求在理实一体化专业教室和专业实训室完成。要求展示4S店的各种岗位设置;配备日系、德系、美系车各1辆,同时提供相关车辆的使用说明书;可以用于资料查询的电脑、任务工作单、多媒体教学设备、课件和视频教学资料等。

学生分成6个小组,各组独立完成相关的工作任务,并在教学完成后提交任务工作单。

工作任务一　世界各地汽车工业发展认知

 任务概述

1. 应知应会

通过本工作任务的学习与具体实施,学生应学会下列知识:

(1)熟悉世界三大车系的分类,熟知知名品牌与车型特点。

(2)熟悉国际国内汽车市场的基本情况。

应该掌握下列技能:会对各种车系进行特点分析。

2. 学习要求

(1)在每个任务单元的学习过程中,完成相关任务工作单的填写,并通过课程网络及时提交给相关教师。任务工作单提交方法详见课程网站。

(2)在每个学习情境实施阶段的中期或后期,按要求填写工作单。本情境学习结束后,按要求填写学生考核记录表,进行自我评价后交小组长,小组长评价后连同工作单统一交教师。

(3)每个情境学习到评价环节时,个人进行任务完成情况的评估。教师对小组抽查,被抽查的个人上台进行讲评。

 相关知识

一、西欧、北美、亚洲三大车系概况

世界汽车工业以西欧、北美、亚洲(日、韩)三大车系为主。尽管各国轿车的发展目标都是安全、经济、环保,但由于世界各国的地理环境、民族文化、经济发展、人口状况、消费者用车习惯的不同,三大车系也会存在着一定的差异,具有各自的特点。

1. 欧洲主要汽车品牌及特点

欧系车泛指德国、法国、意大利、西班牙、瑞典、英国等国家生产的轿车。主要的汽车公司或集团有:德国的大众、奔驰、宝马、欧宝;法国的雷诺、标致-雪铁龙;意大利的菲亚特;瑞典的沃尔沃等。欧系车代表品牌如图1-1所示。

图1-1　欧系车代表品牌

欧洲国家富裕程度高、贫富差距小、国家面积普遍不大。阿尔卑斯山纵穿欧洲大陆,丘陵地带多,平原少,城镇星罗棋布,人口分布比较均匀,人口高度集中的巨型城市比较少,因此欧洲轿车的底盘较高,悬架系统较好,振感小,乘坐舒适。由于要适合丘陵地带的需要,所以欧洲车操纵性能较好,扭力较大,爬坡能力强,提速快,短距离超车得心应手。欧洲高速公

路路况良好,部分国家的高速公路没有最高时速限制,因此,欧系车在高速稳定性上也普遍较好。欧系车在防腐工艺上做得很出色,使得车辆的二手车保值率比较高。安全性也是欧洲车型的优势之一,来自北欧瑞典的沃尔沃被誉为世界最安全的汽车,而欧洲汽车厂商也大都将汽车安全的设计从实验室里的碰撞研究逐步转向实际交通事故中,在汽车的主动和被动安全性上拥有一定的领先地位。由于欧洲在文化角度上比较坚持欧洲内部的文化,不容易受外来文化影响,所以欧洲车外形和内饰的设计普遍比较平实内敛,旅行轿车和紧凑型MPV(多用途汽车)更是极大地满足了人们旅游度假的需求。

2. 北美主要汽车品牌及特点

北美自由贸易区包括美国、加拿大、墨西哥,其中汽车工业的中心在美国。以美国通用、福特、戴姆勒-克莱斯勒三大汽车公司为主;日本在美国、加拿大以及欧洲汽车厂家在墨西哥的移植厂也具有一定的规模。北美主要汽车品牌如图1-2所示。

图1-2 北美主要汽车品牌

美国地势开阔且大多地势平坦,高速公路四通八达,路面条件好,人们长途驾车已是一件很平常的事,因此一般美国车发动机扭矩大,加速性能较好,后备功率大,底盘高度适中,轮胎较宽,具有较好的稳定性和抓地力,适合平地驾驶。宽敞的车厢是美国车的一大特色,车厢宽敞,座位宽大,乘坐起来没有压抑感,舒适度极好。"人的生命价值至高无上"已经深深烙入汽车设计者的思想之中,加上美国法律面面俱到,略有差错就有可能吃官司,因此一些美国轿车的钢板比较厚实,质量重,车身造型刚劲,安全防御能力强。车上的辅助设备简单实用,车内装饰有浓厚的欧洲风格,这与大多数美国人是欧洲后裔有关,但做工一般没有欧洲车细腻。

3. 亚洲主要汽车品牌及特点

亚洲的主要汽车厂商有日本的丰田、本田、日产;韩国的现代、大宇、起亚。其中起亚被现代兼购,大宇于2000年破产,进入美国通用。代表品牌:丰田、本田、马自达、日产、铃木、斯巴鲁、现代、起亚。亚洲汽车代表品牌如图1-3所示。

图1-3 亚洲主要汽车品牌

日本轿车轻巧美观、造型新颖、改型快、适应面广;轿车钢板较薄,自重较轻,底盘较低,车身容积较小,耗油低、排放低,空间利用率高。车厢内各种设备齐全,装饰做工细腻,操纵性及制动性能优良,非常适合在城市内穿街过巷。

传统上,韩国轿车设计新颖、性价比高、品质偏上、形象一般。由于政府的大力支持,韩国汽车最近30年的发展迅猛。但韩国本土汽车品牌的发展不是一帆风顺,目前本土汽车企业最具代表性的仅有现代和起亚。现代集团在欧美都有研发中心,所以韩系车在外型上往往紧跟国际汽车设计的风向。最近几年,韩国汽车工业得到快速发展,其产品无论是在造型上,还是在性能和质量上,都有了很大的提高,品牌价值也得到大幅提升,在世界汽车工业中的地位不断提高。

在资讯发达的今天,各国的汽车制造业能相互取长补短,既保留自己的风格也汲取他人的长处。在面向世界性的大市场中,各国汽车的差异在不断缩小,但是民族的文化意识和地域的差别还会反映在整车的设计思想上,反映在汽车的外形和性能上。

二、中国汽车工业的发展现状与趋势

1. 中国汽车工业的发展现状

(1)形成了具有一定规模的产业基础,产销量增长放缓

据中国汽车工业协会统计,2008年全国汽车产销均突破900万辆;2009年全国汽车产销完成1379.10万辆;2010年全国产销规模达到1806万辆;2011年全国汽车产销分别为1841.89万辆和1850.51万辆,产销均超过上年,其中乘用车销量1436万辆,同比增长4.4%。2012年全国汽车产销量双双突破1900万辆大关,汽车产销分别为1927.18万辆和1930.64万辆,同比分别增长4.63%和4.33%,乘用车的表现优于商用车,全年产销量分别达到1552.37万辆和1549.52万辆,相比2011年增长7.17%和7.07%;2013年,中国汽车产、销稳中有增,两者均高达约2200万辆,同比增长约14%,约占全球总产销量的1/4。进入2014年,汽车行业的支持政策不断颁布,汽车产销量虽有所增长,但增速在低位徘徊,2014年前三季度,我国汽车产销量分别为1722.59万辆和1700.04万辆,分别较上年同期增长8.08%和7.05%。

(2)产品结构趋于合理,基本满足市场的需求

从"十五"开始,中国汽车产业结构进行了整体调整。按照传统的分类方法,客车、货车、轿车所占的比例中,重型车的比例越来越少。"十二五"期间,乘用车比例达到75%,其中轿车高达54%;重型货车占载货车的比例也提高到16%。在传统的燃油车中,中型载货车的柴油化率达到了一定的高度。另外,甲醇、乙醇等醇类代用燃料的汽车已经在部分地区逐步推广。混合动力和电动汽车的研发也取得了一定的成果,产品结构在满足市场需求的同时,逐步顺应中国能源结构的实际和国际环保新技术新能源发展的趋势。2014年前三季度,乘用车的占比进一步提高,达到了83.27%,其中SUV增长33.3%,是增长最多的。商用车已经是负增长6.2%,其中货车负增长8.4%。

(3)产业组织结构进一步优化,重点骨干企业在产业发展中的主导作用更加明显

汽车产业跨地区、跨行业、跨品牌、跨国界和跨所有制的联合兼并,使一批骨干企业在行业的主导地位得以确立,大大提升了汽车企业的整体实力,产业集中度、资本集中度和生产集中度迅速提高。

(4)自主创新能力有所提高,自主品牌产品也取得了长足发展

国内企业实现了从简单模仿到开发再到自主创新的转变,自主创新已经从单项技术和产品创新向集成创新和创新能力建设方面发展。"十二五"期间自主品牌轿车发展迅速,自主品牌企业经过持续的努力与付出,与合资品牌的竞争格局已经基本形成,成为推动中国汽车工业发展的重要力量。

面对技术壁垒,自主品牌企业通过人才引进、科研投入与借鉴学习相结合的多元化途径取得了明显的进步,并把相当一部分的研究成果应用于量产车上。2014年广州车展上,虽然合资品牌

新车依然是车展上的主角,但自主品牌的新车给力程度相较前几年却有了长足进步。陆风X7、启辰T70、东南汽车DX7博朗等车型都是备受关注的自主品牌新车。吉利汽车旗下的2015款远景正式上市。新车基于吉利GC7打造而来,外形显得更为年轻化。新车配置有1.3T和1.5L两种动力系统。其中,1.3T发动机是吉利自主研发的一款顶置双凸轮轴歧管喷射涡轮增压发动机,其动力性能媲美1.8L自然进气发动机,将成为吉利小型车和紧凑型车标配的动力系统。比亚迪是国内新能源车标兵企业,从早年的F3DM、e6,到最近的秦、唐都引领着行业的发展。随着国家推动新能源汽车政策的深入,已掌握成熟混合动力技术的比亚迪把触角伸向商用车领域。比亚迪商(此前称为"M3 DM")就是在这样背景下催生出来的一款混合动力商用车。

(5)节能减排正有序推进、循环经济发展起步

节能减排与新能源汽车工作有序推进。"十二五"期间,国家实施了一系列的政策措施,汽车排放达到国Ⅲ标准,乘用车整体油耗水平比2002年下降15%左右,上百种混合动力、纯电动、燃料电池汽车等新能源轿车、客车产品相继问世。部分企业开展了汽车回收利用和汽车零部件再制造试点工作,产值高达12亿元。

2. 中国汽车工业的发展趋势

(1)汽车企业摆脱对销量的依赖,在售后服务、节能环保、扩大出口等方面下功夫

随着企业竞争的加剧和消费者需求的不断变化,中国的汽车企业必须摆脱对数量高增长的依赖,将在新车型推出、市场渠道深入调整及售后服务提升等方面下功夫。例如上海大众2015年的工作重点将放在软实力的提升上,一汽丰田、东风日产、北京现代等多家车企都将服务的提升列为主抓工作重点,推出了多种方式的营销手段提高售后满意度。而东风本田、上海通用等车企则瞄准新能源,主打绿色牌,力推节能车型。

(2)经销商业务转型

作为汽车产业链中的关键环节,汽车销售市场和汽车经销企业的重要地位已日益凸显。中国汽车经销商正在成为汽车营销服务领域的生力军和主力军,中国汽车经销业驶入了一条快速发展的轨道。伴随着近年中国汽车市场的下滑,以及以北京为首的一线城市限购的示范作用,经销商集团转型已经迫在眉睫。一是服务主体的转变。在市场非常好的情况下,经销商的服务主体是厂家,今后的服务主体要由生产企业向消费者转移,变粗放经营为精准营销;二是经营策略的转变,调整经营布局,注重后市场服务。由卖车型企业向服务型企业转变,延伸服务链,将现有的客户转化为客户资源;三是营销方式转变。厂商对经销商依存度将有所提高。

(3)汽车工业结构将大调整

《外商投资产业指导目录》是中国指导外商直接投资的重要产业政策。自1995年首次颁布以来,每隔一段时间就进行修订。外商在中国的投资规模不断扩大,已连续两年居全球第二,新版与旧版比较,"汽车整车制造"条目从鼓励外商投资中删除,鼓励外商投资中保留了"汽车发动机制造及发动机研发机构建设"、"汽车关键零部件制造及关键技术研发"、"汽车电子装置制造与研发"3个条目,增加了"新能源汽车关键零部件制造"条目。新版条目的增删,其意义非同小可。首先,新版反映了中国汽车工业结构调整的方向;其次,新版体现了中国关注投资者的利益;再次,新版强化了外商投资中国零部件的引领作用。

(4)兼并重组的步伐仍将继续

国家将进一步推动汽车业的新一轮兼并重组,进一步整治散、乱、小的汽车产业格局。未来5年,汽车行业的兼并重组将再度成为行业焦点。据相关统计显示,目前,中国整车企业超过130家,但绝大多数企业年产销不足万辆。强强联合加上强弱联合,民营资本或将扮演重要角色。

(5)汽车工业的法制化管理逐渐步入正轨

2013年1月15日国家质检总局公布了汽车三包政策。这项法规的制定和执行,将把民生需求体现在政府为民服务的职能之中。同时,这对提高汽车产业的质量意识、转型升级和企业诚信度都有不可忽视的重要意义。

三、世界汽车市场格局

21世纪世界汽车工业面临着深刻的革命,这将使得汽车工业发生巨大变化。世界汽车工业发展呈现出3种趋势:一是汽车工业全球性联合改组的步伐越发加快,其特点是跨国界的重组和联合;二是世界汽车工业广泛采用平台战略,汽车产业链包括投资、生产、采购、销售及售后服务、研发等主要环节的日益全球化;三是新的汽车技术即将取得重大突破,技术创新能力成为竞争取胜的关键。

当前世界汽车工业的重组有两大特点:一是跨国界、跨地区的重组和联合,特别是汽车工业先进国家之间的重组。例如,西欧企业和美国企业的重组,西欧企业和日本企业、美国与日本企业的重组等;二是集中在具有庞大规模的跨国公司之间的重组,规模远超过以往的案例。

经过几年的演变,世界汽车工业已经基本形成所谓的"6+3"竞争格局。"6"指的是通用、福特、戴姆勒-克莱斯勒、丰田、大众、雷诺-日产,6家的合计年产销量占世界总量的80%以上,"3"指的是相对独立的本田、标致-雪铁龙和宝马。9家公司的汽车年产销量占世界总量的95%。全球汽车(尤其是轿车和轻型车)工业总的竞争态势是大企业/大集团主宰和垄断市场,领导发展潮流,这是不容置疑的客观现象,且将长期存在。全球汽车工业寡头垄断的格局已经形成,并有进一步强化的趋势。国际上经常讨论并形成的主流结论是:全球将仅存5~6家整车制造跨国公司,也就是所谓的400万辆俱乐部,其他的非俱乐部成员将不能独立生存。

 任务实施

顾客来4S店展厅,希望了解大众车系的特点,以备购车参考。作为销售顾问这样进行任务实施:

1. 准备工作

通过观察、交流了解到顾客对大众车感兴趣,意向价位在10万~15万元,决定选择新宝来加以介绍。

2. 结合可能达成交易的车型展开介绍

大众车系源自于德国,属于欧系车。带顾客来到新宝来车旁,打开车门:这款新宝来1.4TSI是一汽大众推出的车型,比之前版本的车型增加了侧面安全气囊(指示位置)。底盘较高,悬架系统好,振感小,操纵性能和高速稳定性较好,驾乘比较舒适;搭载的1.4L涡轮增压发动机动力强劲,力矩较大,整车爬坡能力强,提速快,加速时推背感强,可以极大地满足驾驶快感;前后保险杠、安全气囊、侧面防撞杆的设置极大地提高了本车的安全性能;车体的防腐工艺做得很出色,使本车的保值率比较高。

3. 请顾客试坐

大众车的外形和内饰设计都比较平实内敛,内部空间比日系车要宽敞,驾乘会更舒适。给顾客演示天窗、座椅等的操作。

4. 安排顾客试驾

若顾客对新宝来比较满意,有意进一步了解,可安排试驾。让顾客体会TSI发动机的强劲动力、驾驶的舒适度、操纵的稳定性、倒车雷达的提示应用等。

任务工作单

学习情境一：汽车与市场营销基础认知 工作任务一：世界各地汽车工业发展认知	班级		
	姓名		学号	
	日期		评分	

一、工作单内容
世界三大车系的特点认知，各类知名品牌的认知和畅销车型卖点分析。

二、准备工作
（一）写出以下品牌名称

（二）熟练写出三大车系及其特点
1. 全球汽车工业中的三大主流车系包括_____、_____和_____。
2. 欧系车的主要特点是底盘_____、具有较好的_____性，_____性和_____性。
3. 美国车系的特点：马力大，加速性能_____，底盘高度适中，轮胎较宽所以性能好，车厢宽大乘坐_____。
4. 日系车的特点：外形_____，做工_____，用料精细，容积_____，成本_____更新_____。

三、任务实施
指出以下德系车（2014款全新迈腾）卖点。

四、工作小结
通过此工作任务的实施，各小组集中完成下述工作。
1. 熟练列举世界范围内的三大车系知名品牌。

2. 请对比大众迈腾、别克君越和丰田凯美瑞3种车型，结合品牌特征和车型特征进行分析比较。

工作任务二　市场营销概念及营销观念的认知

 任务概述

1. 应知应会

通过本工作任务的学习与具体实施,学生应学会下列知识:

(1)掌握市场营念与汽车营销概念内容。

(2)熟悉汽车营销观念的发展,能对营销案例进行分析。

2. 学习要求

(1)在每个任务单元的学习过程中,完成相关任务工作单的填写,并通过课程网络及时提交给相关教师。任务工作单提交方法详见课程网站。

(2)在每个学习情境实施阶段的中期或后期,按要求填写工作单。学习情境学习结束后按要求填写学生考核记录表,进行自我评价后交小组长,小组长评价后连同工作单统一交教师。

(3)每个学习情境学习到评价环节时,个人进行任务完成情况的评估。教师对小组抽查,被抽查的个人上台进行讲评。

 相关知识

一、市场概念及其要素

1. 市场的概念

市场是商品经济的产物,哪里有商品生产和商品交换,哪里就有市场。而市场的概念并不是一成不变的,在不同的历史时期、不同的使用场合,市场的含义也不尽相同。

经济学站在一个宏观的视角上,看到的是市场的全貌,它看到市场上有买方,有卖方,有买卖双方。

狭义的市场是指商品交换的场所。即买卖双方于一定的时间聚集在一起进行交易的场所,是一个时间和空间上的概念。

广义的市场是指商品交换关系的总和,是体现供给与需求之间矛盾的统一体。营销学是站在企业这个微观主体的立场上来认识市场的。从营销学角度来看,"市场"是指某种商品所有现实的和潜在的购买者的需求总和,而不是交易的场所。

这里的市场指"买方"而不包括"卖方";专指"需求"而不包括"供给"。当人们说中国的汽车市场很大时,显然不是指汽车交易场所的大小,而是指中国的汽车需求量很大,现实的、潜在的购买者很多。

2. 市场的要素

(1)人口

人口是决定市场大小的基本因素。哪里有人,有消费者群,哪里就有市场。一个国家或地区的人口多少,是决定市场大小的基本前提。对某种商品有需求的人口越多,市场规模就越大,市场的容量也越大。

(2)购买力

购买力是指人们支付货币购买商品或服务的能力。购买力的高低由购买者收入多少决定。一般地说,人们收入多,购买力高,市场和市场需求也大;反之,市场就小。

(3)购买欲望

购买欲望是指消费者购买商品的动机、愿望和要求。它是消费者把潜在的购买愿望变为现实购买行为的重要条件,因而也是构成市场的基本要素。

(4)购买权利

购买权利是构成市场的关键因素。群体之中的成员具备购买商品的意愿和购买力,但却无权做出相应的购买决定,则是纸上谈兵,无法形成真正的市场。

综上所述,构成市场的四要素缺一不可。营销人员要经常注意市场四要素的变化,不断变换营销策略,以适应营销环境的变化,把握更多的营销契机,占领更大的营销市场。

二、市场营销及其核心概念

1. 市场营销

(1)市场营销的概念

市场营销(Marketing)又称为市场学、市场行销或行销学。它包含两种含义,一种是动词理解,指企业的具体活动或行为,这时称之为市场营销或市场经营;另一种是名词理解,指研究企业的市场营销活动或行为的学科,称之为市场营销学、营销学或市场学等。市场营销是企业为了满足消费者现实和潜在的需要及实现企业目标,通过市场达成交易所展开的综合性商务活动过程。

在市场营销产生的一个较长的时期内,很多人都认为市场营销主要是指"推销"。在中国甚至市场营销活非常跃的美国,仍有很多人持这种看法。其实,"市场营销"早已不是"推销"的同义语了,美国著名市场营销学者Philip Kotler认为:"市场营销最主要的不是推销,推销只是市场营销的一个职能。因为准确地识别出消费者的需要,开发适销对路的产品,搞好定价、分销和实施有效的促销活动,产品就会很容易地销售出去。"其研究的对象和主要内容是"识别目前未满足的需要和欲望,估量和确定需要量的大小,选择和决定企业能最好地为它服务的目标市场,并且决定适当的产品、服务和计划(方案),以便为目标市场服务。"

(2)市场营销的含义

在对市场营销概念的讨论中可以看出,所谓市场营销,就是在变化的市场环境中,企业或其他组织以满足消费者需要为中心进行的一系列营销活动,包括市场调研、选择目标市场、产品开发、产品定价、渠道选择、产品促销、产品储存和运输、产品销售以及提供服务等一系列与市场有关的企业经营活动。市场营销学则是系统地研究市场营销活动的规律性的一门科学。可以从以下几个方面理解市场营销的含义。

①市场营销分为宏观和微观两个层次。宏观市场营销是反映社会的经济活动,其目的是满足社会需要,实现社会目标。微观市场营销是一种企业的经济活动过程,它是根据目标顾客的要求,生产适销对路的产品,从生产者流转到目标顾客,其目的在于满足目标顾客的需要,实现企业的目标。

②市场营销是一个系统的管理过程。市场营销与推销、销售的含义不同。市场营销包括市场研究、产品开发、定价、促销、服务等一系列经营活动。而推销、销售仅是企业营销活动的一个环节或部分,是市场营销的职能之一,不是最重要的职能。

③市场营销是一种满足人们需要的行为。消费者的各种需要欲望是企业营销工作的出

发点。因此,企业必须对市场进行调研,了解市场,研究并掌握消费者的需要和欲望,从而确定市场需求量的大小。

④市场营销活动的核心是交换,但其范围不仅限于商品交换的流通过程,而且还包括产前和产后的活动。

2. 市场营销的核心概念

市场营销的核心概念包括:需要、欲望和需求;产品、价值、满意;交换、交易、关系市场营销;潜在顾客、市场营销者和相互市场营销。

(1)需要、欲望和需求

需要和欲望是市场营销活动的起点。需要是指人类与生俱来的基本需要,是消费者生理及心理的需求。如人们为了生存,需要食物、衣服、房屋等生理需求及安全、归属感、尊重和自我实现等心理需求。市场营销者不能创造这种需求,而只能用不同方式去满足它。

欲望是指想得到上述基本需要的具体满足的愿望,是个人受不同文化及社会环境影响而表现出来的对基本需要的特定追求。如为满足"解渴"的生理需要,人们可能选择(追求)喝开水、纯净水、茶、果汁等。市场营销者可以影响消费者的欲望,如建议消费者购买某种产品。

需求指有支付能力购买并愿意购买某种物品的欲望。当具有购买能力时,欲望便转化成需求。如许多人都想拥有一辆奔驰车,但只有少数人能够并且愿意购买,也就是说,只有少数人有购买奔驰车的需求。市场营销者总是通过各种营销手段来影响需求,并根据需求的结果决定是否进入某一产生(服务)市场。

(2)产品、价值、满意

产品是指用来满足顾客需要和欲望的物体。产品包括有形产品与无形产品(服务)。有形产品是为顾客提供服务的载体。无形产品(或服务)是通过其他载体,诸如人员、地点、活动、组织和观念等来提供的。

价值指顾客从拥有和使用某种产品中所获得的价值与为取得该产品所付出的成本之差。

顾客满意取决于消费者所理解的一件产品的价值与其期望值进行的比较。如果产品的价值低于顾客的期望值,购买者便会感到不满意;如果产品的价值符合顾客的期望值,购买者便会感到满意;如果产品的价值超过顾客的期望值,购买者便会非常满意。聪明的企业为了取悦顾客,往往先对能提供的价值做出承诺,然后再提供多于其承诺的价值。

汽车营销企业(4S店)越来越重视他们的顾客满意度——CS(Customer Satisfaction),因为这是他们维系和拓展市场,获取更高利润的有效途径。有些汽车4S店已经把销售CS标准实施纳入考核机制,包括入店印象、销售人员的服务情况、试乘试驾服务、交车情况、交易过程。

(3)交换、交易、关系市场营销

交换是指通过提供某种东西作为回报,从别人那里取得所需物的行为。交换是市场营销的核心概念。

交易是交换的基本组成单位,是双方之间的价值交换。

关系市场营销是指企业与其顾客、分销商、经销商、供应商等建立、保持并加强关系,通过互利交换及共同履行诺言,使有关各方实现各自的目的。

(4)潜在顾客、市场营销者和相互市场营销潜在顾客是相对于已经购买、消费使用本企业产品或服务的事实顾客而言的,可以说就是不具备充分条件成为事实顾客的顾客,即有可能成为事实顾客但因为种种原因还没有能够购买、消费使用企业产品的顾客。

在企业的营销工作中,营销者的一个重要任务是认定哪些群体是潜在顾客,分析这些群体向事实顾客转化的条件并制定和实施相应的营销策略促使其实现转化。

三、汽车市场营销及营销观念的发展

1. 汽车市场营销

(1)汽车市场营销的含义

汽车市场营销就是汽车企业为了更好更大限度地满足市场需求,为达到企业经营目标而进行的一系列活动。

(2)汽车营销研究的内容

随着汽车市场的发展,现代汽车营销研究的关注点由以产品、顾客为核心,逐步过渡为以竞争行为为核心。其基本任务有两个:一是寻找市场需求;二是实施一系列更好地、满足市场需求的营销活动。

汽车营销研究的内容是在汽车市场的竞争环境中,企业等组织如何通过市场调查识别和分析顾客的需求,确定其所能提供最佳服务的目标群体,选择适当的计划方案、产品、服务方式以满足其目标群体的需求,取得竞争优势的市场营销全过程。

2. 汽车市场营销观念的发展

汽车市场营销观念指汽车企业在开展市场营销活动过程中,在处理企业、顾客需求和社会利益三者之间关系时所持的根本态度、思想和观念。

不同的汽车营销观念是随着不同阶段汽车市场的需求而产生的。汽车市场营销观念的发展经历了传统营销和现代营销两个历程,共包括5个阶段。

(1)生产观念(Production Concept)

生产观念产生于20世纪20年代以前的西方国家,是典型卖方市场的产物,即"以产定销",注重产品以量取胜,而不考虑市场需求。汽车企业的主要工作是提高生产效率和渠道效率,进行大量生产并降低成本,进一步扩大产销量。

生产观念是最早的营销思想,只能解决供不应求或者买不起的问题,而对消费者的个性化需求与欲望并不重视。然而,当产品供给超过需求,呈现多样化,并且消费者对产品产生不同层次的需求时,生产观念将不能成为有效的营销观念。

小案例

福特黑色T型车

20世纪初期,美国福特汽车公司大力发展黑色T型车生产,总裁亨利·福特说:"不管消费者需要什么样的汽车,我们只有一种黑色的T型车。"这充分体现了"生产观念"一切从企业生产出发的宗旨。亨利·福特通过引进先进生产线,提高生产效率,降低成本,使大部分消费者能够买得起他的汽车,以此提高福特汽车的市场占有率。因此,生产观念是一种重生产,轻市场的营销观念。

(2) 产品观念(Product Concept)

产品观念产生于20世纪20年代,也是典型卖方市场的产物,但汽车产品比以前供应更充足,消费者有了选择的余地。汽车企业的主要工作是制造优质产品,并不断地加以改造提高产品质量,即"产品以质取胜"。但所有的汽车改进工作仍然是以企业为主导的,汽车企业的产品生产依然不重视消费者的真正需求。

(3) 推销观念(Selling Concept)

推销观念产生于20世纪30年代初期,由卖方市场向买方市场转变阶段。由于资本主义世界经济大萧条,大批产品供大于求,销售困难。汽车企业的主要工作是针对既定产品大力施展推销和促销手段,激发顾客的购买欲望,强化顾客的购买兴趣。

推销观念为市场营销观念奠定了基础。在销售人员大力施展推销促销技术时发现,销售成功的产品是满足顾客需求的,而滞销产品是不能满足顾客需求的,于是注意到了顾客需求的重要性,从而发展形成新的营销观念。

以上3个阶段的汽车营销观念有其共同的特点,都是以"卖方"需要为中心,把汽车产品作为工作重点,通过不同的措施扩大销售量,来增加汽车企业的利润。持上述营销观念的企业被称为生产导向型企业。

(4) 市场营销观念(Marketing Concept)

随着社会生产力的迅速发展,汽车市场趋势表现为供过于求的买方市场,汽车企业之间产品的竞争加剧,许多企业开始认识到,必须转变经营观念,才能求得生存和发展。汽车企业的主要工作是以顾客需求为导向,安排企业的生产经营活动,努力理解和不断满足顾客需要。市场营销观念认为,实现企业各项目标的关键,在于正确确定目标市场的需要和欲望,并且比竞争者更有效地传送目标市场所期望的物品或服务,进而比竞争者更有效地满足目标市场的需要和欲望。

市场营销观念的出现,使企业经营观念发生了根本性变化,也使市场营销学发生了一次革命。

(5) 社会营销观念(Social Marketing Concept)

社会营销观念是市场营销观念的延伸和补充,也是现阶段适用的营销观念。典型买方市场,该观念要求汽车企业在关注自身盈利、消费者满意的前提下,积极维护社会公众利益和长远利益。

社会营销观念产生于20世纪70年代,资本主义国家出现能源短缺、通货膨胀、失业增加、环境污染严重、消费者保护运动盛行的新形势下。汽车企业的主要工作是将自身利益和整体社会利益结合起来,生产和提供满足社会发展需要的汽车产品,主要体现在汽车节能和环保两个性能方面。如本田、丰田、通用汽车公司纷纷推出油电混合动力汽车,主打节能和环保性能,顺应社会营销观念。

上述5种汽车企业营销观念,其产生和存在都有其历史背景和必然性,都与一定的条件相联系、相适应的。汽车企业为了求得生存和发展,必须树立具有现代意识的市场营销观念、社会市场营销观念。

四、中国汽车营销的现状

回顾中国汽车市场营销的历程,现在已基本步入了"社会营销"时代。各大汽车厂商对于汽车营销的投入不断增加,营销手段不断翻新,汽车营销理念也在不断变革,汽车营销正在从销售环节的降价等推销方式,转移到提升品牌形象、提高服务质量、提高顾客满意度等层面上来。试驾体验、赞助体育赛事、捐助教育和公益活动逐渐成为汽车营销领域的新方向,这标志着中国的汽车营销已经开始走向成熟。

随着中国汽车产业的快速发展和经济发展水平的提高,汽车需求变化使汽车营销体制也发生了很大变化。企业在制定营销策略时更加注重了从整体和长远出发,硬性和软性的结合。在盈利的同时,更加注重提升品牌形象和企业形象,从而获得更长远的发展。代理制、专卖、专营、特许经营、汽车电子商务等各种营销方式应运而生。各类汽车市场营销网络基本形成,格局趋于稳定,整体发展势头良好,规模化和集中化正成为汽车营销市场的发展方向。总体现状概括如下:

1. 消费者已逐渐形成理性的消费观念

以前由于车主对汽车用品认识不够,市场还处于不理性消费的市场,消费者也更多地注重价格,出现过"劣品驱逐良品"的畸形市场情形;目前,中国汽车业已经经历了初级阶段的消费懵懂期,广大车主在汽车行业的发展中也日渐成长。汽车后市场的黑幕不断被揭开,汽车业的规范虽然还处于无序的状态,但是随着消费者的日渐成熟,已经从过去单纯地注重价格到注重产品质量和服务的理性消费时期。

2. 行业市场利润普遍下降

中国汽车后市场强大的势头以及发展趋势,丰厚的利润刺激着越来越多商家进军这一市场,然而因为市场本身还不很成熟,行业标准不规范。形象、规模、服务质量参差不齐,技术上及营销模式上无创新,部分企业整体上根本没有系统的规划。

3. 市场营销活动以厂家为主导

中国式市场营销主要还是以厂家为主导、以广告宣传为主体的营销方式,经销商的自有模式还属于薄弱环节。营销活动中更是偏重于企业单方面的灌输,很少侧重双向的交流。

4. 家庭和城市为主要的营销对象

现在中国式的营销模式,主要以家庭为主,不像国外发达市场,车已经变成人人拥有的交通工具。虽然农村的汽车保有量有所增加,但现在的营销还主要围绕城市,特别是大城市。最近几年,二、三线城市日益受到重视,而农村市场还没有真正启动,具有很大潜力。

 任务实施

某汽车企业拟研发一种新产品,企业可以按照以下步骤开展新产品的生产和营销。

1. 市场分析

采取适当的调查方式,了解潜在客户对汽车产品的需求、潜在客户家庭的状况、汽车使用的周期、汽车需求的变化等,准确对潜在用户进行分类。同时关注政策法规的变化。

2. 市场定位

结合企业自身的实力,针对某一类客户进行新产品的研发,并确定他们对这款车型的感受和态度。

3. 市场推广

结合产品和客户特点,采取适当的营销策略,将产品投放市场。

学习情境一：汽车与市场营销基础认知	班级			
工作任务二：市场营销概念及营销观念的认知	姓名		学号	
	日期		评分	

一、工作单内容

熟悉营销观念的发展和演变，能够用正确的营销观念解决问题。

二、准备工作

1. 汽车市场营销就是_____。

2. 汽车市场营销观念的发展经历了_____和_____两个历程，共包括_____、_____、

_____、_____、和_____5个阶段。

3. 解释以下概念：需要；欲望；需求。

三、任务实施

【案例资料】丰田汽车公司首次推向美国市场的"丰田宝贝"仅售出228辆，当时美国几家汽车公司实力雄厚，丰田汽车公司在技术、资金方面无法与之相抗衡。

1. 丰田汽车公司面临的营销环境如下：

(1)美国汽车公司的经营思想认为汽车应该是豪华的，因而其汽车体积大，耗油多。

(2)先期进入美国市场的大众汽车公司已在东海岸和中部地区站稳了脚跟。该公司以小型汽车为主，汽车性能好，定价低，有良好的服务系统，成功地打消了美国消费者对外国汽车"买得起，用不起，坏了找不到零配件"的顾虑。

(3)大众汽车公司忽视了美国人的喜好。

(4)美国人对日本产品本能的不信任和敌意。

(5)美国人消费观念正在转变，开始转向实用化。他们喜欢腿部空间大、容易行驶且平稳的美国车，但又希望大幅度减少用于汽车的耗费，如价格低、耗油少、耐用、维修方便等。

(6)消费者意识到交通拥挤状况的日益恶化和环境污染问题。

(7)美国家庭规模变小。

2. 面对市场的威胁和机会，丰田汽车公司做出的应对策略：

(1)利用机会。

①抢先。在利用市场机会的过程中，谁能"抢先"谁就赢得了时间和空间，就赢得了胜利。丰田汽车公司抢先利用了美国汽车公司生产体积大、耗油多的豪华汽车以及美国家庭规模变小和美国人购买汽车转向实用化带来的市场机会，开发小型汽车并成功地将其打进美国市场。

②创新。企业在利用市场机会时一定要大胆"创新"，如果说"抢先"利用市场机会是力求做到"人无我有"，则"创新"就有"人有我优"。

(2)化解威胁。

①反抗。即努力设法限制或扭转不利因素的发展。丰田汽车公司不同竞争对手展开激烈的正面竞争，而针对大众汽车公司的威胁，丰田汽车公司的反抗是全面的。针对大众汽车比美国汽车价格低的特点，丰田汽车公司本着"皇冠就是经济实惠的原则"，毅然将价格定得更低，每辆"皇冠"轿车只售2000美元，而随后推出的主要产品"花冠"系列轿车，每辆还不到1800美元；丰田汽车公司吸收了大众汽车公司售后服务系统很完善的优点，做得比大众更出色，力所能及地在自己销售阵地设立各种服务站，并且保证各种零配件"有求必应"，消除了顾客的后顾之忧。

②减轻。威胁总是存在的,实在无法对抗的可以设法减轻环境威胁的严重性。丰田汽车公司在当时广告设计和促销过程中,极力掩饰汽车的日本来源和特性及风格,强调产品的美国特点和对美国的消费适应性,从而减轻了美国消费者对丰田企业的抵触心理。

③转移。即"避实击虚",躲开环境威胁,钻对手的空子和薄弱环节。丰田汽车公司针对大众汽车公司在东海岸和中部地区的优势,把战略重点放在产品市场基础薄弱的西海岸,待站稳脚跟,再向东扩张。在分销渠道的选择上,也没有急于设立自己的分销机构,而是采用代理制,给代理商很大的优惠。这一政策实施5年后,有46%的其他公司代理商转为专营丰田汽车。

④改良。即对自身产品进行改良,增强对环境威胁的防御能力。丰田汽车公司为汽车增加新功能,使其全面适应美国市场,从品质、价格、型号、促销、分销等方面进行全面改进。

⑤利用。利用可以理解为利用机会。丰田汽车公司利用"美国汽车公司正忙于比豪华","美国消费者对汽车的消费观念正在转变,开始趋于实用化","核心家庭出现,家庭规模变小,因而总收入减少",消费者形成了对小型、实用、便宜的汽车的需要这些机会,推出的"皇冠"汽车不仅外形美观,操纵灵活、省油、价低、方便,而且内部装备了所有美国人都渴望的装饰。该车由于停靠方便,转向灵活,油耗极低(比一般汽车的油耗低25%~30%),备受消费者青睐,因而取得了极好的效果。

丰田汽车公司成功地解决了"环境威胁",从而利用机会顺利地进入了美国市场。

【案例讨论】 请结合以上案例回答以下问题:

1. 在国际市场营销中通常采用哪些营销策略?

2. 你认为丰田公司成功地运用了哪些策略?并加以分析。

四、工作小结

结合自己在实训中的观察体会,回答以下问题:

1. 推销和市场营销的关系是什么?

2. 谈谈中国汽车4S店应采取什么样的发展策略?

工作任务三　汽车销售的4S模式认知

 **任务概述**

1. 应知应会

通过本工作任务的学习与具体实施,学生应学会下列知识:

(1)熟悉4S店的功能与特征。

(2)熟悉4S店主要工作岗位及要求。

2. 学习要求

(1)在每个任务单元的学习过程中,完成相关任务工作单的填写,并通过课程网络及时提交给相关教师。任务工作单提交方法详见课程网站。

(2)在每个学习情境实施阶段的中期或后期,按要求填写工作单。本情境学习结束后,按要求填写学生考核记录表,进行自我评价后交小组长,小组长评价后连同工作单统一交教师。

(3)每个情境学习到评价环节时,学生进行任务完成情况的评估。教师对小组抽查,被抽查的学生上台进行讲评。

 相关知识

一、汽车4S店的功能及主要工作岗位认知

汽车4S店是一种源于欧洲的汽车整体服务方式,1999年开始在中国国内出现。其核心是"汽车终身服务解决方案"。4S店是由汽车生产企业授权建立的"四位一体"的销售专卖店,即包括了整车销售(Sale)、零配件供应(Spare part)、售后服务(Service)、信息反馈(Survey)四项功能的销售服务店。

4S店模式其实是汽车市场激烈竞争下的产物。随着市场逐渐成熟,顾客的消费心理也逐渐成熟,顾客需求多样化,对产品、服务的要求也越来越高,越来越严格,原有的代理销售体制已不能适应市场与顾客的需求。4S店的出现,恰好能满足顾客的各种需求,它可以提供装备精良、整洁干净的维修区、现代化的设备和服务管理、高度职业化的气氛、保养良好的服务设施、充足的零配件供应、迅速及时的跟踪服务体系。4S店在提升汽车品牌、汽车生产企业形象上的优势是显而易见的。通过4S店的服务,可以使顾客对品牌产生信赖感,从而扩大销售量,同时也是汽车生产企业完善售后服务的重要手段,使顾客从购车、用车到修车的全过程都能得到良好的服务保障。

1. 汽车4S店的功能

(1)整车销售

整车销售是汽车营销活动的中心内容,是汽车4S店的基本职责,是为零配件供应、维修、信息反馈等工作带来潜在顾客的关键环节。在销售工作中,要始终坚持"可持续发展"的营销理念,所有部门密切配合,共同关注顾客的"后续需要",在兼顾社会利益的同时,为4S店的整体效益做出贡献。

整车销售包括进货、运输、验收、储存、销售等环节。在4S店销售的汽车大多是汽车生

产企业直接发货的车辆,价格是由汽车生产企业指定的统一售价。

(2)零配件供应

零配件供应是汽车售后服务的基本保证。从销售利润来看,在国外成熟的汽车市场中,整车销售利润约占整个汽车业利润的20%,汽车装饰、改装及汽车用品的利润约占20%,而50%~60%的利润是在汽车零配件及服务领域中产生的。

4S店的零部件是汽车生产企业提供的原厂件,所以质量有保证,价格自然要比普通维修店高。

汽车的零配件被分成四类:一是汽车正常使用中因到期自然老化、失效而必须更换的消耗件,如皮带、胶管、各种滤芯等;二是汽车运行中,因自然磨损而容易失效的易损件,如离合器摩擦片、制动片、活塞、活塞环等;三是组成汽车的主要总成的、价值较高的基础件,如曲轴、缸体、缸盖等;四是汽车发生意外时损坏的事故件,如前后保险杠、车身覆盖件、冷凝器、水箱等。

(3)售后服务

售后服务是现代汽车经销企业服务的基本组成部分。汽车售后服务指4S店在车辆售出后为顾客提供的车辆维护、故障维修的服务。售后服务可以使企业与顾客建立长久的、良好的往来关系,为企业积累宝贵的顾客资源,以求生产和销售环节的利润最大化。随着汽车市场的发展,汽车4S店更应该致力于提高车辆的维护修理质量、规范服务程序和严格诚信服务,不断提高顾客满意度,巩固顾客资源,使企业获得更高的利润。

(4)信息反馈

信息反馈是汽车4S店的一大重要功能。汽车4S店直接接触顾客,有条件及时、准确地了解当前的市场动态,将汽车产品的使用性能、顾客满意度等情况反馈给汽车生产企业。这对于企业提高产品质量、开发适销对路的新产品、调整市场营销战略、提高产品市场占有率都具有重要意义。

汽车4S店就相当于是汽车生产企业的销售或者售后服务部门,由生产企业直接供货,接受生产企业指导经营管理,在经营服务理念上与厂家保持高度的一致。

汽车4S店是一种个性突出的有形市场,具有渠道一致性和统一的文化理念。同一汽车生产企业的4S店拥有统一的外观形象,统一的标识,统一的管理标准,只经营单一品牌的汽车。

2. 汽车4S店的岗位职能

单店单品牌经营的汽车4S店,普遍采取董事会领导下的总经理负责制。但每个4S店的岗位设置以及岗位职责各有差异,各店也会根据实际情况进行调配人力资源。一汽大众4S店的组织结构如图1-4所示。

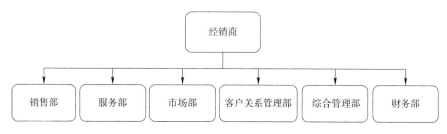

图1-4 一汽大众4S店组织结构图

各部门及主要岗位职能分工如下：
(1)总经理
岗位职责：组织、协调各部门的工作开展，并进行业务指导。
(2)销售部
负责品牌车辆的展示厅接待销售工作，向顾客介绍车型、技术参数、购买手续等问题，协助顾客购买称心的车辆。
①销售总监。岗位职责：制订并推进实施全面的销售战略、销售方案，有效地管理顾客。
②销售经理。岗位职责：管理公司的销售运作，带领销售队伍完成公司的销售计划和销售目标。
③销售顾问。主要工作内容：开发新顾客，维系老顾客，建立个人顾客档案；顾客信息资源的统计、认真记录展厅顾客来电信息，及时跟进顾客信息，掌握顾客动向，促使成交，并详细记录回访情况；热情主动的接待展厅来访的每位顾客，并积极引导顾客试乘试驾；每天擦拭及清理展厅展示车辆，以保持展示车辆的清洁，树立整车品牌及本公司良好形象；为顾客提供周到的售前、售中、售后咨询，帮助顾客解决困难，指导顾客新车的正确使用及各项维护。
(3)服务部
负责办理"一条龙"服务手续，为顾客提供售后验车、领牌照等服务；负责管理顾客合同、车辆档案等资料的管理，为顾客提供还款数据、资料查询等服务。
(4)市场部
主要负责品牌车辆的市场调研、广告、促销活动策划、形象推广等营销工作；负责潜在顾客的市场开发与管理工作。
(5)客户关系部
负责客户关系的维系与管理。
(6)综合管理部
主要负责行政、管理、人事等工作。由行政总监、行政经理、人力资源部经理组成。
(7)财务部
负责财务管理工作。由财务总监、会计、出纳组成。

二、汽车4S店销售模式特点及存在的问题

1.4S店销售模式特点

在中国，无论是从汽车制造商、经销商还是从消费者角度出发，4S店特许经营模式与其他销售模式相比有着无可比拟的优越性。从汽车制造商的角度来看；通过4S模式，厂家在建立渠道优势的同时也通过色彩、装饰、主题、格调等手段树立良好的品牌形象，使顾客产生对品牌的信任。另外在4S店的投资方面，制造商投少量资金或不投资金，不但能收到品牌免费宣传的效果，又能把经营的风险转移给经销商。从经销商的角度讲：4S店采用"四位一体"的经营方式，通过提供舒适的购车环境、专业健全的售后服务、纯正的零部件，在售前、售中、售后服务中让用户满意，赢得用户的信赖和满意，增加了利润。由于经销商买断了某品牌的技术服务，还能从生产商处得到特别的业务指导、人员培训等方面的支持，使其经营能力得到提高。从消费者角度来说：4S模式可以使消费者享受到由厂商直接负责的产品售前、售中、售后全程服务，消除了后顾之忧，增加了购买安全感。

2. 4S销售模式存在问题

随着汽车工业的发展,汽车消费逐步由卖方市场向买方市场转变,竞争加剧,4S店经营中的弊端也暴露出来,主要体现在以下几个方面。

(1)4S经销商与汽车制造商的地位不平等

对于制造商来说,经销商只是4S功能和厂家经营理念的贯彻执行者,是上下级关系,不是合作伙伴关系。汽车4S店基本没有话语权,对制造商有极为明显的依附性,其经营优劣,除了经销商的努力外,更受汽车厂商品牌的影响力、市场策略的灵活性、经营管理的支持力度等因素影响。经销商的被动很大程度上导致4S店模式的僵化。

(2)初期投资过高

一个4S店的固定投资在1000万~1500万元,流动资金要求在1000万元左右。每个4S店都要按汽车制作厂商有关店内外品牌设计的统一要求来建设,同时还要具有物流、库存和维修的软硬件条件。因此,4S店的投资金额都十分巨大。

(3)过度投资造成竞争加剧、利润低下

几乎每个新品牌进入中国,都要大张旗鼓地投资建网,每个品牌的4S店少则100多家,多则超过300家,更有老牌企业在全国已有600多家特约销售商。如在北京东南一片半径5km的范围内,居然有7家丰田4S店;又如上海大众仅在北京就有43家4S店,随着竞争加剧和投资逐步增大,利润空间因销售网点过于密集逐年减少,4S店难以支撑其运作成本,能否尽快收回投资成本,对4S店经销商来说是一个很大的风险。

(4)经营成本居高不下

汽车专卖店盲目追求数量增长之时,提升档次之风也越演越烈。巨大的投入使卖车及为客户提供维修和其他服务的成本居高不下,一家4S店即使一台车不卖,一天维持运转的水、电等的运营费用在万元上下,其结果导致中国目前80%以上的4S店在惨淡经营,不得不以销售换利润,以维修和保险赚资金。

三、中国汽车4S店的发展策略

汽车4S店在汽车销售市场上扮演着重要的角色,同时也面临着激烈的竞争。经销商无疑需要认清自身问题,查找原因,调研市场环境,转变经营思路,拓展业务渠道,设定清晰的发展策略。

1. 重视售后市场和服务领域,争取更大的利润

只有服务才是汽车4S店真正的产品。在整个汽车获利的过程中,维修服务获利是汽车获利的主要部分。目前,汽车售后服务市场上的竞争主要在4S店和维修厂之间展开,4S店的服务比较完善,而维修厂则方便省钱。随着汽车销售市场的进一步成熟、各个品牌产品差异化较少,经销商需要着眼于做好售后服务各项工作,向顾客展示优质的维修技术和服务水平,打消客户的顾虑,不断提高品牌客户满意度,培养客户忠诚度,提升企业的美誉度,促进店内维修量的稳步增长。

在国际汽车市场上,汽车后市场服务被誉为"黄金产业",是产业链中最稳定的利润来源,占总利润的60%~70%。而汽车美容业务又是汽车后市场中利润的主要组成部分。汽车租赁和二手车交易又是中国的新兴行业和发展相当快的行业,市场潜力非常大,利润也相当高。而在国内的汽车4S店营销业务中主要的利润还是来自于整车销售和配件供应,汽车美容、二手车交易和汽车租赁等利润高、发展前景的业务开拓不足。针对4S

店营销业务单一的现状,4S店可以大力发展汽车美容、二手车交易和汽车租赁等高利润、市场前景好的业务,开辟新的汽车业务,则会大大改善目前汽车4S店的经营困境,获得良好的发展。

2. 提高队伍素质,提升顾客满意度

汽车4S店不是简单地向消费者销售一辆汽车,与之相伴的还在销售服务和技术。汽车4S店要适应汽车行业的快速发展,培养一批既懂汽车技术又懂营销的专业营销人员,建立一支既懂汽车基本原理,又懂汽车新结构、新技术,适应机电一体化的售后服务维修队伍,努力提高并将4S的服务理念深入人心,使客户能够充分体验企业的关怀,提高客户的忠诚度和满意度。还要从员工的待遇、培训晋升、激励制度等方面服务好员工,打造一只稳定的服务团队。

3. 实现完善的网络化管理

从国际汽车维修行业看,维修信息综合管理、专家集体合诊、网上查询资料、网上解答疑难杂症、网上开展技术培训、网上购买汽车维修资料,已经成为维修行业全面普及的局面。同时,充分发挥电子计算机进行信息交流的互动功能和管理功能,重点应建立保用结算与客户故障反馈系统,汽车销售与服务网点管理系统,24h客户呼叫中心,整车可追溯查询系统,备件售后技术资料使用查询管理系统及存储ABC重点管理系统,用户跟踪服务及车辆档案,以优化资源,密切跟踪客户需求,提高工作效率。

4. 充分发挥4S店的信息反馈功能

信息反馈其实是4S最关键的一点,它紧密地联系着消费者、经销商、生产厂家三者。在国外,信息反馈是生产厂家掌握市场的第一手资料。4S店每天都要接待用户,进行汽车的检查、保养、维修、索赔等等,在这些服务项目中碰到的相关信息对于改进产品、提升服务、了解客户需求具有很大的价值。4S店应该组织专人负责整理相关信息,及时反馈给制造商,使厂商了解自己的产品,了解市场需求,以利于产品的改进、创新,实现消费者、经销商、生产厂家的共赢。

任务实施

一、前台接待工作程序

①服务顾问按规范要求准备好必要的表单、工具、材料,迎接并引导顾客停车。

②安装三件套;基本信息登记;环车检查;详细、准确填写接车登记表。

③了解顾客关心的问题,询问顾客的来意,仔细倾听顾客的要求及对车辆故障的描述。

④故障确认。

a. 可以立即确定故障的,根据质量担保规定,向顾客说明车辆的维修项目和顾客的需求是否属于质量担保范围内。不能确定是否属于质量担保范围,应向顾客说明原因,待进一步进行诊断后做出结论。

b. 不能立即确定故障的,向顾客解释须经全面仔细检查后才能确定。

⑤向顾客取得行驶证及车辆保养手册;引导顾客到接待前台,请顾客坐下。

⑥查询备品库存,确定是否有所需备品。

⑦估算备品/工时费用。

a. 查看 DMS 系统内顾客服务档案,以判断车辆是否还有其他可推荐的维修项目。
b. 尽量准确地对维修费用进行估算,并将维修费用按工时费和备品费进行细化。
c. 将所有项目及所需备品录入 DMS 系统。
d. 如不能确定故障的,告知顾客待检查结果出来后,再给出详细费用。
⑧根据对维修项目所需工时的估计及店内实际情况预估出完工时间。
⑨制作任务委托书。
a. 询问并向顾客说明公司接受的付费方式。
b. 说明交车程序,询问顾客旧件处理方式。
c. 询问顾客是否接受免费洗车服务。
d. 将以上信息录入 DMS 系统。
e. 告诉顾客在维修过程中如果发现新的维修项目会及时与其联系,在顾客同意并授权后才会进行维修。
f. 印制任务委托书,就任务委托书向顾客解释,并请顾客签字确认。
g. 将接车登记表、任务委托书客户联交顾客。
⑩安排顾客在销售服务中心休息等待。

二、车间工作程序

①服务顾问将车辆开至待修区,将车辆钥匙、《任务委托书》、《接车登记表》交给车间主管,向车间主管交代作业内容、交车时间要求及其他须注意事项。
②车间主管根据各班组的技术能力及工作状况,向班组派工。
③实施维修作业。
a. 班组接到任务后,根据《接车登记表》对车辆进行验收。
b. 确认故障现象,必要时试车。
c. 根据《任务委托书》上的工作内容,进行维修或诊断。
d. 维修技师凭《任务委托书》领料,并在出库单上签字。
e. 非工作需要不得进入车内与不能开动顾客车上的电气设备。
f. 对于顾客留在车内的物品,维修技师应小心地加以保护,非工作需要严禁触动,因工作需要触动时要通知服务顾问以征得顾客的同意。
④作业过程中存在问题。
a. 作业进度发生变化时,维修技师必须及时报告车间主管及服务顾问,以便服务顾问及时与顾客联系,取得顾客谅解或认可。
b. 维修过程中发现维修项目需要发生变化或者进行深入一步的检测维修时,维修技师需及时告知服务顾问,以便服务顾问与顾客联系,进行下一步的维修增项处理。
⑤维修技师作业完成后,先进行自检,然后交班组长检验。检查合格后,班组长在《任务委托书》写下车辆维修建议、注意事项等,并签名,交质检员或技术总监质量检验。
⑥车辆清洗。

三、交车服务工作程序

①将车钥匙、《任务委托书》、《接车登记表》等物品移交车间主管,并通知服务顾问车辆已修完并告知停车位置。

②服务顾问内部交车。

a.检查《任务委托书》以确保顾客委托的所有维护修理项目的书面记录都已完成,并有质检员签字。

b.实车核对《任务委托书》以确保顾客委托的所有维护修理项目在车辆上都已完成。

c.确认故障已消除,必要时试车。

d.确认从车辆上更换下来的旧件。

e.确认车辆内外清洁度(包括无灰尘、油污、油脂)。

f.其他检查:除车辆外观外,不遗留抹布、工具、螺母、螺栓等。

③检查完成后,立即与顾客取得联系,告知车已修好,与顾客约定交车时间。

④陪同顾客验车。

a.服务顾问陪同顾客查看车辆的维护情况,依据任务委托书及接车登记表,实车向顾客说明。

b.向顾客展示更换下来的旧件。

c.说明车辆维修建议及车辆使用注意事项。

d.提醒顾客下次维护的时间和里程。

e.说明备胎、随车工具已检查及说明检查结果。

f.向顾客说明、展示车辆内外已清洁干净。

g.告知顾客3日内销售服务中心将对顾客进行服务质量跟踪电话回访,询问顾客方便接听电话的时间。

h.当顾客的面取下三件套,放于回收装置中。

⑤制作结算单。引导顾客到服务接待前台,打印车辆维修结算单及出门证。

⑥向顾客说明有关注意事项。

a.根据任务委托书上的"建议维修项目"向顾客说明这些工作是被推荐的,并记录在车辆维修结算单上。特别是有关安全的建议维修项目,要向顾客说明必须维修的原因及不修复可能带来的严重后果,若顾客不同意修复,要请顾客注明并签字。

b.对维护手册上的记录进行说明(如果有)。

c.对于首次维护顾客,说明首次维护是免费的维护项目,并简要介绍质量担保规定和定期维护的重要性。

d.将下次维护的时间和里程记录在车辆维修结算单上,并提醒顾客留意。

e.告知顾客会在下次维护到期前提醒、预约顾客来店维护。

f.与顾客确认方便接听服务质量跟踪电话的时间并记录在车辆维修结算单上。

⑦解释费用。依车辆维修结算单,向顾客解释收费情况并请顾客在结算单上签字确认。

⑧服务顾问陪同顾客结账。结算员将结算单、发票等叠好,注意收费金额朝外。将找回的零钱及出门证放在叠好的发票等上面,双手递给顾客,与顾客道别。

⑨服务顾问将资料交还顾客。

a.服务顾问将车钥匙、行驶证、维护手册等相关物品交还给顾客。

b.将能够随时与服务顾问取得联系的方式(电话号码等)告诉顾客。

c.询问顾客是否还有其他服务。

⑩送别顾客并对顾客的惠顾表示感谢。

学习情境一：汽车与市场营销基础认知 工作任务三：汽车销售的4S模式认知	班级			
	姓名		学号	
	日期		评分	

一、工作单内容

熟练认知4S店的岗位设置，明确4S的基本职能，掌握对4S店中设置的销售顾问和服务顾问的工作流程。

二、准备工作

1._____是汽车营销活动的中心内容，是汽车4S店的基本职责，是为_____、_____等工作带来潜在顾客的关键环节。

2.汽车营销的基本任务包括_____、_____。

3.4S店是一种四位一体的汽车特许经营模式，包括_____。

4.请写出4S店的一般岗位设置。

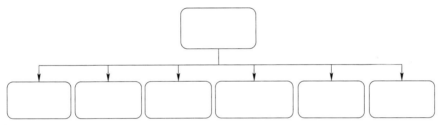

三、任务实施

1.4S店中销售顾问接待客户的流程是怎样的？请分组模拟客户和销售顾问进行客户接待。

2.4S店的服务顾问工作流程是怎样的？

四、工作小结

结合自己在实训中的观察体会，回答以下问题：

1.销售顾问的主要工作职责是什么？

2.你认为怎样才能做好一名销售顾问？

学习情境二 汽车市场营销策划

情境概述

本学习情境主要讲授汽车市场营销环境的组成,市场调查与预测的方法和内容,汽车目标市场选择和市场定位,市场营销策划书的编写,根据岗位职业能力的要求,共有四个真实的工作任务。

一、职业能力分析

通过本情境的学习,期望达到下列目标。

1. 专业能力

(1)掌握汽车市场营销环境的概念和分类。
(2)掌握汽车市场营销宏观和微观环境内容,能够对营销环境进行分析。
(3)熟悉市场调查与市场预测的方法与作用。
(4)理解市场细分的作用,熟悉市场细分标准。
(5)明确企业产品市场定位的作用,能明确某车型市场定位。
(6)熟悉汽车营销策划的流程和影响因素。
(7)熟悉市场营销策划包含的内容和步骤,能编制汽车营销策划大纲。

2. 社会能力

(1)通过分组活动,培养团队协作能力。
(2)通过规范文明操作,培养良好的职业道德和安全环保意识。
(3)通过小组讨论、上台演讲评述,培养与客户的沟通能力。

3. 方法能力

(1)通过查阅资料、文献,培养个人自学能力和获取信息能力。
(2)通过情境化的任务单元活动,掌握解决实际问题的能力。
(3)填写任务工作单,制订工作计划,培养工作方法能力。
(4)能独立使用各种媒体完成学习任务。

二、学习情境描述

正确的市场营销策划才能保证汽车企业在激烈的市场竞争中立于不败之地。作为营销高级管理策划人员,在制定正确的市场营销策划是,首先要分析汽车生产企业所处的宏观环境和微观环境,接下来要做好充分的市场调查与市场预测,同时深入分析现代营销战略的核心问题STP策略,即市场细分(Segmenting)、选择目标市场(Targeting)和市场定位(Positioning)策略,最后再撰写规范的汽车营销策划书。

三、教学环境要求

本学习情境要求在教室和专业实训室完成。要求配置可以用于资料查询的电脑、任务工作单、多媒体教学设备、课件和视频教学资料等。

学生分成6个小组,各组独立完成相关的工作任务,并在教学完成后提交任务工作单。

工作任务一　汽车市场营销环境分析

任务概述

1. 应知应会

通过本工作任务的学习与具体实施,学生应学会下列知识:

(1)汽车市场营销环境的概念和分类。

(2)汽车市场营销宏观和微观环境内容。

应该掌握下列技能:

能够对某市场营销环境进行分析。

2. 学习要求

(1)在每个任务单元的学习过程中,完成相关任务工作单的填写,并通过课程网络及时提交给相关教师。任务工作单提交方法详见课程网站。

(2)在每个学习情境实施阶段的中期或后期,按要求填写工作单。情境学习结束后,按要求填写学生考核记录表,进行自我评价后交小组长,小组长评价后连同工作单统一交教师。

(3)每个情境学习到评价环节时,个人进行任务完成情况的评估。教师对小组抽查,被抽查的个人上台进行讲评。

相关知识

一、汽车市场营销环境的含义及特点

1. 汽车市场营销环境的含义

汽车市场营销环境是指影响汽车企业营销活动和营销目标实现,与汽车企业营销活动有关系的各种因素和条件,包括宏观环境和微观环境,如图2-1所示。汽车企业在一定的市场环境中进行营销活动,并受外界环境的制约,因此汽车企业必须重视对环境的调查预测与分析,以发现市场机会,避免环境威胁,及时对环境中不利于汽车企业营销的趋势采取应变措施,使营销决策具有科学依据。

2. 汽车营销环境分析的意义

(1)汽车市场营销环境分析是市场营销活动的出发点

汽车企业营销活动所需的各种资源,如资金、信息、人才等都是由环境来提供的。汽车企业生产经营的产品或服务需要哪些资源、需要多少资源、从哪里获取资源,必须分析研究营销环境因素,以获取最优的营销资源来满足汽车企业经营的需要,实现营销目标。只有深

入细致地对汽车企业市场营销环境进行调查研究和分析,才能准确而及时地把握消费者需要,才能认清本企业所处环境中的优势和劣势,扬长避短。

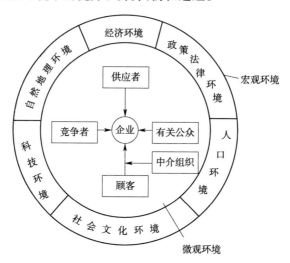

图 2-1　汽车企业市场营销环境构成

(2)汽车市场营销环境分析有利于抓住市场机遇,规避风险

企业要善于细致地分析市场营销环境,善于抓住机会,及时预见环境威胁,将威胁减小到最低程度,甚至化解威胁,使企业在竞争中求生存、在变化中谋稳定、在经营中创效益,充分把握未来。例如:农村对汽车的购买欲望和购买力上升,奇瑞推出多款适合农村道路的车型;面对现在世界石油资源紧缺,很多汽车厂商都在积极研发新能源汽车。

3. 汽车营销环境的特点

(1)差异性

市场营销环境的差异性不仅表现在不同的企业受不同环境的影响,而且同一种环境因素的变化对不同企业的影响也不相同。由于外界环境因素的差异性,汽车企业必须采取不同的营销策略才能应付和适应这种情况。

(2)不可控性

影响市场营销环境的因素是多方面的,也是复杂的,并表现为企业的不可控性;而且,这种不可控性对不同企业表现不一。有的因素对某些企业来说是可控的,而对另一些企业则可能是不可控的;有些因素今天是可控的,而到了明天则可能变为不可控因素。

(3)相关性

市场营销环境是一个系统,在这个系统中各个影响因素是相互依存、相互作用和相互制约的。这是由于社会经济现象的出现,往往不是由某一单一的因素所能决定的,而是受到一系列相关因素影响的结果,要充分注意各种因素之间的相互作用。

(4)动态性

市场营销环境是企业营销活动的基础和条件,这并不意味着市场营销环境是一成不变的。相反,市场营销环境总是处在一个不断变化的过程中,今天的环境与十多年前的环境相比已经有了很大的变化。例如国家产业政策发生了变化,消费者的消费倾向也已从追求物质的数量化向追求物质的质量及个性化转变。这些都会对企业的营销行为产生最直接的影响。

二、汽车市场营销的微观环境

微观环境指与企业关系密切,能够影响企业服务顾客能力的各种因素。包括企业自身、供应者、营销中介、顾客、竞争者和公众。这些因素构成企业的价值传递系统。营销部门的业绩建立在整个价值传递系统运行效率的基础之上。

1. 企业自身

一般而言,企业内部基本的组织机构包括高层管理部门、财务部门、研究与发展部门、采购部门、生产部门和营销部门。营销部门必须与其他部门密切合作,现在各个企业都提倡全员营销,也就是说销售不仅仅是营销部门和销售人员的责任,企业的每一个成员都有责任,要配合销售部门做好营销工作。

2. 供应商

汽车生产制造商需要质量可靠且稳定的原材料、零部件及设备供货源,确保生产的正常进行和汽车的质量;汽车销售商同样需要厂商及时供货,要确保数量和产品结构合理,只有这样才能适应和促进销售。

3. 营销中介

营销中介是帮助公司将其产品促销、销售并分销给最终购买者的组织或个人。营销中介包括经销商、仓储物流商、营销服务机构和金融机构。

（1）经销商:直接帮助公司寻找市场、销售产品。

（2）仓储物流商:协助厂商储存并把产品运送到目的地的组织机构。

（3）营销服务机构:协助汽车厂商调查和搜集市场资料,宣传和促销产品的机构。如市场调查公司、广告公司、各种媒体、营销策划公司等。

4. 消费者

消费者是产品销售的市场,是企业赖以生存和发展的"衣食父母",消费者的需求既是营销的起点,又是营销的终点。汽车厂商必须根据消费者需求来研制汽车产品,并且做好售前、售中和售后服务。

5. 竞争者

竞争者的类型主要有潜在进入者、现有生产者、替代品生产者,不同的竞争者给企业带来不同的威胁,这也就迫使企业采取不同的竞争策略。汽车市场竞争越来越激烈,要在竞争中更好地生存与发展,首先要能准确定位,其次要不断创新并提高产品质量,第三要搞好销售服务,提高品牌形象。

6. 公众

公众是指对企业的营销活动有实际和潜在利害关系影响力的一切团体和个人。汽车企业要满足公众的需求,顾及公众的感受,与公众保持良好的关系,提高品牌知名度与美誉度。

常见的公众类型有:

①金融公众:影响企业获得资金的团体,如银行、投资公司等。

②媒体公众:具有广泛影响的大众媒体,对消费者具有导向作用。

③政府公众:管理企业活动的政府机构。

④市民行动公众:各种消费者权益组织、环保组织等。

⑤地方公众:企业附近的居民、地方官员。

⑥企业内部公众:如董事会、经理、职工等。

三、汽车市场营销的宏观环境

宏观环境是指间接影响企业营销活动的社会力量,具有不可控制性,企业只能跟踪、自我调整并尽量适应它。这些因素不仅直接影响到生产经营企业的微观环境,而且为企业成长、发展提供机会或者构成威胁,制约着生产经营企业的发展空间。主要包括以下7个影响要素。

1. 人口环境

人口环境是指一个国家和地区的人口总量、质量、家庭结构、性别、年龄、人口收入分布以及地理分布等因素的现状及其变化趋势。人口环境对汽车产品的市场规模、产品结构、消费层次、购买行为等都会产生一定的影响。

2. 经济环境

(1)收入与支出

收入不断增长使购买力上升,同时恩格尔系数不断降低,消费结构发生变化。恩格尔定律提出:随着家庭收入的增加,用于购买食品等生活必需品的支出占家庭总收入的比重就会下降;而用于住房、服装、汽车等其他方面的消费就会增加。

(2)储蓄与信贷

银行的利率变化影响着储蓄和消费结构。越来越多的年轻人选择提前消费,国家为了支持汽车产业发展也鼓励贷款买车。

(3)经济全球化

经济全球化把我国汽车推向国际市场,这不仅是机遇,同时也面临更多的威胁和挑战。

3. 自然环境

汽车生产和消费要依赖自然环境,同时也影响着自然环境。自然环境是指影响汽车生产和使用的自然因素。包括自然资源状况、生态环境状况以及环境保护等方面。汽车生产和消费要依赖自然环境,同时也影响着自然环境。

(1)资源短缺

石油能源面临枯竭、铁矿日趋减少,对汽车产业带来严重的威胁和挑战,逼迫很多企业开始研究和生产新能源汽车,如电动汽车、太阳能汽车,同时积极研究各种合成材料代替钢铁,来降低成本,走可持续发展的道路。

(2)环境破坏、生态失衡、环境意识增强

随着低碳生活的提倡,社会及消费者对汽车的节能和环保要求越来越高,小排量和新能源汽车得到更为广阔的发展空间。

(3)地形地貌与交通状况

汽车是对地形地貌及道路要求最高的一种机器。汽车厂商应该推出各种各样车型,适应不同地区的地形地貌及交通情况。

(4)气候

温度、湿度、气压、风力、风向等气候条件也对汽车产生影响。

4. 技术环境

科学技术环境指一个国家和地区的整体科技水平的现状及其变化。科学技术促进了国家综合实力的提高,国民购买力也就提高了,给汽车市场带来营销机会;而且科学技术改善了产品性能,降低了产品成本,提高了市场竞争力。

现在是知识经济时代,科学技术创新为汽车的发展带来新的市场和机遇。各种原来在军事上、航天上的发明都逐渐应用到汽车上,有的技术使得汽车性能更好,有的技术使得汽车制造成本降低。例如:汽车导航、雷达测距、指纹防盗系统;汽车安全系统如ABS、ESP;陶瓷材料、合成材料等技术。

5. 政治环境

政治环境是指企业市场营销活动的外部政治形势和状况给生产经营企业的市场营销活动带来的,或者可能带来的影响。

(1)税收

例如汽车购置税,为了应对金融危机和鼓励小排量汽车的消费,我国在2009年车辆购置税率曾经降半(即5%)征收,后来逐步提高7.5%,现又恢复10%征收,对中国汽车营销影响较大。

(2)政府开支

政府是个巨大的消费体,尤其我国,公交消费量和很大。近几年,国家大力支持自主品牌汽车,政府汽车消费也倾向于自主品牌(50%以上)。

(3)利率

利率的调整不仅影响居民储蓄与消费,同时也影响消费方式。比如利率上调,就会影响到贷款买车。

(4)对外贸易政策

要立足本国市场,同时扩大对外出口。

6. 法律环境

法律环境主要包括国内外有关市场营销活动的法律、法规、法令、条例等。对企业来说,法律是评判企业营销活动的准则,只有依法进行的各种营销活动,才能受到国家法律的有效保护。认识这一点对于企业开展市场营销业务尤为重要。因此,企业的市场营销人员必须掌握关于环境保护、消费者利益和社会利益方面的法律。

目前我国的整体法律政策是鼓励汽车消费的。从政策和法规的高度营造了政策氛围,形成了特定的具有中国特色的汽车消费政策环境。

7. 社会文化环境

社会文化环境指一个国家、地区或民族的传统文化,包括语言文字、价值观念、民俗习惯、文化背景、文明程度等。不同的社会文化环境使人们对汽车产品有不同的要求和偏好(比如在汽车的造型上、性能上、颜色上),也影响人们的购买习惯。

在文化价值观念上,中国传统文化中有着严重的等级差异及特殊化的倾向。"贵贱有别"、"长幼有序"等观念在中国根深蒂固。汽车作为一种地位和身份的象征,更多地体现着使用者的权力和荣誉。

四、市场营销环境分析

分析市场营销环境是营销战略计划制订工作的起始环节,是一项重要的基础工作。通过分析营销环境,企业可以知道当前和未来环境中,存在哪些营销机会和威胁。充分利用机会,有效应对威胁,才能保证企业的生存和持续发展。

1. SWOT环境分析方法

(1)SWOT分析方法含义

SWOT（Strengths Weakness Opportunity Threats）分析方法是一种企业战略分析方法，又称为态势分析法或优劣势分析法，即根据企业自身的既定内在条件进行分析，找出企业的优势、劣势及核心竞争力之所在。其中，"S"代表 strength（优势），"W"代表 weakness（劣势），"O"代表 opportunity（机会），"T"代表 threat（威胁），"S"、"W"是内部因素，"O"、"T"是外部因素。按照企业竞争战略的完整概念，战略应是一个企业"能够做的"（即组织的强项和弱项）和"可能做的"（即环境的机会和威胁）之间的有机组合。

从竞争角度看，对成本措施的抉择分析，不仅来自于对企业内部因素的分析判断，还来自于对竞争态势的分析判断。成本的优势——劣势——机会——威胁（SWOT）分析的核心思想是通过对企业外部环境与内部条件的分析，明确企业可利用的机会和可能面临的风险，并将这些机会和风险与企业的优势和缺点结合起来，形成企业成本控制的不同战略措施。

（2）SWOT 分析方法的基本步骤

①分析企业的内部优势、弱点，既可以是相对企业目标而言的，也可以是相对竞争对手而言的。

②分析企业面临的外部机会与威胁，可能来自于与竞争无关的外环境因素的变化，也可能来自于竞争对手力量与因素变化，或二者兼有，但关键性的外部机会与威胁应予以确认。

③将外部机会和威胁与企业内部优势和弱点进行匹配，形成可行的战略。

（3）SWOT 分析方法类型组合

SWOT 分析有 4 种不同类型的组合：优势—机会（SO）组合、弱点—机会（WO）组合、优势—威胁（ST）组合和弱点—威胁（WT）组合，如表 2-1 所示。

SWOT 分析模型　　　　　　　　　　　　　　　　　　　表 2-1

外部环境 ＼ 内部环境	优势—S	劣势—W
机会—O	SO 部分 发挥优势，利用机会	WO 部分 利用机会，克服劣势
威胁—T	ST 部分 利用优势，回避威胁	WT 部分 减少劣势，回避威胁

①优势—机会（SO）组合。优势—机会（SO）战略是一种发展企业内部优势与利用外部机会的战略，是一种理想的战略模式。当企业具有特定方面的优势，而外部环境又为发挥这种优势提供有利机会时，可以采取该战略。例如良好的产品市场前景、供应商规模扩大和竞争对手有财务危机等外部条件，配以企业市场份额提高等内在优势可成为企业收购竞争对手、扩大生产规模的有利条件。

②弱点—机会（WO）组合。弱点—机会（WO）战略是利用外部机会来弥补内部弱点，使企业改劣势而获取优势的战略。存在外部机会，但由于企业存在一些内部弱点而妨碍其利用机会，可采取措施先克服这些弱点。例如，若企业弱点是原材料供应不足和生产能力不够，从成本角度看，前者会导致开工不足、生产能力闲置、单位成本上升，而加班加点会导致一些附加费用。在产品市场前景看好的前提下，企业可利用供应商扩大规模、新技术设备降价、竞争对手财务危机等机会，实现纵向整合战略，重构企业价值链，以保证原材料供应，同时可考虑购置生产线来克服生产能力不足及设备老化等缺点。通过克服这些弱点，企业可能进一步利用各种外部机会，降低成本，取得成本优势，最终赢得竞争优势。

③优势—威胁(ST)组合。优势—威胁(ST)战略是指企业利用自身优势,回避或减轻外部威胁所造成的影响。如竞争对手利用新技术大幅度降低成本,给企业带来成本压力;同时原材料供应紧张,其价格可能上涨;消费者要求大幅度提高产品质量;企业还要支付高额环保成本等,这些都会导致企业成本状况进一步恶化,使之在竞争中处于非常不利的地位,但若企业拥有充足的现金、熟练的技术工人和较强的产品开发能力,便可利用这些优势开发新工艺,简化生产工艺过程,提高原材料利用率,从而降低材料消耗和生产成本。

④弱点—威胁(WT)组合。弱点—威胁(WT)战略是一种旨在减少内部弱点,回避外部环境威胁的防御性战略。当企业存在内忧外患时,往往面临生存危机,降低成本也许会成为改变劣势的主要措施。当企业成本状况恶化,原材料供应不足,生产能力不够,无法实现规模效益,且设备老化,使企业在成本方面难以有大作为,这时将迫使企业采取目标聚集战略或差异化战略,以回避成本方面的劣势,并回避成本原因带来的威胁。

(4)SWOT分析常见错误

新手在使用SWOT分析法时,很容易犯两个常见的错误,会严重误导分析结果。

①在整体目标尚未明确和获得共识前,就进行SWOT分析。整体的企业计划目标都尚未被确认就进行SWOT分析会导致分析结果七零八落,最后无法落实,因为最主要的目标可能有3~5个,甚至不停改变,如此将造成多头马车的状况。此外,有时整体目标已经提出,但每个人理解的状况仅停留在各自脑海,没有经过分享与确认,也容易造成误解。

②将SWOT分析当作可行的策略。SWOT分析仅是现况,客观的陈述。也许多数人在"优势"、"劣势"与"威胁"面都能做到客观的陈述,但在"机会"这一象限,许多人会将策略写进去,而非现象。可以试着将"机会"想成"理想情况"(Auspicious Conditions)的描述,这会有助于推出下一步的策略。

2. 波士顿矩阵分析法

(1)波士顿矩阵模型介绍

波士顿矩阵(BCG),又称市场增长率—相对市场份额矩阵、波士顿咨询集团法、四象限分析法、产品系列结构管理法等,由美国著名的管理学家、波士顿咨询公司创始人布鲁斯·亨德森于1970年首创。

波士顿矩阵将组织的每一个战略事业单位(Strategic Business Units,SBU)标在一种二维的矩阵图上,如图2-2所示。从而显示出哪个战略事业单位提供高额的潜在收益,以及哪个战略事业单位是组织资源的漏斗。波士顿矩阵的发明者、波士顿公司的创立者布鲁斯认为"公司若要取得成功,就必须拥有增长率和市场份额各不相同的产品组合。组合的构成取决于现金流量的平衡。"

波士顿矩阵通过市场增长率和市场占有率两个维度对业务单位进行分析:

横坐标为相对市场份额,表示各项业务或产品的市场占有率和该市场最大竞争者的市场占有率之比。比值为"1"就表示此项业务是该市场的领先者。

纵坐标为市场增长率,表明各项业务的年销售增长率。具体坐标值可以根据行业的整体增长而定。

图中圆圈表示企业现有的各项不同的业务或产品,圆圈的大小表示它们销售额的大小,圆圈的位置表示它们的成长率和相对市场份额所处的地位。

通过分析不同的业务单位在矩阵中的不同位置,可以将业务单位分解为出4种业务组合。

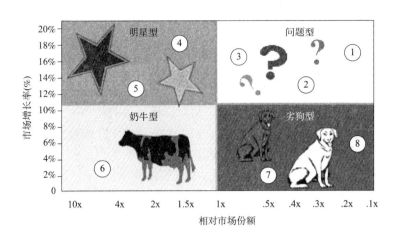

图 2-2 波士顿模型

①问题型业务(Question Marks,指高增长、低市场份额)。处在这个位置中的是一些投机性产品,带有较大的风险。这些产品可能利润率很高,但占有的市场份额很小。这通常是一个公司的新业务,为发展问题业务,公司必须建立工厂,增加设备和人员,以便跟上迅速发展的市场,并超过竞争对手,这些意味着大量的资金投入。"问题"非常贴切地描述了公司对待这类业务的态度,因为这时公司必须慎重回答"是否继续投资,发展该业务?"这个问题。只有那些符合企业发展长远目标、企业具有资源优势、能够增强企业核心竞争力的业务才得到肯定的回答。得到肯定回答的问题型业务适合于采用战略框架中提到的增长战略,目的是扩大市场份额,甚至不惜放弃近期收入来达到这一目标,因为要问题型要发展成为明星型业务,其市场份额必须有较大的增长。得到否定回答的问题型业务则适合采用收缩战略。

②明星型业务(Stars,指高增长、高市场份额)。这个领域中的产品处于快速增长的市场中并且占有支配地位的市场份额,但也许会或也许不会产生正现金流量,这取决于新工厂、设备和产品开发对投资的需要量。明星型业务是由问题型业务继续投资发展起来的,可以视为高速成长市场中的领导者,它将成为公司未来的现金牛业务。但这并不意味着明星业务一定可以给企业带来源源不断的现金流,因为市场还在高速成长,企业必须继续投资,以保持与市场同步增长,并击退竞争对手。企业如果没有明星业务,就失去了希望,但群星闪烁也可能会闪花企业高层管理者的眼睛,导致做出错误的决策。这时必须具备识别"行星"和"恒星"的能力,将企业有限的资源投入在能够发展成为现金牛的"恒星"上。同样地,明星型业务要发展成为现金牛业务适合于采用增长战略。

③奶牛型业务(Cash cows,指低增长、高市场份额)。处在这个领域中的产品产生大量的现金,但未来的增长前景是有限的。这是成熟市场中的领导者,它是企业现金的来源。由于市场已经成熟,企业不必大量投资来扩展市场规模,同时作为市场中的领导者,该业务享有规模经济和高边际利润的优势,因而给企业带来大量现金流。企业往往用奶牛型业务来支付账款并支持其他三种需大量现金的业务。奶牛型业务适合采用战略框架中提到的稳定战略,目的是保持市场份额。

④劣狗型业务(Dogs,指低增长、低市场份额)。这个剩下的领域中的产品既不能产生大量的现金,也不需要投入大量现金,这些产品没有希望改进其绩效。一般情况下,这类

业务常常是微利甚至是亏损的,劣狗型业务存在的原因更多的是由于感情上的因素,虽然一直微利经营,如同人养了多年的狗一样恋恋不舍而不忍放弃。其实,劣狗型业务通常要占用很多资源,如资金、管理部门的时间等,多数时候是得不偿失的。劣狗型业务适合采用战略框架中提到的收缩战略,目的在于出售或清算业务,以便把资源转移到更有利的领域。

业务或产品多从问题型开始,转向明星型,进而成为奶牛型,最终降为劣狗型。企业必须注意每项业务品变化,预测未来的市场变化,制定投资发展战略。

(2)如何用波士顿模型进行分析

①评价各项业务的前景。BCG是用"市场增长率"这一指标来表示发展前景的。这个数据可以从企业的经营分析系统中提取。

②评价各项业务的竞争地位。BCG是用"相对市场份额"这个指标来表示竞争力的。这一步需要做市场调查才能得到相对准确的数据。计算公式是把一单位的收益除以其最大竞争对手的收益。

③标明各项业务在BCG矩阵图上的位置。具体方法是以业务在二维坐标上的坐标点为圆心画一个圆圈,圆圈的大小来表示企业每项业务的销售额。到了这一步公司就可以诊断自己的业务组合是否健康了。一个失衡的业务组合就是有太多的瘦狗型或问题型业务,或太少的明星型和奶牛型业务。例如有三项的问题业务,不可能全部投资发展,只能选择其中的一项或两项,集中投资发展;只有一个现奶牛型业务,说明财务状况是很脆弱的,有两项瘦狗型业务,这是沉重的负担。

④确定纵坐标"市场增长率"的一个标准线,从而将"市场增长率"划分为高、低两个区域。比较科学的方法有两种:一是把该行业市场的平均增长率作为界分点。二是把多种产品的市场增长率(加权)平均值作为界分点。需要说明的是,高市场增长定义为销售额至少达到10%的年增长率(扣除通货膨胀因素后)。

⑤确定横坐标"相对市场份额"的一个标准线,从而将"相对市场份额"划分为高、低两个区域。一种比较简单的方法是,高市场份额意味着该项业务是所在行业的领导者的市场份额。需要说明的是,当本企业是市场领导者时,这里的"最大的竞争对手"就是行业内排行老二的企业。

(3)波士顿矩阵分析法使用的局限性

企业把波士顿矩阵作为分析工具时,应该注意到它的局限性:

①在实践中,企业要确定各业务的市场增长率和相对市场占有率是比较困难的。

②波士顿矩阵过于简单。首先,它用市场增长率和企业相对占有率两个单一指标分别代表产业的吸引力和企业的竞争地位,不能全面反映这两方面的状况;其次,两个坐标各自的划分都只有两个,划分过粗。

③波士顿矩阵事实上暗含了一个假设:企业的市场份额与投资回报是呈正比的。但在有些情况下这种假设可能是不成立或不全面的。一些市场占有率小的企业如果实施创新、差异化和市场细分等战略,仍能获得很高的利润。

④波士顿矩阵的另一个条件是,资金是企业的主要资源。但在许多企业内,要进行规划和均衡的重要资源不仅是现金,还有技术、时间和人员的创造力。

⑤波士顿矩阵在具体运用中有很多困难。例如,正确的应用组合计划会对企业的不同部分产生不同的目标和要求,这对许多管理人员来说是一个重要的文化变革,而这一文化变

革往往是非常艰巨的过程;又如,按波士顿矩阵的安排,"奶牛型"业务要为"问题型"业务和"明星型"业务的发展筹资,但如何保证企业内部的经营机制能够与之配合?谁愿意将自己费力获得的盈余被投资到其他业务中去?因此,有些学者提出,与其如此,自由竞争市场可能会更有效地配置资源。

 任务实施

吉利汽车控股有限公司作为一个民族企业,刚刚起步十多年,在这十多年间吉利发展非常迅速,面对经济危机,吉利集团不但没被打垮,反而发展壮大。收购沃尔沃轿车品牌,引起了众多专家学者的关注。但是,吉利的主销产品并不是沃尔沃,它并不能用沃尔沃来解决企业所有车型的销售问题。

一、吉利集团市场营销微观环境分析

1. 企业内部环境

自 1986 年,从制冷元件到整装汽车,吉利集团从一个小小的民营企业成长为中国 500 强企业,近 30 年的发展为企业奠定了良好的物质基础和技术基础。不管是制冷元件、摩托车还是汽车零部件,都为汽车整装提供了良好的技术条件和物质环境。

不断的发展既为企业带来了许多优秀的技术人才,这些人才拥有丰富的专业技术知识;同时,也成长了一大批管理人才,这些人才给企业带来了优秀的管理理念。优秀的管理理念转化为物质条件的同时,也为企业创造了优秀的文化环境。

2. 供应商

企业产品的生产离不开产品原料以及零部件。长期的企业发展,为吉利培养了一大批稳定的供应商。这些原料以及产品的供应商很多是当地的小型民营企业。这些企业的产品质量过硬,价格合理,为吉利汽车的大规模生产提供了充分的物质条件。同时,在汽车用钢上,签约宝钢汽车用钢,使吉利汽车的质量提高到了更高的层次。

当然,有些东西也与供应商发生了争议。此前吉利的发动机向天津一汽丰田采购,当时一汽丰田不但给出价格优惠的承诺,而且表示如果日后吉利需要的量增大,价格可以更低。然而到了 2001 年,吉利对发动机的需求成倍增加时,一汽丰田不但不降价,反而涨至 1.8 万 ~ 1.9 万元一台。在供应商加价的被动局面下,吉利为了摆脱一汽丰田,自主研发了 8 大系列发动机定名 G - Power。产品的核心部件实现自主研发,这是吉利逐步走向成熟的一个标志。

3. 消费者

消费者是微观营销环境的主要因素,对企业营销影响很大。消费者是市场的主体,企业营销的核心就是满足消费者的需求。企业只有了解了消费者的具体需求及其影响因素,掌握了消费者的购买行为及其特有规律,才能有效地开展企业营销活动。

一般消费者,购买汽车的动机都是基于自己需求而购买的,都是想拥有便捷和自由的活动能力。而且会根据自己的收入和还贷能力相应考虑自己的购买力。因为拥有一部汽车,在一个家庭中,是举足轻重的。这对于吉利汽车来说,国内如此强烈如此庞大的需求,正是企业发展得契机。

作为一般的消费者,影响购买的因素主要是功能上的,比如汽车的耗油量、外观、价格和舒适感等;次要的是品牌,消费者通常会选择自认为信得过的品牌产品;最后是优良的售后服务。对于吉利汽车,在一般消费者的心里,吉利并不是一款高档的汽车牌子,而是相对比较亲民的牌子。所以对于主打中端的吉利来说,庞大的中产阶级是吉利的重点市场。

4. 竞争者

竞争者也是微观营销环境的主要因素,在当前激烈的市场环境中,对竞争对手分析是十分有必要的。吉利汽车致力于生产"老百姓买得起的车",产品的市场定位是低中档的小排量的家庭用车。在这个市场定位上,国内主要的竞争对手有天津的夏利、奇瑞的QQ和风云、菲亚特的派力奥和菲耶纳、长安的奥拓、比亚迪的福来尔。目前,还有市场销量一直看好的雪佛兰的乐骋和北京现代的雅绅特。

面对如此众多和强大的竞争对手,一定要做到知己知彼才能与之抗衡,赢得市场。尤其是对对手的营销策略作一定的分析和反击。比如,要拿自己的售后服务和对手的售后服务相比较,发现不足予以改进,更可以在此基础上创新策略,以此反击对手。

5. 公众

吉利集团在发展实业,更加努力地致力于中国的教育产业,创办了北京吉利大学、浙江经济管理专修学院以及浙江吉利技师学院。这项工程既是一项公益事业,同时又为企业的可持续发展提供了后备力量,为企业的未来发展提供了优秀的文化环境,实现了教育与企业的双向沟通。这种模式是一种大胆的企业文化环境创新。

二、吉利集团市场营销宏观环境分析

1. 人口环境

根据北京工业大学和中国社科院社科文献出版社联合发布的《2010年北京社会建设分析报告》公布的数据,目前北京中产阶层在社会阶层结构中所占的比例已经超过40%,约540万人。信息咨询公司的研究显示,到2020年,中国的中产阶层将达到7亿人。而根据国家人口发展战略研究称,2020年中国人口将达到14.5亿人。那么,再过10年我国的中产阶层人数将占到总人口的48%以上,到时候中国人近半成为中产阶层。面对众多的人口和庞大的消费群体,对吉利汽车的发展是百利而无一害。

2. 经济环境

虽然我国的经济不可避免地受到了美国次贷危机的影响,但依靠强大的国内需求环境,我们的经济发展依然迅猛,使得汽车行业可以安然度过这一难关。

3. 政策环境

次贷危机之后,汽车行业产销量增速明显回落,行业效益大幅下滑,汽车出口、自主品牌和汽车经销商也受到较大冲击。在这样的形势下,为了应对金融危机的冲击,实现"保增长、扩内需、调结构"的目标,我国政府及时出台了《汽车产业调整和振兴规划》,采取减免汽车购置税、汽车下乡等多项措施应对危机。在相关政策措施的支持下,尽管全球汽车市场一片萧条,我国汽车产业出现了产销两旺的转暖回升局面,在全球汽车产业格局中的地位稳步提升。

总体来说,综合各种营销环境对吉利汽车的影响,我觉得国内的汽车市场环境对吉利汽车的发展是很有利的。拥有了庞大的市场、我国微妙的竞争优势、强大的资本优势、国家的利好政策以及优秀的发展前景的发展优势。可以说是形势大好,希望吉利汽车借此契机,走出中国,走向世界。

三、吉利汽车在我国市场营销的 SWOT 分析

1. 劣势分析

①企业经营状况劣势。收购沃尔沃之后,巨额的收购费用给予吉利巨大的资金压力。而且吉利的企业文化需要很长一段时间来进行整合,要使沃尔沃走上正常轨道,对吉利也是一个巨大的考验。一些吉利 4S 店只注重卖车,努力提高自己的销售额,却不注重服务,甚至连维修等环节都实行外包,导致吉利汽车的服务口碑下降。

②价格劣势。价格对于吉利来说是优势同样也是劣势,虽然与国外同等车型品牌相比价格较低,但是和国内汽车品牌相比并没有明显的价格优势,而且由于技术和质量较高端价格甚至比有些国产汽车更高。

③外形劣势。吉利的车子大都自主设计,车型比较小,一般不够大气,有点不符合中国人买车为了追求面子的购买目的。旗下多款汽车外形不能引起人们的注意,勾不起人们的购买欲望,比如帝豪 GT。

④宣传劣势。相比竞争对手奇瑞、比亚迪等企业,吉利的宣传力度显然远远不够,比如奇瑞、比亚迪总是在媒体上做广告宣传,影响力必然会提升。而且吉利在一线城市的宣传也不够,二、三线城市则少之更少。

⑤品牌劣势。吉利汽车现在正在从低端消费群体向中高端消费群体发展。但是消费者在购买 30 万元以上的中高端时,价格、外观等已不是最重要的考量因素,消费者更看重的是品牌的文化内涵。而吉利作为国产汽车企业,起步低,发展时间短、企业文化不突出等国产汽车普遍存在的问题,成为冲击高端市场的硬伤。

2. 优势分析

①企业自身优势。吉利集团投资数亿元建成了自己的研发中心,形成了整车、发动机、变速器和汽车电子电器的开发能力,在全国拥有多家制造厂,使得吉利汽车在物流方面节省大量成本。

②价格优势。作为国产汽车,吉利在价格上比较符合国内市场的需求,在同级别车型中,十分具有一定竞争力的车型,与国外车型相比具有较为明显的价格优势。

③技术优势。吉利从创建初期到现在走上了从价格优势到技术突破的战略方向,"坚持自主创新"一向是吉利的品牌塑造战略之一。首次搭载于吉利远景上的 1.8L 发动机——4G18,是吉利自主研发的一款高性能发动机,升功率达到 57kW/L,创造了国内最大升功率;吉利首创了"高速爆胎安全控制系统",对于超过 100km/h 的高速中爆胎,生命会受到严重的威胁,而该系统的作用就是在爆胎瞬间,起动安全设置程序,有效地稳定住车辆的行驶轨迹,从而尽量减轻由于爆胎而带来的危险。吉利还率先在国内汽车行业实施了 ERP 管理系统和售后服务信息系统,实现了用户需求的快速反应和市场信息快速处理。

④品牌优势。2008 年国际金融危机以来,全球汽车格局发生了重大变化。这为吉利提供了发展机遇。据统计,吉利出口量超过多家销售服务网点,分布在俄罗斯、乌克兰、古巴、土耳其、叙利亚、埃及等 50 多个国家和地区。吉利自并购国际大品牌沃尔沃轿车后,国际影响力迅速攀升。

⑤绿色优势。吉利汽车从出生就给自己制定了"造最安全、最环保、最节能的好车,让吉利汽车走遍全世界"的企业使命,在绿色环保技术方面不断地进行探索、创新。例如吉利远

景轿车的CVVT-JL4G18发动机可以根据不同工况调整气门进气角度,有效提高燃料利用率,减少废气排放。

任务工作单

学习情境二:汽车市场营销策划 工作任务一:汽车市场营销环境分析	班级			
	姓名		学号	
	日期		评分	

一、工作单内容
汽车市场营销宏观环境和微观环境分析。

二、准备工作
说明:每位学生应在工作任务实施前独立完成准备工作。
1.汽车营销环境特点_____、_____、_____和_____。
2.常见市场营销环境分析方法有_____和_____。

三、任务实施
1.准备好相关调查资料、纸、笔。
2.分析POLO汽车的宏、微观环境对汽车营销企业的影响。
3.用SWOT分析方法分析POLO营销环境。

四、工作小结
1.恩格尔定律的内容是什么?

2.汽车企业的营销环境包括哪些内容?

3.如何正确处理汽车企业与营销环境的关系?

工作任务二　汽车市场调查与预测

任务概述

1. 应知应会

通过本工作任务的学习与具体实施,学生应学会下列知识:

(1)汽车营销调查的内容。

(2)营销调查的步骤和方法。

(3)汽车营销市场需求预测的概念和内容。

应该掌握下列技能:

能设计某品牌汽车市场调查(如客户满意度调查等)。

2. 学习要求

(1)在每个任务单元的学习过程中,完成相关任务工作单的填写,并通过课程网络及时提交给相关教师。任务工作单提交方法详见课程网站。

(2)在每个情境实施阶段的中期或后期,按要求填写工作单。本情境学习结束后,按要求填写学生考核记录表,进行自我评价后交小组长,小组长评价后连同工作单统一交教师。

(3)每个情境学习到评价环节时,个人进行任务完成情况的评估。教师对小组抽查,被抽查的个人上台进行讲评。

 相关知识

一、汽车市场调查

1. 汽车市场调查的概念

汽车市场调查就是运用科学的方法,有计划、有目的、系统地收集、整理和分析有关汽车市场营销方面的信息,得出调查的有关结论,并形成调查报告,为企业管理者提供科学决策所必要的信息依据的一系列过程。

具体来说,汽车市场调查是汽车生产企业、经销商对用户及潜在用户的购买力、购买对象、购买习惯、未来购买动向和同行业的情况等进行全面的或局部的了解,弄清涉及企业生存发展的市场运行特征、规律和动向,以及其他因素对汽车产、供、销的影响。

市场调查有广义与狭义之分,狭义的汽车市场调查指针对顾客行为所做的市场调查;广义的汽车市场调查指除了顾客行为之外还包括市场营销过程的每一阶段。

2. 汽车市场调查的意义

汽车市场调查的重要作用表现在:

①可以帮助汽车企业了解汽车市场营销环境状况以及未来的发展趋势,以便为汽车企业的营销决策提供科学的参考依据。

②可以发现新的需求和机会,及时拓展新的服务去满足这些需求。

③可以掌握竞争者的态势,使汽车销售企业在竞争中知己知彼,更好地进行自我定位,以在汽车市场上立于不败之地。

④可以了解到宏观上的国家政策法律法规的变化对汽车销售企业发展的影响,预测未

来的经济走向,抓住发展机会。

3. 汽车市场调查的基本流程

一般的汽车市场调查行为可分为以下几个流程,如图2-3所示。

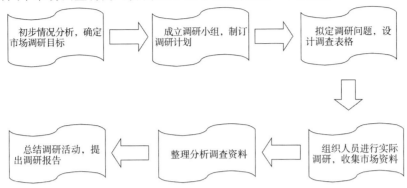

图2-3 汽车市场调查的基本流程

(1)调研工作的准备阶段

①确定市场调研目标。市场调研的第一步就是应根据基本情况的分析,确定市场调研目标。

②成立调研小组及制订调研计划。在确定了调研工作目标后,市场调研的第二步就是成立调研小组,对市场调研所要达到的目标进行全方位、全过程的计划或策划,形成市场调研计划任务书。

③拟定调研问题及设计调查表格。市场调研的最终目标是通过设置的多个问题体现的,通常表格是调研的基本形式和工具。

(2)调研工作的实施阶段

①组织实施调研,收集市场资料。通过充分的准备工作以后,市场调研活动就进入了实施阶段,即进行资料的收集。

②整理分析调查资料。通过实际的调查,调研人员可以获得各种资料和信息,包括统计数据、问卷调查、二手资料及其他信息资料等。

(3)调研工作的总结阶段

总结调研工作并提出调研报告是调研活动的最后环节,是整个市场调研工作最终结果的集中体现。一份好的市场调研报告应满足主题突出、结构合理、文字流畅、选材适当、重点突出和整洁清楚等基本要求。

4. 汽车市场调查的内容

汽车市场调查的内容如图2-4所示。

(1)汽车市场环境的调查

汽车市场环境是指作用于汽车企业生产与经营的一切外界力量的总和。汽车市场环境的调查内容包括政策法律环境、经济环境、科技环境以及科技文化环境等方面。

①政策法律环境调查主要是了解对汽车市场有影响和制约的国内外政治形势以及国家对汽车市场的相关管理政策、法令等。例如汽车价格政策、汽车税收政策、汽车金融政策、人口政策、产业发展政策以及环境保护政策等。

②经济环境调查主要是了解所在地区的经济发展整体水平、人口及就业状况、国民收入、消费水平、交通条件、基础设施情况等。

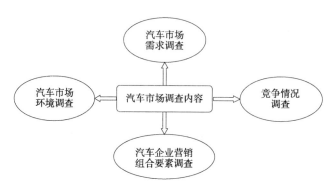

图 2-4 汽车市场调查内容

③社会文化环境调查主要是了解一个国家或地区的人民受教育程度、宗教信仰、风俗习惯、审美观等。通过这些方面的调查,可以比较具体的了解到对汽车产品的需求所带有的文化色彩偏好,并根据不同的文化特点和文化层次,采用不同的市场营销策略。

④科学技术环境调查主要是对国际国内汽车领域的新技术、新车的发展速度、产品技术质量检验标准、应用和推广情况进行调查。

⑤地理气候环境调查主要是对影响汽车推广与销量的地区道路条件、气候条件、季节条件的调查。

（2）企业竞争者调查

汽车企业在制定各种重要的汽车市场营销决策之前,必须认真调查和研究竞争对手可能做出的各种反应,并时刻注意竞争者的各种动向。首先应该明确竞争对手究竟是谁,然后展开针对性的调查。

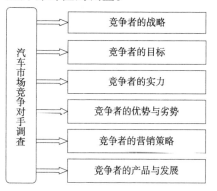

图 2-5 汽车竞争对手调查内容

对竞争对手的调查内容如图 2-5 所示。

（3）汽车市场需求及目标消费者情况调查

市场需求是指在一定的支付能力下市场上对生产出来的供应最终消费与使用的物质产品和劳务的总和。汽车市场需求调查主要包括对汽车产品种类、消费需求量、需求结构、消费人口结构调查、需求时间、社会购买力调查、需求动机以及购买行为等方面的调查。

（4）汽车企业自身营销组合要素调查

①汽车产品调查。展开对汽车产品质量、汽车品牌、汽车服务、汽车价格（包括消费者对价格变动的反应）和汽车市场占有率的调查。

②汽车销售渠道调查。销售渠道是指商品从生产者到消费者所经过的流通途径或路线,销售渠道调查即指对商品销售过程中的通路所进行的调查。

③汽车促销调查。指对企业各种促销方式的效果进行调查。包括人员促销、营业推广和公共关系等。

④广告效果调查。包括广告受众的界定、广告送达率、广告媒体调查和广告与销售业绩的关系。

⑤汽车用户满意度调查。包括用户对汽车质量、销售人员服务和车辆售后服务的满意度调查。

5. 汽车市场调查的方法

（1）间接调查法

间接调查法是指调查者不直接与被调查者面对面接触,而是通过某种中介(例如文献档案、新闻媒体、网络资料等)向被调查者进行的调查方法。

间接调查法的优点是获取资料比较方便,既省时省力,又节省开支,是比较经济的调查方法。它可以作为实地调查的重要辅助方法。其局限性主要是各类文献资料不可能都十分齐全,有些资料也会因为当时撰稿人或记录者的倾向性使文字材料不真实。由于间接调查法所获取的多是二手资料,信息的时效性不强,而且还需要进行一定的加工处理,因此在企业的实际调查过程中,只是作为一种辅助的调查方法,提供参考性意见。在汽车市场调查中,常用的还是直接调查法。

(2)直接调查法

直接调查法是通过实地调查收集资料、获取信息的一种方法。直接调查法所获取的都是一手资料,时效性非常强,更能反映真实的市场情况,在汽车市场调查中经常使用。直接调查法主要包括访谈法、观察法、实验法3种方法。

①访谈法。访谈法是通过直接或间接的方式来收集信息的方法,是汽车市场调查最常用的方法。调查人员可以灵活地提出各种设计好的问题,通过被调查人员对问题的回答来收集信息,针对性强。访谈法的具体方式又可以分为问卷调查、面谈调查、电话访谈调查等。

②观察法。观察法是指调查者凭借自己的感官、记录仪器或摄像、录音器材等,在调查现场对被调查者的情况直接观察、记录,以收集和取得汽车市场数据、资料、信息和情报资料的方法。在现代汽车市场调查中,观察法常用于消费者购买行为的调查以及对汽车产品的品牌、款系、规格、质量、色彩、售后技术服务等方面的调查。调查人员同被调查者不发生直接接触,而是由调查人员从侧面直接地或间接地通过自身或借助仪器把被调查者的活动按实际情况记录下来,避免让被调查者感觉正在被调查,从而提高调查结果的真实性和可靠性,使取得的资料更加贴近实际。

③实验法。实验法是指在汽车市场调查中,从若干因素中,选择一或两个因素,将它们置于一定的条件下进行小规模的实验,然后对实验结果做出分析,研究是否值得大规模推广的一种调查方法。实验法应用范围主要在汽车产品改变款式、设计、价格、广告等。实验法的优缺点如图2-6所示。

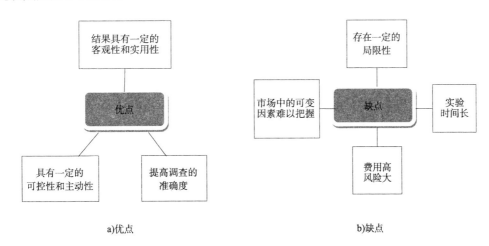

图2-6 实验法的优缺点

小案例

奇怪的客人

一个美国家庭住进了一位日本客人。奇怪的是,这位日本人每天都在做笔记,记录美国人居家生活的各种细节,包括吃什么食物,看什么电视节目等。一个月后,日本人走了。不久丰田公司推出了针对当今美国家庭需求而设计的物美价廉的旅行车。如美国男士喜欢喝玻璃瓶装饮料而非纸盒装的饮料,日本设计师就专门在车内设计了能冷藏并能安全防止玻璃瓶破碎的柜子。直到此时,丰田公司才在报纸上刊登了他们对美国家庭的研究报告,同时向收留日本人的家庭表示感谢。

对于欲进入的市场做了详细的调查、了解,才能有后来丰田汽车打入美国市场的成功。

6. 汽车市场调查问卷的设计技巧

(1)问卷的设计原则

①紧扣调查的主题。

②上下连贯,各问题间要有一定的逻辑性。

③设计被调查者愿意回答的问题。

④被调查问题要回答方便。

⑤问题要有普遍性。

⑥问题界定准确。

⑦问题不应带有引导性。

⑧便于整理统计与分析。

(2)问卷的基本结构

①问候及填写说明:应以亲切的口吻问候被调查者,使被调查者感到礼貌、亲切,从而增加回答问题的热情。简要填写要求,以提高调查结果的准确性。

②调查内容:即问卷的答题部分。

③被调查者基本信息:包括被调查者的性别、年龄、职业、文化程度等,根据调查需要,选择性列出,目的是便于进行资料分类和具体分析。

(3)问卷的提问技术

①封闭式提问。问卷中以拟定了各种可能的答案,被调查者只能从中选择。优点是被调查者回答容易,所得资料较为准确,因而成为目前进行的问卷调查中提问的主要方式。

②开放式提问。开放式问卷又叫无结构型问卷,是由问卷设计者提供问题,由被调查者自行构思自由发挥,从而按自己意愿答出问题的问答题型为主。它的优点是可以收集到范围比较广泛的资料,可以比较深入地发现和探究一些特殊问题,得到被调查者建设性的意见。缺点是收集到的资料很难量化,难以进行统计分析,要求研究者有较强的资料分析问题能力,不适合文化程度不高、文字表达有困难的研究对象。

范例

××汽车集团别克4S店市场调查问卷

尊敬的女士/先生：

您好！我们是××汽车集团别克4S店的市场调查人员，我们将对本品牌汽车进行调查与研究，希望能得到您的支持。很抱歉占用您一些时间，麻烦您协助我们完成此次的问卷调查，以便我们能够真实地掌握通用别克汽车的市场信息。

该问卷不记名，非常感谢您的合作！对于您的个人资料，我们将严格保密！

一、个人基本信息

1. 性别：□男　　□女
2. 年龄：□23岁以下　　　　□24~29岁　　　　□30~39岁
　　　　□40~49岁　　　　□50~59岁　　　　□60岁以上
3. 学历：□高中及中等专科学校　　□大学专科
　　　　□大学本科　　　　　　　□研究生及以上
4. 您的职业：
　　□企业高管　　□公司职员　　□科研人员　　□医护人员　　□政府公务员
　　□军人　　　　□个体经营者　□农民　　　　□学生　　　　□其他
5. 家庭月收入为：
　　□1万元以下　　　　　　□1万~2万元
　　□2万~5万元　　　　　　□5万元以上

二、调查问卷

1. 您现在是否拥有汽车：　□有　　　□没有
2. 您购买汽车最看重的因素是什么？
　　□价格　　□品牌　　□外观　　□汽车内饰装潢　□安全性
　　□环保性　□总体配置　□燃油经济型　□发动机排量　□售后服务　□其他
3. 您所能承受的汽车价位在：
　　□8万元以下　　　□8万~12万元　　　□12万~18万元
　　□18万~30万元　　□30万~60万元　　　□60万元以上
4. 您从何渠道来了解汽车信息：
　　□广告　　　□网络　　　□经他人介绍
　　□车展　　　□电视　　　□杂志　　　□广播
5. 您是/希望通过什么购买方式购车？
　　□家庭存款　　　　□汽车金融机构　　　□银行贷款
　　□向亲戚朋友借款　□其他
6. 您希望购买或已购买的汽车的排量是多少？
　　□1.2L以下　　□1.2~1.6L　　□1.6~2.0L
　　□2.0~2.6L　　□2.6L以上
7. 您最希望在买车后得到哪项服务？

□免费检查　　□免费维护　　□免费救援　　□驾驶技巧　　□维护常识
　　□安全常识　　□延长服务期限　　□零配件打折　　□其他
8. 您对别克汽车的熟悉度如何?
　　□很熟悉　　□熟悉　　□知道　　□一般　　□不清楚
9. 您认为别克汽车的当前价格是否合理?
　　□过高　　□偏高　　□基本合理　　□偏低　　□过低
10. 您认为别克汽车的性价比如何?
　　□性价比高　　□性价比一般　　□性价比不高　　□不清楚
11. 您会出于什么原因购买别克汽车?
　　□自主品牌　　□质量较好　　□价格便宜
　　□配件便宜　　□环保节能　　□其他
12. 您希望看到别克汽车在哪些方面改进?[多选]
　　□外观改动　　□售价调整　　□动力提升
　　□油耗降低　　□内饰改进　　□其他
13. 您对别克汽车的营销渠道是否满意?
　　□非常满意　　□比较满意　　□一般满意
　　□非常不满意　　□不清楚
14. 您是否会向他人推荐别克汽车?　□会　□不会　□不清楚
15. 如果您对别克汽车有什么建议或者意见,请麻烦在下面填写:

感谢您的合作!

7. 汽车市场调查的步骤

(1) 调研工作的准备阶段

①确定市场调研目标。市场调研的第一步就是应根据基本情况的分析,确定市场调研目标,确定指导思想,限定调查的问题范围。

②成立调研小组及制订调研计划。市场调研的第二步就是成立调研小组,使市场调查工作全方位、全过程、有计划、有组织地进行,以达到市场调研的目标,形成市场调研计划任务书。其组成人员可能包括市场营销、规划、技术研究、经营管理、财务或投资等多方面的人员。

③拟定调研问题及设计调查表格。市场调研的最终目标是通过设置的多个问题体现的,通常表格是调研的基本形式和工具。

(2) 调研工作的实施阶段

①组织实施调研,收集市场资料。通过充分的准备工作以后,市场调研活动就进入了实施阶段,即进行资料的收集。

②整理分析调查资料。通过实际的调查,调研人员可以获得各种资料和信息,包括统计数据、问卷调查、二手资料及其他信息资料等。

(3) 调研工作的总结阶段

总结调研工作并提出调研报告是调研活动的最后环节,是整个市场调研工作最终结果的集中体现。一份好的市场调研报告应满足主题突出、结构合理、文字流畅、选材适当、重点突出和整洁清楚等基本要求。该阶段主要有两项任务：

①整理分析调查资料，系统地制成各种计算表、统计表、统计图等。

②提交调查报告，注意紧扣调查主题，力求客观、简明扼要并突出重点，使企业决策者一目了然。

8. 汽车市场调查报告的撰写

(1) 撰写调查分析报告的意义

①调查活动是一个有始有终的活动，它从制订调查方案、搜集资料、加工整理和分析研究，到撰写并提交调查报告，是调查成果的集中体现。

②调查报告便于阅读和理解，它能把死数字变成活情况，使感性认识上升为理性认识，更好地指导实践活动。

(2) 调查报告写作的特点

①调查报告的针对性。针对性是调查报告的灵魂，任何调查报告都是目的性很强的，撰写报告时必须做到目的明确，有的放矢，围绕主题展开论述。

②调查报告的时效性。调查报告必须讲求时间效益，及时捕捉各种信息，并做到及时反馈。

③报告的新颖性。调查报告应紧紧抓住实践活动中的新动向、新问题，通过调查研究得到新发现，提出新观点，形成新结论。

(3) 调查分析报告的结构

①标题。调查分析报告的标题必须准确揭示调查报告的主题思想，做到题文相符，并且具有高度概括性，具有较强的吸引力，一般把被调查单位、调查内容明确而具体地表示出来。

②目录。目录包含报告所分的章节及其相应的起始页码，通常只编写两个层次的目录。较短的报告也可以只编写第一层次的目录。需要注意的是，报告中的表格和统计图都要在目录中列明，例如：调查设计与组织实施；调查对象构成情况简介；调查的主要统计结果简介；综合分析；数据资料汇总表；附录等。

③概要。第一要说明调查目的；第二，介绍调查的对象和调查内容；第三，介绍调查研究的方法。

④正文。正文是调查报告的主要部分。正文部分必须准确阐明全部有关论据，包括问题的提出，引出结论，论证的全部过程，分析研究问题的方法等。正文包括引言、调查方法、结论和局限性以及建议。

⑤结尾。结尾部分是调查报告的结束语。结束语一般有3种形式，一是概括全文，二是形成结论，三是提出看法和建议。

⑥附件。附件是对正文报告的补充或更详尽的说明，包括数据汇总表及原始资料、背景材料和必要的工作技术报告，包括的内容有：图标目录、调查提纲、调查问卷和观察记录表、被访问人名单、较为复杂的抽样调查技术的说明、较为复杂的统计表和参考文献等。

二、汽车市场预测

1. 汽车市场预测的概念及意义

(1) 汽车市场预测的概念

所谓汽车市场预测，是在对汽车市场调研的基础上，运用科学的手段与方法，对影响市场营销的各种因素进行研究，通过逻辑推理，对未来一定时期内的汽车市场需求情况及发展趋势进行推断，为汽车企业营销决策提供科学依据。

(2)汽车市场预测的意义

①对汽车市场未来需求、供给趋势等方面做出判断,有利于适应和满足消费者需要;

②有利于企业提高经营管理和决策水平;

③有利于汽车企业准确、理性地把握未来的汽车发展趋势;

④有利于汽车企业在经营中克服盲目性,增强竞争能力、应变能力,达到预期的经营目标,提高经济效益。

2.汽车市场预测原则

(1)惯性原则

惯性原则就是任何事物的发展在时间上都具有连续性,表现为特有的过去、现在和未来这样一个过程。没有一种事物的发展与其过去的行为没有联系,过去的行为不仅影响到现在,还会影响到未来。因此,可以从事物的历史和现状推演出事物的未来。

市场的发展也有一个过程,在时间上也表现为一定的连续性。尽管市场瞬息万变,但这种发展变化在长期的过程中也存在一些规律性(如竞争规律、价值规律等),可以被人们所认识。

惯性原则是时间序列分析法的主要依据。

(2)类推原则

类推原则就是比照某一事物的道理推出跟它同类的其他事物的道理。通过不同事物的某些相似性类推出其他的相似性,从而预测出它们在其他方面存在类似的可能性的方法。类推法主要有两种:第一,局部总体类推法,即以局部推断总体,是指以某一个企业的普查资料或某一个地区的抽样调查资料为基础,进行分析判断、预测和类推某一行业或整个市场的市场量;第二,地区类推法,即依据其他地区(或国家)曾经发生过的事件来进行类推。这种推算方法是把所要预测的产品同国内外同类产品的发展过程或变动相比较,找出某些共同相类似的变化规律性,用来推测目标的未来变化趋向。

例如:同一产品在不同地区(或国家)有领先或落后的发展状况,可以根据某一地区的市场状况类推另一地区的市场。如把预测对象与另一地区同类产品发展变化的过程或趋势相比较,找出相类似的变化规律,用来推测预测对象未来的发展趋势。

(3)相关原则

相关原则是指建立在"分类"的思维高度,关注事物(类别)之间的关联性,当了解(或假设)到已知的某个事物发生变化,再推知另一个事物的变化趋势。常见的类型主要有:

①负相关:事物间的"制约"。特别是"替代品"。例如:PVC塑钢;某地强制报废助力车,该地一家"电动自行车"企业敏锐地抓住机遇也是一样。

②正相关:事物间的"促进"。例如:"独生子女受到重视"推知玩具、教育相关产品和服务的市场;某地区政府反复询问企业一个问题:"人民物质文化生活水平提高究竟带来什么机遇",这实际上是目前未知市场面临的一个最大机遇!该地区先后发展的"家电业"、"厨房革命"、"保健品"应该是充分认识和细化实施的结果。这也体现企业的机遇意识。

3.汽车市场预测的步骤

(1)确定预测目标

确定要解决的问题,达到的目的,规定预测的期限和进程,划定预测的范围。

(2)收集信息资料

指围绕预测目标,收集信息资料,收集与预测对象有关的各因素的历史统计数据资料和反映市场动态的现实资料。

（3）选择预测方法

根据预测的问题的性质、占有资料的多少、预测成本的大小,选择一种或几种方法。

（4）写出预测结果报告

预测结果应简单、明确,对结果应做解释性说明和充分论证,包括对预测目标、预测方法、资料来源、预测过程的说明,以及预测检验过程和计算过程。

（5）分析误差,追踪检验

进行误差分析,找出误差原因及判断误差大小,修改调整预测模型得出的预测数量结果,或考虑其他更适合的预测方法,以得到较准确的预测值。

4. 汽车市场预测的方法

（1）定性预测方法

定性预测方法又称为判断分析预测法,它是由预测者根据拥有的历史资料和现实资料,依据个人经验、知识和综合分析能力,对未来的市场发展趋势做出估计和测算。它的理论依据是类推原则。从本质上来说,它属于质的分析的预测方法,比较适合于对预测对象未来的性质、发展趋势和发展转折点进行预测。

①集体意见法。这种方法是集中企业的管理人员、业务人员等,凭他们的经验和判断共同讨论市场发展趋势,进而做出预测的方法。最大的优点是简单易行,成本也较低。

②德尔菲法。德尔菲法亦称专家小组法。它是20世纪40年代由美国的兰德公司首创和使用的,50年代以后在西方发达国家广泛盛行的一种预测方法。这种方法是按规定的程式,采用背对背的反复征询方式,征询专家小组成员的意见,经过几轮的征询与反馈,使各种不同意见渐趋一致,经汇总和用数理类推法,应用相似性原理,把预测目标同其他类似事物加以对比分析,推断其未来发展趋势的一种定性预测方法。它一般适用于开拓市场,预测潜在购买力和需求量以及预测增长期的商品销售等,而且适合于较长期的预测。

（2）定量预测方法

定量预测方法也叫统计预测法。它是根据掌握大量数据资料,运用统计方法和数学模型近似地揭示预测对象的数量变化程度及其结构关系,并据此对预测目标做出量的测算。应该指出,在使用定量预测方法进行预测时,要与定性预测方法结合起来,才能取得良好的效果。汽车市场定量预测方法有:

①时间序列法。从分析某些经济变量随时间演变规律着手,将历史资料按时间顺序加以排列,构成一组统计的时间序列,然后向外延伸,预测市场未来发展趋势。这种方法是利用过去资料找出一定的发展规律,将未来的趋势与过去的变化相类似地进行预测。

②因果预测法。演绎推论法,利用经济现象之间内在联系和相互关系来推算未来变化,根据历史资料的变化趋势配合直线或曲线,用来代表相关现象之间的一般数量关系的分析预测方法。它用数学模型来表达预测因素与其他因素之间的关系,是一种比较复杂的预测技术,理论性较强,预测结果比较可靠。

③市场细分预测法。对产品使用对象按其具有同类性进行划分类别,确定出若干细分市场,然后对各个细分市场根据主要影响因素,建立需求预测模型。以轿车为例,我国轿车市场需求可以划分为县级以上企事业单位、县级以下企事业单位等5个主要细分市场,其预测过程如表2-2所示。

轿车市场预测表 表2-2

市场划分	主要影响因素	需求预测模型
县级以上企事业单位	单位配车比	（单位数）×（配车比）
县级以下企事业单位	单位配车比	（单位数）×（配车比）
乡镇企业	经济发展速度	需求量=f(乡镇企业产值)
出租旅游业	城市规模及旅游业发展	Σ（各类城市人口）×（各类城市人口配车比）
家庭私人	人均国民收入	需求弹性分析

④类比预测模型。该方法是以某个国家或地区为类比对象,研究预测目标与某个指标之间的数量关系,然后根据本国或本地区该指标的发展变化,测算预测目标值,从而达到预测目的。例如,某汽车公司与研究机构曾经以部分国家为类比对象,通过人均国民收入和人口数量两个指标与轿车保有量之间的关系,预测某个国家未来某年的轿车保有量。

以上讨论的只是几种常用的定量预测方法,一般比较简单。现实生活中,尚有许多人探讨过其他复杂的定量预测方法。实践表明,通过复杂数学模型得到的预测值,不一定比简单方法更准确。营销人员可以根据自己的预测知识和经验灵活选用各种方法。在此,对预测方法的讨论就不一一进行了。

5. 汽车市场预测的内容

(1) 市场需求预测

根据有关资料对汽车产品未来的需求变化进行细致的分析研究,掌握需求的内在规律,对其发展趋势做出比较正确的估计和判断。

(2) 市场占有率预测

市场占有率是指在一定的市场范围内,企业某种产品中的销售量或销售额与该市场上同类产品的总销量或销售额之间的比率。市场占有率预测是对某种产品的某厂牌需求量或最好销量的预测。对于市场需求预测,主要考虑的是市场环境发展变化对需求量的影响,而市场占有率预测着重考虑的是产品本身的特性和销售努力对销售量的影响。

(3) 生产情况的预测

在了解市场需求和市场占有率的同时,必须深入了解自己和竞争对手的生产情况,了解市场上所有汽车产品的生产能力和布局,资源、能源等条件的情况,以及汽车产品的数量、质量和性能等,并且预测其发展变化趋势。

任务实施

范例

设计汽车市场的调查问卷

您好,我是对外经济贸易大学的一名大学生,想了解一下现在的中国汽车市场,特进行此次调查,大概需要几分钟时间,您提供的信息仅用于统计上的研究分析,而不会提供给任何第三方,希望得到您的支持与帮助。

1. 您的性别是(　　)
   A. 男　　　　　　B. 女

2. 您的年龄是(　　)
　　A.18~25岁　　B.26~30岁　　C.31~38岁　　D.39~45岁　　E.45以上
3. 您的职业是(　　)
　　A.学生　　B.教师　　C.商业　　D.服务业　　E.公务员　　F.其他
4. 文化程度是(　　)
　　A.大学以下　　B.大专　　C.本科　　D.本科以上
5. 您家庭的平均月收入收入是(　　)
　　A.3000元左右　　B.5000元左右　　C.8000元左右　　D.1万元以上
6. 您喜欢的车型是(　　)
　　A.豪华车型　　B.小型车　　C.中大型车　　D.SUV
7. 您购买车的用途是(　　)
　　A.家用　　B.上班　　C.承载货物　　D.身份象征　　E.其他
8. 你是通过何种途径了解汽车的信息(可多选)(　　)
　　A.电视　　B.展销会　　C.广播广告　　D.朋友介绍　　E.网络
9. 您买车的时候除了车的型号还要注意那些元素(　　)
　　A.车体颜色　　B.造型外观　　C.内置零件　　D.品牌价格　　E.生产国
10. 您想购买什么品牌的汽车(　　)
　　A.国产　　B.日系　　C.韩国　　D.欧美系　　E.其他
11. 如果您购买车,预期价位是(　　)
　　A.10万元以下　　B.20万元以下　　C.30万元左右　　D.50万元以上
12. 您喜欢什么颜色的车(　　)[多选]
　　A.银色　　B.白色　　C.黑色　　D.红色　　E.蓝色　　F.黄色　　G.其他
13. 喜欢这个颜色的原因是什么(　　)[多选]
　　A.体现个性　　B.感觉时尚　　C.稳重
　　D.视认性好,有提升安全性　　E.其他
14. 您认为买车后最大的花销是(　　)
　　A.汽车保养　　B.停车费　　C.配件　　D.汽油
15. 请你在下列选项中赞同的画"√"(这些车都是同样15万元左右的汽车)

	中国	日本	韩国	欧美
耗油量低				
价格合理				
安全性				
驾驶感觉好				
外观				
售后服务				

谢谢合作!

任务工作单

学习情境二：汽车的市场营销策划	班级			
工作任务二：汽车市场调查与预测	姓名		学号	
	日期		评分	

一、工作单内容

对汽车企业即将进入的市场进行调查、预测，并制订具体的营销策划书。

二、准备工作

说明：学生分组，每组选定一个品牌。

1. 汽车市场调查内容包括_____、_____、_____、_____、_____、_____。

2. 汽车市场调查的方法包括_____、_____。

3. 汽车市场调预测的原则包括_____、_____、_____、_____。

4. 问卷的设计应具备以下原则：_____、_____、_____、_____、_____、_____、_____、_____。

5. 问卷的基本结构_____、_____、_____。

三、任务实施

1. 确定好本组的品牌。

2. 确定好要进入的细分市场。

3. 走出校园进行实地市场调查。

4. 整理好相关的资料数据。

5. 在虚拟软件上对市场销量进行预测。

6. 撰写市场调查总结报告。

四、工作小结

1. 对汽车市场环境的调查包括哪些内容？

2. 对汽车市场预测包括哪些内容？

3. 汽车市场调查的方法有哪些？最常用的有哪些？

4. 汽车市场调查的步骤有哪些？

工作任务三　汽车市场细分与目标市场选择

 **任务概述**

1. 应知应会

通过本工作任务的学习与具体实施,学生应学会下列知识:

(1)理解市场细分的作用,熟悉市场细分标准。

(2)汽车目标市场的标准、策略和应考虑的因素。

(3)汽车市场定位的作用。

应该掌握下列技能:

能明确某车型市场定位,完成市场细分的案例分析。

2. 学习要求

(1)在每个任务单元的学习过程中,完成相关任务工作单的填写,并通过课程网络及时提交给相关教师。任务工作单提交方法详见课程网站。

(2)在每个情境实施阶段的中期或后期,按要求填写工作单。本情境学习结束后,按要求填写学生考核记录表,进行自我评价后交小组长,小组长评价后连同工作单统一交教师。

(3)每个情境学习到评价环节时,个人进行任务完成情况的评估。教师对小组抽查,被抽查的个人上台进行讲评。

 相关知识

一、汽车市场细分

1. 汽车市场细分含义和作用

(1)汽车市场细分的含义

汽车市场细分就是汽车企业按照消费者需求,把一个总体汽车市场划分成若干个具有共同特征的汽车分市场,以便用来确定目标市场的过程。每一个分市场就是一个细分市场。分属于同一细分市场消费者的需求极为相似,分属于不同细分市场的消费者对同一产品的需求存在着明显的差别。

(2)市场细分产生背景

市场细分化是20世纪50年代中期由美国市场营销学家首先提出的一个新概念。当时主要西方国家的市场均已转变为买方市场,以满足用户要求作为企业营销活动中心的市场营销观念已成为经营企业的指导思想。竞争激烈的新市场促使一些企业开始认识到,任何企业面临的市场,由于用户太多,或者分布的地区太广,用户的需求和差异太大,企业不可能为市场中所有的用户提供有效的服务。但是,企业却能把面临的用户按需求上的差异加以细分,然后结合企业的特点和优势,从划分出来的一系列细分市场中,选择最具吸引力的、最能有效为之服务的部分作为目标市场,使企业在竞争中处于有利地位。

根据市场细分的基础理论,汽车细分市场是从消费者的角度出发,按消费者的需求、购买动机、购买行为的多元性和差异性来细分。

(3)汽车市场细分的作用

①有利于企业分析、发掘新的市场机会,形成新的富有吸引力的目标市场。运用市场细分可以发现市场上尚未加以满足的需求,并从中寻找适合本企业开发的需求,从而抓住市场机会。这种需求往往是潜在的,一般不容易发现,而运用市场细分的手段,就便于发现这类需求,从而使企业抓住市场机会。

②有利于提高企业竞争力,扬长避短,发挥优势。通过市场细分,有利于发现目标消费者群的需求特性,从而使产品富有特色,甚至可以在一定的细分市场形成垄断的优势。汽车行业是竞争相当激烈的一个行业,几乎每一种车型都有相类似的车型作为其竞争对手,通过市场细分,企业易于清楚了解各个细分市场上各个竞争对手的优势和弱点,从而可以扬长避短地制订营销策略,增强自己的竞争能力。

③为有效地制订最佳营销策略提供基础。细分后的分市场比较具体,消费者的需求容易了解,企业可以根据自己的经营思想、策略和营销能力,确定服务对象,即目标市场。企业将整体市场细分,确定自己的目标市场,这一过程正是将企业的优势和市场需求相结合的过程,有助于企业集中优势力量,开拓市场。

(4)市场细分的基本要求

①差异性。指某种产品整体市场中确实存在着购买与消费上明显的差异性,足以成为细分的依据。例如吉普车可按警察用、军用和民用细分。

②可衡量性。根据某种特性因素划分出的每个细分市场,其规模和购买力的大小是可以衡量的。如果被划分出来的细分市场无法进行衡量,例如摩托车市场上,着重性能和着重造型用户群体的大小就很难衡量,这样的细分就是无效的。

③可进入性。指企业对该细分市场能有效地接近和为之服务的程度,市场细分部分必须是企业能够进入并占有一定份额的,否则没有现实意义。例如,细分发现在这一市场上已有很多竞争者,而自己无力抗衡,无机可乘;或虽未满足需要,有营销机会,但缺乏原材料或技术,这种细分也就没有意义。

④殷实性。细分市场必须大到足以使企业实现其利润目标。

⑤可发展性。是细分市场应具有相对的稳定性,企业所选定的目标市场不仅要为企业带来目前利益,还要有发展潜力,有利于立足于该市场后可以拓宽市场。

2. 汽车市场细分依据

一种产品的整体市场之所以可以细分,是由于消费者或用户在需求上存在差异,而对一种产品的多样化需求通常是由多种因素造成的,因而这些因素也就成了市场细分的依据。

(1)地理因素

人必须生活在一定的地域范围内。处在不同地理位置的消费者,会产生不同的需求和偏好,他们对企业所采取的营销战略,对企业的产品价格、分销渠道和广告宣传等营销措施也各有不同的反应。市场潜量和成本费用会因市场位置不同而有所不同,企业应选择那些本企业能最好地为之服务的、效益较高的地理市场为目标市场。地理因素具体包括地理类别(发达、欠发达)、地理区域(城市、乡村)、地形地貌(高原、平原等)、城市规模、人口密度和不同的气候等。

例如:我国西北地区,地域辽阔,高等级公路相对较少,SUV 的市场需求相对较大;而北京、深圳、上海等地,汽车主要用于市区内的日常出行和近郊的旅游,则家用轿车的需求量较大;寒冷地区车主对汽车的保暖、暖风设备比较关注,对于汽车的防冻和冷启动效果有较高的要求;炎热地区的车主对汽车的空调制冷、冷却系统有较高要;平原地区希望汽车底盘低,高速行驶性能好;丘陵山区则希望汽车通过性好、爬坡能力强。

(2)人口因素

人口变量包括年龄、性别、家庭人数、家庭生命周期、收入、职业、文化程度、宗教、民族、国籍、社会阶层等。根据汽车用户对汽车产品不同的需求,从而细分汽车市场。

对所有汽车营销来说,收入是进行汽车品细分必须考虑的因素,尤其是在当今的中国市场上,对于大多数中国普通消费者来说汽车仍然是一种奢侈品,而非像美国或欧洲那样,成为一种生活必备品。除了法规、政策、公共设施的限制外,最重要的影响购买的因素仍然是收入。一辆汽车的性能再好、创意再新,如果消费者的收入不足以负担这种汽车的价格,那么该汽车就不可能打开该细分市场。

(3)心理因素

在人口变量相同的消费者中间,对同一商品的爱好和态度也可能截然不同,这主要就是由于心理变量的影响。消费者的社会阶层、生活方式、个性和偏好都是心理变量的内容。

例如:对于收入较高阶层而言,比较偏好进口轿车、SUV或JEEP;而对于中等收入阶层而言,只能购买中档或经济型轿车。调查显示,活动敞篷车车主和一般轿车车主之间存在着较大个性差异,前者比较活跃、易冲动、爱交际;后者比较沉稳、相对更内向。世界上著名的汽车品牌往往都已经被人赋予个性色彩,因此这些品牌所对应的也往往是一些相同个性的消费者。比如,梅塞德斯-奔驰象征着舒适、豪华和地位;劳斯莱斯是身份显赫的象征;福特是踏实的中产阶级白领。这种人格化的品牌异化成为社会地位、身份、财富甚至职业的象征,成为车主的第二身份特征。

(4)行为因素

行为变量能直接反映消费者的需求差异,它包括购买时机、利益偏好、使用状况、使用频率、对品牌的忠实程度、对产品的态度和购买阶段等。行为变量是建立细分市场的最佳起点,通常可分为六类:

①购买时机。根据购买者产生需要、购买或使用产品的时机,可将他们区分开来。对于汽车行业来说,春节、五一、国庆等重大节日和春季、秋季的旅游黄金时间往往是购车的高峰时间,人们通常喜欢在这段时间购车以方便旅游和走亲访友,所以经销商可以有针对性地制定一些营销策略以吸引消费者购车。

②利益偏好。根据消费者从产品中追求的不同利益分类,是有效的细分方法。购买汽车的消费者,有的注重实用性,有的可能就是赶时髦,有的将其作为身份地位的象征,世界著名的整车生产厂家往往都有适合消费者不同利益追求的产品。

③使用状况。市场也可以按产品被使用的程度,细分成少量使用者、中度使用者和大量使用者。

④使用频率。根据消费者使用商品的频率,可以将消费者细分成少量使用者、中度使用者和大量使用者。大量使用者的人数通常只占总市场人数的一小部分,但是他们在总消费中所占的比重却很大。如果汽车厂商能够与大量使用某一品牌汽车的用户保持良好关系,就有可能进一步拓展市场。

⑤品牌忠诚程度。汽车制造商们并不期待他们每一个品牌都能永远抓住顾客的心。大多数企业都是通过购买或者合并的方式去获得很多品牌,当顾客随着年龄和收入的增长而

需要更换新车时,会在同一厂家的不同品牌之间选择,这就是汽车商们的品牌交叉战略。

⑥对产品的态度。根据市场上顾客对产品的热心程度来细分市场。不同消费者对同一产品的态度可分为五种:热爱、肯定、冷漠、拒绝和敌意。针对持以上不同态度的消费群体进行市场细分,在广告、促销等方面应当有所不同。

以上是汽车市场细分时经常使用的细分变量。但是,大多数情况下,汽车公司在进行市场细分时通常不是依据单一变量细分,而是把一系列变量结合起来进行细分,目标市场取各种细分市场的汇集。

> **小案例**
>
> **吉利帝豪细分市场**
>
> 2013年初,吉利汽车(集团)股份有限公司经过风险评估后,确定把自主品牌吉利帝豪的"2013款EC7"推入中级轿车市场,该车以严格的欧洲ECE整车认证标准作为研发标准,在整车每一个细节处都求质求优,从发动机到各项细小配置、从主动安全到被动安全、从节能环保到整体质量标准,均达到ECE标准的要求。同时,2013款EC7也采用国际先进的冲、涂、焊、总装全新生产线的高精细制造技术,使用高精度机械人装配、经过严格的质量检测;并且搭载吉利自主研发的GeTec系列发动机。采购自博世、邦奇等全球知名供应商的高品质零部件,则为2013款EC7打下了高品质的根基。

3. 市场细分的方法

(1) 市场细分的基本方法

①单一因素法。即企业仅依据影响需求倾向的某一个因素或变量对一产品的整体市场进行细分。

②多因素法。即企业依据影响需求倾向的两个以上的因素或变量对一产品的整体市场进行综合细分。

③系列因素法。即企业依据影响需求倾向的多种因素或变量对一产品的整体市场由大到小、由粗到细地进行系统性的逐级细分。

(2) 市场细分的新方法

①"网格法"市场细分。"网格法"好像切蛋糕,就是以一定的"细分变数"为界限,把某种商品的市场像一块大蛋糕切成若干小块,从中选择自己吃得下的一小块蛋糕去经营,如经一次分切还选择不到合适的蛋糕,则可多次分切,直到适合自己的生产能力为止。

②"箭线法"市场细分。所谓"箭线法",就是以某种商品为出发点,像个光源引申出多级箭线导引出众多的子市场供企业选择,如图2-7所示。

图2-7 "箭线法"市场细分

③"坐标法"市场细分。"坐标法"中又有三维坐标和平面坐标,即选择2~3个最为关键的细分变数来分解、指引市场,从而确定本企业的产品及市场定位,如图2-8所示。

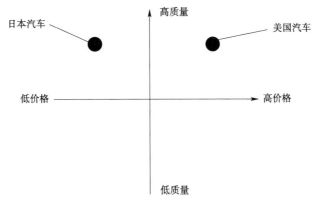

图 2-8 "坐标法"市场细分

二、汽车目标市场选择

1. 目标市场评估的含义

目标市场选择是指估计每个细分市场的活动程度,并选择进入一个或多个细分市场。企业选择的目标市场应是那些企业能在其中创造最大价值并能保持一段时间的细分市场。绝大多数企业在进入一个新市场时只服务于一个细分市场,在取得成功之后,才进入其他细分市场,大企业最终会选择完全市场覆盖。正如通用汽车公司所宣称过的,它"要为每一个人的钱包和个性生产汽车"。

2. 目标市场的评估内容

(1)细分市场的规模和发展评估

主要是对目标市场规模与企业的规模和实力相比较进行评估,以及对市场增长潜力的大小进行评估。

(2)细分市场的吸引力评估

指企业目标市场上长期获利能力的大小,取决于 5 个群体:同行业竞争者、潜在新参加竞争者、替代产品、购买者、原材料供应商。

(3)汽车企业本身的目标和资源的评估

对该市场是否符合企业的长远目标,是否具备获胜能力以及是否具有充足的资源等情况进行评估。

3. 目标市场的营销策略

在市场目标、选择目标市场之后,企业还要确定目标市场营销策略,即企业针对选定的目标市场确定有效地开展市场营销过程的基本方针。企业确定目标市场的方式不同,选择的目标市场范围不同,其营销策略也就不一样。可供企业选择的目标市场营销策略主要有以下几种。

(1)无差异营销策略

无差异营销策略是指企业不考虑细分市场的特性差异,对整个市场只提供一种产品。无差异性营销能够节约成本。这一策略适用于一些本身不存在明显目标市场目标的产品,但是对于大多数像汽车这样具有明显差别的商品是不适用的,即使采用也只能在短期中生效。例如,二战后美国的整车制造厂基本上都生产大型轿车,长时间实行无差异市场策略,结果几家公司竞争激烈,销售受到限制。另一方面,石油危机的爆发使得对小型轿车的需求突然增加,这就为日本汽车占领美国市场打开了大门。

（2）差异性营销策略

差异性营销策略是指企业决定以几个细分市场为目标,为每个目标市场分别设计产品及营销方案。该策略通过不同的市场营销组合服务于不同细分市场,可以更好地满足不同顾客群的需要,通常会有利于扩大企业的销售总额,如果企业的产品种类同时在几个细分市场都具有优势,就会大大增强消费者对企业的信任感,此外,还可以分散企业的经营风险。

例如上海大众就采用差异性营销策略来覆盖中国的汽车市场。第一代的桑塔纳是适合当时刚刚起步的中国轿车市场的车型,从推出至今的确获得了巨大的成功。桑塔纳2000型和时代超人是在普通型桑塔纳车的基础上进行一些改进后的产品,在推出新的中高档轿车之前,暂时弥补了上海大众缺少高档车的缺陷。帕萨特轿车属于中高档轿车,是该公司产品线的向上延伸,反过来POLO车则是产品线的向下延伸,为普通家庭服务。这就是通过差异性目标市场策略实现完全市场覆盖的体现。

（3）集中性营销策略

集中性营销策略是指企业集中力量进入一个或少数几个目标市场,实行专门化生产和销售。实行这一策略,企业是力求在一个或几个目标市场占有较大份额。集中性营销策略特别适用于那些资源有限的中小企业,或初次进入新市场的大企业。例如,中国重型汽车集团有限公司集中经营重型货车市场,上海汽车集团股份有限公司集中经营轿车市场。由于服务对象较集中,实行生产和市场营销的专业化,信息灵敏度强,成本支出减少,较容易在这一特定市场取得支配性地位。集中性策略最大的问题是风险集中。

三种目标市场策略各有利弊,选择目标市场时,必须考虑企业面临的各种因素和条件。

4. 汽车目标市场选择考虑的因素

（1）产品属性

如果汽车产品本身差别化比较小,比较适合运用无差异市场营销策略。如果产品差别比较大,则适宜采用差异化市场营销策略或集中性市场营销策略。

（2）市场的同质性

市场的同质性指消费者的偏好、需求相似,则采用无差异性市场营销策略。反之,应采用差异化市场营销策略或集中性的市场营销策略。

（3）企业经营状况

对于实力雄厚的大企业,可采用差异化市场营销策略或无差异的市场营销策略。而对于中小型企业,无力把整个市场作为目标市场,多采用集中性市场营销策略。

（4）产品生命周期阶段

汽车企业若刚向市场推出新产品,通常采用集中性市场营销策略或无差异市场营销策略,针对局部市场或只推出单一的品种。当产品进入成长期、成熟期后,逐渐转向差异性市场营销策略,当产品进入衰退期后,则运用集中性市场营销策略,缩小产品市场范围,并开拓新产品或新市场。

三、汽车市场定位

选定目标市场后,由于汽车目标市场的需求仍是多方位的,不同方位的需求强弱程度不同,而且被同类汽车产品所满足的程度也不一样,因此仍需采取进一步的汽车市场定位策略,才有可能制定出针对性更强的有效汽车市场营销组合。

1. 汽车市场定位的概念

市场定位是指企业根据目标市场上同类汽车的竞争状况,针对顾客对该类汽车某些特征或属性的重视程度,为本企业产品塑造强有力的、与众不同的鲜明个性,并将其形象生动地传递给顾客,求得顾客认同。市场定位的实质是使本企业与其他企业严格区分开来,使顾客明显感觉和认识到这种差别,从而在顾客心目中占有特殊的位置。

国内外大公司都十分重视市场定位,精心地为其企业及每一种汽车产品赋予鲜明的个性,并将其准确地传达给目标消费者。例如:大众汽车公司"为民造车",其产品以真正"大众化"著称;奔驰汽车公司"制作精湛",其产品以"优质豪华"、"高档名贵"著称;沃尔沃汽车公司强调"设计生命",其产品以"绝对安全"等企业形象和产品形象著称于世等。

2. 汽车市场定位的作用

(1)定位能创造差异

通过向消费者传达定位的信息,引起消费者注意你的品牌。

(2)定位是基本的营销战略要素

汽车产品品牌繁多,各有特色,而广大用户又都有着自己的价值取向和认同标准,企业要想在自己的目标市场取得竞争优势,就必须树立本企业及产品的鲜明特色,确定产品在顾客心目中的适当位置并留下深刻的印象,满足顾客的需求偏好,吸引更多的顾客。

(3)定位是制订各种营销战略的前提和依据

在营销活动中,往往需要涉及很多关于营销战略的问题,而这些战略的有效性就在于企业是否能够体现品牌的定位。

(4)定位形成竞争优势

在汽车市场竞争越来越激烈的时代,单凭质量的上乘或者价格的低廉已难以获得竞争的优势。

3. 汽车市场定位的步骤

(1)确认本企业的竞争优势

①竞争对手的产品定位如何?

②目标市场上足够数量的顾客欲望满足程度如何以及还需要什么?

③针对竞争者的市场定位和潜在顾客真正需要的利益要求,企业应该和能够做什么?

(2)准确地选择相对竞争优势

①经营管理方面。

②技术开发方面。

③采购方面。

④生产方面。

⑤营销方面。

⑥财务方面。

⑦产品方面。

(3)明确定位企业的核心竞争优势

所谓核心竞争优势,是与主要竞争对手相比,企业的某些核心优势和营销能力。诸如产品开发、服务质量、销售渠道、品牌知名度等,在汽车市场上较竞争者可获取明显的差别利益的优势。为了明确定位企业的核心竞争优势,企业首先应使目标顾客了解、知道、熟悉、认同、喜欢和偏爱本企业的市场定位,在顾客心目中建立与该定位相一致的形象。其次,企业通过一切努力保持目标顾客的了解,稳定目标顾客的态度和加深目标顾客的感情来巩固与市场定位相一致的形象。最后,企业应注意目标顾客对其市场定位理解出现的偏差或由于企业市场定位宣传上的失误而造成的目标顾客模糊、混乱和误会,及时纠正与市场定位不一致的形象。

(4)制订发挥核心优势的战略

企业在市场营销方面的核心能力与优势,不会自动地在市场上得到充分表现。对此,企业必须制订明确的市场战略来充分表现其优势和竞争力。例如,通过广告传导核心优势战略定位,使企业核心优势逐渐形成一种鲜明的市场概念。这种市场概念能否成功,又在于它是否与顾客的需求和追求的利益相吻合。企业必须认识到,如果一个品牌不在某些对消费者有意义的方面独具一格的话,那么它成功的可能性就很小,故要求企业在目标市场定位时,必须针对主要竞争对手的劣势,寻找自身产品的差异化,或成本比竞争对手低,或消费者认同的产品功能或特性比对手高。

4. 汽车目标市场定位的战略

企业进行市场定位,目的是为了向汽车市场提供具有差异性的产品,这样就可以使其产品具有竞争优势,即要使产品具有竞争性差异化。对汽车企业而言,一般应在产品、服务和形象等方面实现差异化。

(1)产品差异化战略

并不是每一种产品都有明显的差异,但是,几乎所有的产品都可以找到一些可以实现差异化的特点。汽车是一种可以高度差异化的产品,其差异化可以表现在以下方面:

①特色。产品的特色指产品的基本功能的某些增补。

②性能。产品性能是指产品主要特点在实际操作运用中的水平。

③耐用性。耐用性是衡量一个产品在自然条件下的预期使用寿命。

④可靠性。可靠性是指在一定时间内产品将保持不坏的可能性。

⑤风格。风格是产品给予顾客的视觉和感觉效果。

(2)服务差异化战略

这种战略的核心是如何把服务融入产品中。需要强调的一点是,开展各种服务有助于改善与顾客的关系,企业的竞争力越能体现在为顾客服务的水平上,服务能力越强,市场差异化越容易实现。如果企业把服务要素融入产品的支撑体系,那就可以在许多领域建立"进入障碍"。因为服务差异化战略不仅能使制造商实现差异化,增多顾客的价值,而且还可以击败竞争对手,保持与顾客牢固的关系。汽车产品属于技术密集型产品,因此服务差异化更是行之有效的。原克莱斯勒公司董事长雅科卡在《幸福》杂志的一则广告中做出以下结论:"只有拥有最先进的分销系统和最优良服务的公司才能尝到胜利的滋味——因为你在其他方面无法长时期地占据领先地位。"

(3)人员差异化战略

人员差异化战略是通过聘用和培训比竞争对手更优秀的人员,以获取人员差异化优势的战略。实践证明,市场竞争归根到底是人才的竞争,一个有优秀领导和勤奋员工组成的企业不仅能保证产品质量,而且还保证了服务的质量。通常情况下,一个经过严格训练的人员必须具有如下良好的特征:具有从事工作所需要的技能和知识,能胜任工作;对客户热情友好,体贴周到;具有诚实可信的品质;能始终如一、正确无误地提供标准化服务;对顾客的请求能快速地做出反应,对出现的问题能及时解决;能够较好地与客户沟通,并清楚、准确地向顾客传达相关信息。

小案例

通用"别克关怀"售后

推出别克轿车时,同时推出了"别克关怀"售后服务的理念。此理念最核心的内容是推出了6项标准化"关心服务",包括:主动提醒问候服务,主动关心;一对一顾问式服务,贴身关心;快速保养通道服务,效率关心;配件价格、工时透明管理,诚信关心;专业技术维修认证服务,专业关心;2年或4万km质量担保,品质关心。

这种理念就是将多种服务融合为一体的服务差异化的运用。推出"别克关怀"售后服务的目的是提升别克轿车消费者的满意度和忠诚度,与消费者建立持久的知识同盟,维持合资销售公司的核心竞争优势。在此理念中,每个服务模块的设计都力求体现以下原则:

①体现别克轿车安全、优质、服务至上的品牌内涵。
②体现合资销售公司重视消费者、重视服务的企业理念和企业形象。
③体现增加消费者服务让渡价值的原则。

"别克关怀"售后服务是一种全方位、全过程的服务,也是一种人性化的服务。

(4)形象差异化战略

这是在产品的核心部分与竞争者无明显差异的情况下,通过塑造不同产品形象以获取差异的战略。为企业或产品成功地塑造形象,需要具有创造性的思维和设计。任何品牌,都不可能在一夜之间便在公众头脑中树立起形象,也不能仅靠一种媒体进行传播,形象的建立必须利用企业所能利用的所有传播工具,而且要持续不断。例如,奔驰和宝马都属于高档车,但它们在消费者心中的形象却不同,前者代表了尊贵,后者则体现了动感和时尚。

5. 汽车市场定位的类型

在企业的目标市场中,通常会存在一些其他企业的品牌。这些品牌已经在消费者心目中树立了一定形象,占有一定地位,他们都有自己的市场位置。企业要想在目标市场上成功地树立起自己品牌独特的形象,就必须考虑到这些竞争企业的存在,并针对这些企业的产品,制定适当的定位战略。通常可供企业选择的市场定位战略有以下几种。

(1)比附定位

就是攀附名牌,比照名牌来给自己的产品定位,以借名牌之光而使自己的品牌生辉。如沈阳金杯客车制造公司金杯海狮车的"金杯海狮"攀附丰田品质的定位就属此类。

(2)属性定位

根据特定的产品属性来定位。如"猎豹汽车,越野先锋"。

(3)利益定位

指根据产品所能满足的需求或所提供的利益、解决问题的程度来定位。如"解放卡车,挣钱机器"即属此定位。

(4)区分竞争者定位

指对某些知名而又属司空见惯类型的产品做出明显的区分,给自己的产品定一个相反的位置。

(5)市场空当定位

企业寻找市场尚无人重视或未被竞争对手控制的位置,使自己推出的产品能适应这一潜在目标市场的需要的定位策略。如海马 MPV 普利马定位在"工作+生活"这个市场空当,获得了较好效。

(6)品质定位

指结合对照质量和价格来定位。例如一汽轿车的红旗明仕18的市场定位"新品质、低价位、高享受"即属此类。

任务实施

1. 奇瑞 QQ 市场细分

奇瑞 QQ 就是以消费者的年龄、收入等因素为依据,将汽车市场划分为不同的消费群体,开拓了微型轿车这个细分市场。

2. 奇瑞 QQ 目标群体

奇瑞 QQ 的目标客户是收入并不高但有知识有品位的年轻人,同时也兼顾有一定事业基础,心态年轻、追求时尚的中年人。

3. 奇瑞 QQ 市场定位

奇瑞公司把奇瑞 QQ 定位于"年轻人的第一辆车",从使用性能和价格比上满足他们通过驾驶奇瑞 QQ 所实现的工作、娱乐、休闲、社交的需求。

任务工作单

学习情境二:汽车市场营销策划 工作任务三:汽车市场细分与目标市场选择	班级			
	姓名		学号	
	日期		评分	

一、工作单内容

汽车目标市场营销三部曲:市场细分、目标市场选择和市场定位。

二、准备工作

说明:每位学生应在工作任务实施前独立完成准备工作。

1. 汽车市场细分以_____、_____、_____、_____等为依据进行。

2. 汽车市场细分的基本要求包括_____。

3. 目标市场的评估标准包括_____、_____。

三、任务实施

1. 准备好汽车市场调查资料、预测资料以及竞争者资料。

2. 指出 POLO 车的目标群体。

四、工作小结

1. 汽车目标市场的选择方法有哪些?

2. 汽车市场定位的步骤是什么?

工作任务四　汽车营销策划书的编写

1. 应知应会

通过本工作任务的学习与具体实施,学生应学会下列知识:

(1)汽车营销策划的流程和影响因素。

(2)市场营销策划包含的内容和步骤。

应该掌握下列技能:

能编制某汽车营销策划大纲。

2. 学习要求

(1)在每个任务单元的学习过程中,完成相关任务工作单的填写,并通过课程网络及时提交给相关教师。任务工作单提交方法详见课程网站。

(2)在每个情境实施阶段的中期或后期,按要求填写工作单。本情境学习结束后,按要求填写学生考核记录表,进行自我评价后交小组长,小组长评价后连同工作单统一交教师。

(3)每个情境学习到评价环节时,个人进行任务完成情况的评估。教师对小组抽查,被抽查的个人上台进行讲评。

一、汽车营销策划的概念与本质

营销策划就是指企业在经营方针、经营目标的指导下,通过对企业内部经营环境的分析,找出市场机会,选择营销渠道和促销手段,经过精心构思设计,将产品推向目标市场,以达到占有市场的目的的过程。

汽车营销策划的本质其实就是经过对竞争对手营销策划的分析,做出有别于竞争对手的方案,出奇制胜,进而指导企业的汽车销售活动,为企业创名牌、创效益。

二、汽车营销策划方案的内容

汽车营销策划方案的内容及编制流程如图2-9所示。

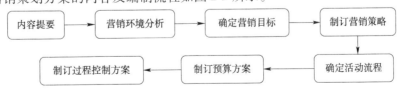

图2-9　汽车营销策划方案的内容及编制流程图

1. 内容提要

解释营销策划方案的主要内容,对营销目标、营销策略作简要叙述,使企业高层主管很快掌握营销策划方案的核心内容。

2. 营销环境分析

分析该产品目前所处的营销环境状况,明确产品面向的细分市场情况、产品的销售情况、竞争对手的数量、竞争优势、劣势及分销渠道情况,列出本产品的优势、劣势、机会和威胁。在制订营销计划时,要利用外界机会环境,避免外界威胁环境,充分发挥产品的优势,改进产品劣势,使营销计划最大限度地完成营销目标。

3. 确定营销目标

营销目标是本计划期内要达到的目标,常见营销目标有市场占有率、销售额、利润率及投资收益率等。

4. 制订营销策略

营销策略是指达到上述营销目标的途径或手段,常见营销策略包括目标市场选择策略、市场定位策略及营销组合策略等。

5. 确定活动流程

确定本次营销活动开展的形式、活动时间、活动地点、活动负责人。

6. 制订预算方案

任何营销活动的开展都要以预算为支撑,在拟定营销活动大纲时,可根据活动程序编制预算方案并提请领导审批,在后期的计划执行过程中可依照预算方案进行资金控制。预算表常用格式如表2-3所示。

预算方案费用　　表2-3

项　　目	金额(人民币:万元)
市场调查费	
宣传费	
促销活动费	
公关费用	
硬件建设费	
机动费	
其他	
合计	

7. 制订过程控制方案

过程控制方案是营销计划的最后一项内容,也是不可缺少的内容。其可对计划执行过程中的目标实现和经费支出进行监督检查,并且对突发事件进行预备方案处理。

三、营销策划书写作格式要求

营销策划书是创意和策划的物质载体,是策划的文字或图表的表现形式,它使得策划人的策划方案能够被他人所知道和接受。策划书没有固定的内容与标准的格式,根据策划对象和策划要求的不同,营销策划书的内容和格式是不一样的。一般而言,一份规范的营销策划书的基本结构框架应包括如下内容。

1. 封面

封面设计的基本原则是醒目、整洁,字体、字号、颜色都要根据视觉效果具体制定,要有艺术性。封面要注明:策划书的名称、策划委托机构、策划机构、策划人姓名、策划完稿日期、策划执行时间、策划书的保密级别、策划书的编号。还有封面要注明策划书的保密级别:公司文件分为绝密、机密、秘密三个等级。

2. 摘要

摘要是对营销策划项目内容所做的概要说明,勾勒出策划方案的各个章节重点与结论,使读者大致了解策划书的主要内容。摘要的写作要简明扼要,篇幅不宜过长,字数在三四百字左右为宜。

3. 目录

策划书的目录与一般书籍的目录起相同作用,它涵盖全书的主体内容目录实际上就是策划书的简要提纲,具有与标题相同的作用,策划人应认真编写。

4. 前言

前言序言是策划书正式内容前的情况说明部分,交代策划的来龙去脉,内容应简明扼要,字数要控制在1000字以内。主要内容包括:

①策划的背景即社会大环境发展趋势。
②委托单位的情况。
③接受委托的情况。
④策划的重要性和必要性。
⑤本次策划与要达到的目的与策划的主要过程。

5. 策划目标

策划目标具有导向作用的。在确定目标之前必须进行问题界定,通过各种界定问题的方法发掘企业存在的问题及其原因,在此基础上确定企业的营销目标。

6. 环境分析

环境分析是营销策划的依据与基础,所以营销策划都是以环境分析为出发点的。环境分析包括企业营销的外部环境与内部环境。营销策划中常见的分析工具有:SWOT分析和对消费者行为的5W2H分析等。

(1)SWOT分析法

SWOT分析方法是一种企业战略分析方法,即根据企业自身的既定内在条件进行分析,找出企业的优势、劣势及核心竞争力之所在。

(2)5W2H分析法

发明者用五个以"W"开头的英语单词和两个以"H"开头的英语单词进行设问,发现解决问题的线索。

①WHY——为什么?为什么要这么做?理由何在?原因是什么?
②WHAT——是什么?目的是什么?做什么工作?
③WHERE——何处?在哪里做?从哪里入手?
④WHEN——何时?什么时间完成?什么时机最适宜?
⑤WHO——谁?由谁来承担?谁来完成?谁负责?
⑥HOW——怎么做?如何提高效率?如何实施?方法怎样?
⑦HOW MUCH—多少钱?做到什么程度?数量如何?质量水平如何?费用产生多少?

7. 营销战略

营销策划书中要清楚地表述企业所要实行的具体战略,包括市场细分(Segment)、目标市场(Target)和市场定位(Position)三方面的内容,也成为STP策略。

8. 营销组合策略

确定营销目标、目标市场和市场定位之后,就必须在各个细分市场的营销组合策略。营销组合决策就目前而言还是以4P策略为基本框架。虽然目前还是以4P策略为基本策略框架,但在营销策划中还应该吸收6P理论、4C理论、7P理论的精神。

9. 行动方案

组织机构、行动程序应安排在行动方案中,并需要确定以下内容:

①要做什么活动?
②何时开始?何时完成?其中的各项活动分别需要多少天?各项活动的关联性怎样?
③在何地?需要何种方式协助?需要什么样的布置?

④要建立什么样的组织机构？由谁来负责？
⑤实施怎样的奖酬制度？

10. 费用预算

预算,包括营销过程中的总费用、阶段费用、项目费用,使各种花费控制在最小规模上,以获得理想的经济效益。营销预算最常用的是"活动项目估计",即按照策划所确定的活动项目列出细目,计算出所需经费。

11. 实施进度计划

把策划活动起止全部过程拟成时间表,具体何日何时要做什么都标注清楚,作为策划过程中的控制与检查,同时使行动方案更具可操作性。

12. 策划方案控制

策划控制方案可分为一般控制方案和应急方案。

（1）一般控制方案

每月或每季详细检查目标的达到程度。高层管理者要对目标进行重新分析,找出未达到目标的项目及原因。实施营销效果的具体评价方案有经营理念、整体组织、信息流通渠道的畅通情况、战略导向和工作效率。

（2）应急计划

应急方案主要考虑市场信息的不确定性,需要制定多套应急方案。

13. 结束语

主要是再重复一下主要观点并突出要点。结束语并不是非要不可的,主要起到与前言呼应的作用,使策划书有一个圆满的结束,不致使人感觉到太突然。

14. 封底

封底与封面相对应,它保证了策划书的完整性和美观。

15. 附录

附录的内容对策划书起着补充说明的作用,增强阅读者对营销策划的信任。附录的内容有报刊、政府机构或企业内部的统计资料,调查数据等,营销策划的备用方案一般也置于这里。作为附录也要标明顺序,以便查找。

 任务实施

荣威950营销策划书编写

1. 背景资料

荣威(ROEWE)是上海汽车工业(集团)总公司旗下的一款汽车品牌,于2006年10月推出。该品牌下的汽车技术来源于罗孚。2006年10月12日,上海汽车(集团)股份有限公司(以下简称"上汽")正式对外宣布,其自主品牌定名为"荣威(ROEWE)",取意"创新殊荣、威仪四海"。荣威的品牌在四年时间里发展迅速,其产品已经覆盖中级车与中高级车市场,"科技化"已经成为荣威汽车的品牌标签。荣威品牌口号为"品位,科技,实现"。

2. 市场调查

（1）市场前景

2011年,我国汽车市场呈现平稳增长态势,平均每月产销均突破150万辆,全年汽车销售超过1850万辆,再次刷新当时的全球历史纪录。2012年4月,汽车生产164.76万辆,环比下降12.39%,同比增长7.81%;销售162.44万辆,环比下降11.65%,同比增长5.19%。乘用车共销售127.60万辆,环比下降8.85%,同比增长12.46%。其中,中高级乘用车市场的需求景气将持续,并带动整个行业业绩再次超预期。

(2)荣威950性价比

荣威950是在Global E全球领先战略平台上开发的"首席行政座驾"。荣威950依托上汽整合全球资源的卓越实力,通过"战略平台、技术共享"的方式,走在国际领先的B+级车型平台之上。

(3)荣威知名度

目前国内的消费者购买车,大多数是跟着品牌走,品牌概念很重。在没有良好品牌的情况下,应该主打质量和服务,逐渐建立自己的品牌。

(4)竞争状况

2012年4月销量数据出炉,中高级车(B级车)市场哗然。以新帕萨特和新迈腾为代表的大众品牌,分列中高级车市场前两位,二者总销量超过传统日系中高级车三强凯美瑞、雅阁和新天籁之和近1万辆,而荣威仅列榜单37位,销售137辆。

3. SWOT分析

(1)荣威950的内部优势

荣威950创新集成"TGI智能缸内直喷发动机"、"CONTI GEAR 6速丝柔手自一体变速箱"、"四路多频CAN-BUS车身集成总线系统"以及"十位一体旗舰级安全系统"等引领全球汽车核心技术变革趋势的四大全球领先技术。在2012年北京国际车展上,上汽旗舰荣威950斩获了"最佳车展上市新车奖",在120台全球首发车型中脱颖而出。多数顾客对荣威950大气外观十分欣赏,而且价格比较合理。

(2)内部劣势

车系定价过分抬举荣威的品牌价值,而且外观与君越十分相似,难免让人产生"换汤不换药的感觉",品牌市场认可不高。

(3)外部机遇

市场对中高型汽车的需求量大,中高型汽车的销量很大程度上决定汽车公司的成就。

(4)外部威胁

中高型汽车市场竞争大,经典车型牢牢占据市场,新的品牌,很难打开市场。

4. 市场营销目标

针对荣威的品牌效应及市场的需求综合考虑,6月份销售2500辆,计划2012年销量4.5万辆。

新车发布首月,在先前的广告效应下,销量会有一定程度的提高,紧接着,趁着新车发布的热度,做好下一步的宣传,售后服务到位,建立口碑。

5. STP营销战略

(1)市场定位

中高端市场。

(2)荣威950的客户群定位

①私营企业主;②白领阶层的中高收入者;③国家公务员;④银行、电信、移动、邮政、电视台、报社等员工。

(3)目标客户群分析

①目标客户年龄层:目标客户的年龄应在25~45岁之间为主,该年龄层的群体基本具备了一定的经济基础,有稳定收入,时尚、优秀、年轻、自信、敢于追求成功而又注重家庭和生活享受。

②目标客户群收入情况:中高型轿车作为奢侈消费商品,其高价位的特性,决定了消费群的收入水平要高。一般要求自有现金在20万元以上,家庭月收入在2万元以上。

③消费者行为分析:中国消费者在购买车时,在对汽车不了解的情况下,多数数会选择跟主流品牌。当然,性价比也是重要的一方面。荣威950的配置,在中档车中可算是豪华了,而且有着大气的外表。要想在市场中获得一定的突破,短时间内,可以通过漫天铺盖的媒体进行宣传,要成为经典,真正靠的是质量还有良好的售后服务。

6. 广告策划

(1)主题

"阅尽科技、唯见信仰",依托上汽的大品牌,大力的推广,提高品牌效应。

(2)具体内容

①通过主流电视媒体进行广告宣传,可尝试植入电视剧推广,类似于清扬洗发水。

②在知名的杂志报纸上推广,特别是一些高端的经济杂志、时尚杂志。

③邀请明星代言,利用明星效应。

④举行一系列的活动,可以开展一些与奥运相关的活动,例如自驾游,也可在网上举办答题赠送汽车的活动,前期进行宣传,与腾讯、百度等大型网络公司合作,利用他们的众多客户,题目的内容主要以荣威的品牌内涵及进一步的发展创新。这样既可以提高销量又能增加品牌的知名度。

⑤参加车展。

(3)广告预算

①黄金档广播电视推广:500万元;

②杂志:50万元;

③明星代言:100万元;

④系列活动:200万元;

⑤其他费用。

总计:1000万元。

(4)预期效果

销量短时间内大幅度增加,荣威品牌形象得到提升。

7. 风险及其应变策略

(1)油价的不断上涨

自2005年后,随着国际原油价格的不断攀升,中国的各大石油企业很快地就承受不住这外来的巨大压力,油价一时变成了新闻、报纸等刊登的热点话题。今天,油价已步入"8元时代",近期虽略有下降,但是我国的油价依然处于较高的水平。"买车容易,养车难"成为打算出手买车的朋友的较大的顾虑,这必定会打消某些买车的念头,望而却步。针对油价过高,企业可以推行买汽车,赠加油卡活动。或者开展给客户教授节油知识等活动。

(2)消费者对品牌的偏好

客户对品牌单一追求,体现客户对汽车的不了解,盲目追逐牌子。公司可以对客户进行适当的承诺,通过信誉和可靠的质量来赢得客户口碑。

任务工作单

学习情境二:汽车市场营销策划 工作任务四:汽车营销策划书的编写	班级			
	姓名		学号	
	日期		评分	

一、工作单内容

上海汽车集团的荣威车型即将进入某细分市场,针对具体的营销活动制定出策划书。

二、准备工作

说明:学生分组,每组详细分析战略目标及所进入细分市场的特点。

1. 营销策划得内容提要是解释策划方案的主要内容,对_____、_____作简要叙述,使企业高层主管很快掌握营销策划方案的核心内容。

2. 营销环境分析是分析该产品目前所处的营销环境状况,列出本产品的_____、_____、_____、_____和_____。

3. 常见营销目标有_____、_____、_____及_____等。

4. 策划目标具有_____作用。在确定目标之前必须进行_____,通过各种界定问题的方法发掘企业存在的问题及其原因,在此基础上确定企业的_____。

三、任务实施

1. 市场调查。

2. 对即将进入的市场做 SWOT 分析。

3. 确定市场营销目标。

4. 选择营销战略。

5. 广告策划。

6. 风险评估及其应变策略。

四、工作小结

1. 汽车营销策划书的内容包括哪些?

2. 汽车营销策划书的行动方案要确定哪些内容?

学习情境三　汽车消费者购买行为分析

情境概述

本学习情境主要讲授汽车个体消费者和组织(集团)消费者的购买行为和购买特点,根据岗位职业能力的要求,共有三个真实的工作任务。

一、职业能力分析

通过本情境的学习,期望达到下列目标。

1. 专业能力

(1)掌握汽车个体消费者购买行为特征和行为过程。

(2)掌握影响汽车个体消费者购买行为的因素。

(3)了解汽车个体消费者购买行为的类型。

(4)了解组织(集团)消费者汽车购买行为的含义、特征及类型。

(5)掌握影响组织(集团)消费者汽车购买行为的因素。

2. 社会能力

(1)通过分组活动,培养团队协作能力。

(2)通过规范文明操作,培养良好的职业道德和安全环保意识。

(3)通过小组讨论、上台演讲评述,培养与客户的沟通能力。

3. 方法能力

(1)通过查阅资料、文献,培养个人自学能力和获取信息能力。

(2)通过情境化的任务单元活动,掌握解决实际问题的能力。

(3)填写任务工作单,制订工作计划,培养工作方法能力。

(4)能独立使用各种媒体完成学习任务。

二、学习情境描述

在整个汽车销售过程中,尤其在展厅接待环节、需求分析环节、报价成交环节、异议处理环节,销售顾问与客户间就是"心理战"的过程。本学习情境就是学习在4S店整车销售过程当中如何分析客户的消费心理,根据不同客户的类型,采取不同的销售技巧,为最终客户成交做出决策。同时,对组织(集团)消费者的消费心理作适当阐述。

三、教学环境要求

本学习情境要求在理实一体化专业教室和专业实训室完成。要求展示配备整车和销售谈判桌,同时提供相关车辆的车型介绍;可以用于资料查询的电脑、任务工作单、多媒体教学设备、课件和视频教学资料等。

学生分成六个小组,各组独立完成相关的工作任务,并在教学完成后提交任务工作单。

工作任务一　汽车消费者购买行为认知

任务概述

1. 应知应会

通过本工作任务的学习与具体实施,学生应学会下列知识:

(1)熟悉汽车用户的类型和消费者购买要素。

(2)学会当前我国家用汽车购买行为分析。

应该掌握下列技能:

会对汽车消费者的购买行为特点进行分析。

2. 学习要求

(1)在每个任务单元的学习过程中,完成相关任务工作单的填写,并通过课程网络及时提交给相关教师。任务工作单提交方法详见课程网站。

(2)在每个情境实施阶段的中期或后期,按要求填写工作单。本情境学习结束后,按要求填写学生考核记录表,进行自我评价后交小组长,小组长评价后连同工作单统一交教师。

(3)每个情境学习到评价环节时,个人进行任务完成情况的评估。教师对小组抽查,被抽查的个人上台进行讲评。

相关知识

一、需要的内涵

1. 需要的概念

需要从两方面来理解:一是有机体因为缺失或不平衡而"需";二是有机体力求去满足缺失,达到平衡而"要"。"需要"可表述为,消费者因某种生理或心理因素的缺乏,产生一种不平衡感或缺失感,而力求去平衡或满足内部的心理状态。一种需要满足后,又会产生另一种新的需要,人的需要不会有完全满足和终结的时候。

2. 需要的分类

美国心理学家马斯洛(A·H·Maslow)提出了需要层次论,将人类的需要分为由低到高的5个层次,即生理需要、安全需要、社交需要、尊重需要和自我实现需要,其中生理需要和安全需要属于生理的、物质的需要,社交需要、尊重需要和自我实现需要属于心理的、精神的需要。

二、消费者的购买动机理论

1. 动机的概念

动机是指能引起或维持个体行为,并把该行为导向某一目标的内部心理倾向和动力。

动机是行为的直接原因,促使个人采取某种行动,规定行为的方向。动机由需要而生。消费者的购买行为,是消费者解决他的需要问题的行为。

不同的人有不同的需要,人们在生理上、精神上的需要也就具有广泛性与多样性。每个人的具体情况不同,解决需要问题轻重缓急的顺序自然各异,也就存在一个"需要层次"。急

需满足的需要,会激发起强烈的购买动机,需要一旦满足,则失去了对行为的激励作用,即不会有引发行为的动机。

2. 消费者购买动机的类型

一般购买动机指建立在消费者为其生存和发展而进行的各种消费活动基础上的,带有普遍的购买动机。可分为生理性购买动机和心理学购买动机,生理新购买动机是为了维持和延续生命而引起购买商品;心理性购买动机是由消费者的认识、情感和意志等心理而引起购买商品。

具体购买动机包括求实动机、求新动机、求名动机、求廉动机、攀比动机、嗜好动机、模仿或从众动机、求便动机、求美动机等。

三、产品与汽车产品

1. 产品的含义

(1) 传统观念

按照传统的观念,产品仅指通过劳动而创造的具有某种物质形状、能提供某种用途的物质实体,即有形物品。如服装、食品、汽车等。这是狭义的产品概念。

(2) 市场观念

按照市场营销观念,顾客购买某种产品,并不只是为了得到该产品的物质实体,而是要通过购买该产品来获得某方面利益的满足。从市场营销的观点来看,产品概念的内涵被大大扩展了。

因此,广义的产品是指人们通过购买而获得的能够满足某种需求和欲望的物品的总和,它既包括具有物质形态的产品实体,又包括非物质形态的利益。

有形物品包括产品实体及其品质、特色、款式、品牌和包装;无形服务包括可以给买主带来附加利益和心理上的满足感及信任感的售中及售后服务、保证、产品形象、销售者声誉等,这就是"产品整体概念",即现代营销意义上的产品。

(3) 产品整体概念的内容

按照市场营销理论,产品整体概念有"三层次整体概念"和"五层次整体概念"。如图3-1 所示,"三层次整体概念"指产品由核心产品、形式产品和附加产品三个层次构成;"五层次整体概念"指产品由核心产品、形式产品、期望产品、附加产品和潜在产品五个层次构成。

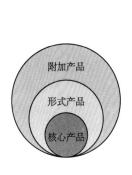
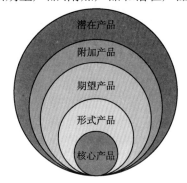

a) 三层次整体概念　　　　b) 五层次整体概念

图 3-1　产品整体概念层次

①核心产品,是指消费者购买某种产品时所追求的利益,是顾客真正要买的东西,因而在产品整体概念中也是最基本、最主要的部分。消费者之所以愿意支付一定的货币来购买产品,首先就在于产品的基本效用,并不是为了占有或获得产品本身,而是为了获得能满足某种需要的效用或利益。如消费者买经济型轿车是为了代步,买百万级的豪车是一种身份与地位的满足,买 SUV 是为了休闲与度假等。因此,企业在开发产品、宣传产品时应明确地确定产品能提供的利益,产品才具有吸引力。

②形式产品,这是指核心产品所展示的全部外部特征。即呈现在市场上的产品的具体形态或外在表现形式,也称有形产品。主要包括产品的外形、质量、特色、品牌等。具有相同效用的产品,其表现形态可能有较大的差别。相关数据也显示,在中国汽车消费市场,"外观造型"也是决定消费者是否购买的关键因素,尤其对于女性消费者。正是出于消费者对造型设计的要求,我们在市场上才看到如奇瑞 QQ、吉利熊猫的可爱,大众甲壳虫的靓丽,凯迪拉克"钻石切割"般的威严等。

③附加产品是顾客购买有形产品时所获得的全部附加服务和利益,包括提供信贷、免费送货、保证、安装、售后服务等。这是产品的延伸或附加,它能够给顾客带来更多的利益和更大的满足。随着科学技术的日新月异以及企业生产和管理水平的提高,不同汽车企业提供的同类产品在实质和形式产品层次上越来越接近,而延伸产品在企业市场营销中的重要性日益突出,逐步成为决定企业竞争能力高低的关键因素。大众汽车有限公司服务部高级经理奥伯尔先生曾说过:"一家成功的公司除了生产优质的产品外,还必须提供良好的售后服务,这一理念是企业成功的根本。"

④期望产品,即消费者购买产品时通常希望和默认的一整套属性和条件。

⑤潜在产品,即具有变化与改进潜质的产品部分,也就是最终可能会实现的全部附加部分和新转换部分。

2. 汽车产品的含义及使用特点

汽车产品指汽车市场提供的能满足消费者某种欲望和需要的任何事物,包括实物、服务、品牌等。汽车本身是一种有形商品,但其使用特点又明显不同于一般生产资料和消费资料等有形商品。这种使用上的特殊性体现在以下两个方面。

(1)汽车既是一种生产资料,又是一种消费资料

从使用角度看,汽车产品的用途大致有两种:一是作为生产资料使用和作为消费资料使用。例如,各类生产型企业利用自己拥有的汽车,进行原材料及产成品的运输等。由于这类运输活动构成企业生产活动的一部分,因而汽车属于一种生产资料。可以说绝大部分载货汽车、专用汽车、特种汽车和一部分客车及轿车(出租车)均是作为生产资料使用的。二是作为生活耐用消费品,汽车已进入普通人家庭,用于私人代步、旅游度假、休闲、商务等需要,满足消费者个人需求。

(2)汽车是一种最终商品

从产品的加工程度看,汽车本身属于产成品。无论是作为生产资料使用的汽车,还是作为生活资料使用的汽车,都是最终可以直接使用的产品。在这一意义上,汽车与那些作为原材料、中间产品、生产协作件等形态的生产资料存在差别。

(3)汽车是一种特殊商品

汽车作为一种特殊商品,它还是一种身份的象征。奔驰的尊贵、宝马的时尚、劳斯莱斯的威严,无不透露出汽车身份的象征。

四、当前我国家用汽车购买行为分析

1. 价格因素已经不是汽车消费的主导因素

在影响消费者购车选择的诸多因素中,价格向来有着极高的敏感度,也有极高的媒体关注度。在汽车市场上,性价比这个词是厂家最先引用的,意在扭转消费者对价格的过度关注,建立起一个消费者乐于接受的判断汽车价格与价值的标准。价格、使用成本、质量稳定性、技术先进性、安全性、服务、残值这七个要素,涵盖了组成性价比的各个方面。有了这七个指标,消费者在买车时也有了一个较为完整的性价比坐标系。

2. 节能环保环保型汽车是家用汽车的未来发展方向

汽车的快速发展会引起石油消费、温室气体以及大气污染物排放的激增,威胁石油安全、破坏大气环境。另一方面,汽车是中国的支柱产业,汽车的发展是中国经济增长的重要拉动力量,公众对汽车进入家庭也有强烈的需求,中国在刚刚迈入汽车社会时就面临着汽车工业可持续发展的问题。目前,中国的节能汽车发展刚刚起步,节能环保汽车的比重非常低,从国际经验和各种节能环保汽车技术特点及中国的基本国情来看,未来的中国节能汽车发展会呈现两个趋势。

一是从节能环保未来的市场结构来看,将是一个多种技术共存的局面。从中国的情况来看,与发达国家成熟稳定的汽车市场相比,不仅规模大、增长快,而且地区差异大、需求层次多,加上各种节能环保汽车技术在价格、商业化程度以及性能上的差异性较大,未来中国的节能环保汽车市场将呈现技术多元化的局面,先进柴油车、混合动力汽车包括各种替代燃料汽车都会占有一定的市场份额。

二是从各种节能环保汽车的发展顺序来看,近期内先进柴油车技术比较成熟、价格明显低于混合动力汽车和燃料电池汽车,如果能理顺相关的政策法规并提高柴油品质,先进柴油车在中国将会有快速的发展。

3. 老年人将是我国家用汽车消费的主要群体

近年来我国60岁以上的老人来购车的越来越多,我国逐渐进入老龄化社会,老年人将成为未来汽车消费的新力量。随着居民文化层次和收入的不断提高,时下的老人不再是一个暮气沉沉的群体,来购车或和子女一起来为自己购车的老年消费者越来越多。

五、汽车产品的用户类型

汽车消费者也有着明显的特征,呈现不同的消费类型。通常汽车消费类型可以分为以下几种类型。

1. 运输营运者

指将汽车作为生产资料使用,满足生产、经营需要的组织和个人。

2. 私人消费者

指将汽车作为个人或家庭消费使用,解决私人交通的用户。

3. 集团消费者

指将汽车作为集团消费性物品使用,维持集团事业运转的集团用户,也包括像政府机关、学校、医院等事业性组织。

4. 其他直接或间接消费者

指以上用户以外的各种汽车消费群体,如汽车经销商。

以上各类汽车消费群体,都可归类为个体消费和集体消费两大类,前者构成汽车的消费者市场,后者构成汽车的组织市场。

六、汽车消费者购买行为要素

消费者购买行为是指人们为了满足个人或组织生活需要,购买喜好产品或服务时所表现出来的各种行为而发生的购买商品的决策过程。这个过程是通过不同的要素体现出来的。

汽车消费者的购买行为要素是基于"汽车"这种特殊商品,为满足个人或组织的需要,在购买汽车时表现的种种行为。这个要素也简称"5W1H"。

1. 为何买车(Why)

这是对消费者的购买动机或购买欲望的分析。按照马斯洛的需要层次理论,人首先要产生欲望,再由欲望产生动机,最后由动机产生购买,这样的一个过程。"为什么买车?"就是一个人的欲望或需要问题。买车是作为交通工具,上下班代步,那可以选择实用的家用小型车;买车是用来个人创业,那可以选择微型面包车或皮卡车;买车是用来接待企业商务人士,进行业务洽谈,那可以选择MPV车型;买车是用来个人休闲兼顾野外旅行,那可以选择SUV车型。因此,分析"为什么买车"的关键是对购车欲望和动机的分析。这也是我们分析客户需求的关键所在,如图3-2所示。

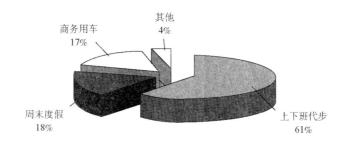

图3-2 打算买车的用途

2. 谁参与买车(Who)

这是对消费者购买主体的分析。在整个汽车购买过程中,由于购买者自身在年龄、性别、职业、收入、社会地位、文化程度等方面的差异,导致在车型选择上也存在很大差异。比如:20～30岁年龄段的消费者偏爱时尚、动感车型,车型颜色也青睐红、黄等艳丽型颜色,35～45岁年龄段的消费者偏爱稳重、大气车型,车型颜色较青睐黑、银、白等颜色;男性消费者喜欢手动挡车型,而女性消费者则喜欢自动挡车型,对汽车造型也十分关注。

3. 何地买车(Where)

这是对消费者购买地点的分析,购买地点不仅仅是地理位置,还是一种软实力。因此,消费者在选择何处购买时,有以下因素考虑:交通的便利性、经销商的实力、信誉等。据相关数据分析,多数消费者选择在汽车4S店购买汽车,有部分选择在汽车超市、有部分选择在大型汽车交易市场。

4. 买什么车(What)

这是对消费者购买对象的分析,也是消费者购车行为最重要的要素,也是汽车厂商和汽车经销商最关心的要素,无论是汽车厂商的市场调研,还是汽车经销商的客户需求分析,都是基于"买什么样的车"这一要素下展开的。客户真正需要一部什么样的车呢?家庭小轿车? SUV? MPV?还是微型面包车?一般情况下,消费者都会基于品牌、价格、外观、性能上考虑。

5. 何时买车(When)

这是对消费者购买时机或购买时间的分析。

6. 购车方式(How)

这是对消费者购买方式或购买途径的分析。消费者采取什么方式购车,是金融贷款还是现场付款,将影响到汽车厂商和汽车经销商的销售计划。选择金融贷款,又有银行金融贷款与汽车金融公司贷款,不同的金融贷款机构,贷款的方式也存在差异。据相关数据统计,90后消费者有一半以上倾向采用分期付款方式购车,80后消费者有33.5%倾向采用分期付款方式购车,70后与60后消费者分别有24.2%与20.3%倾向采用分期付款方式购车,20世纪60年代以前出生的消费者倾向采用分期付款方式购车的比例低于20%。

任务实施

张先生是深圳某贸易公司业务部总经理,经常需要驾车视察工作,也要接待客户进行业务往来,张先生年收入在25万左右,家有1个7岁小孩,太太在某银行工作。之前,张先生驾驶的是国产的奔腾B70,最近,张先生想更换一辆车,他先后看了迈腾、凯美瑞、雅阁、帕萨特及最新上市的标致508等,面对这些车型,张先生一家犹豫了……

此时,作为一个称职的销售顾问,如何准确地分析客户的消费心理,会极大地影响着客户的购买行为。

一、情境分析

①多数客户在刚刚进入陌生的环境时,或多或少会有一些不适应的感觉,他们需要有短暂的过渡时间来熟悉并适应环境。

②因此,销售顾问在向客户微笑、点头或打招呼示意之后,不要马上打开话题,应该给他们两三分钟的时间,自由地观看车型,淡化陌生感与紧张感。

③准备工作,各品牌车型的熟悉程度、性能参数、评价指标等。

二、易犯错误

①客户一进店,立刻迎上去询问其需求或者产品介绍。
②客户看车时,销售人员步步紧跟,让客户感到极度压抑。
③与客户保持一定距离,但目光死死盯着客户,像防贼似的,感觉不自在、不舒服。
④客户进店,过于热情,客户有不适之感。

三、应对技巧

①询问客户购买汽车用途,如出行工具、工作助手、休闲娱乐、社交工具、私人财产等。
②分析客户的汽车产品认知度,如国产自主品牌、合资品牌、进口品牌。

学习情境三:汽车消费者购买行为分析 工作任务一:汽车消费者购买行为认知	班级		
	姓名	学号	
	日期	评分	

一、工作单内容

分析汽车消费者的购买行为。

二、准备工作

说明:每位学生应在工作任务实施前独立完成准备工作。

1. 汽车产品的定义:_____。
2. 5W1H 中 5W 指_____、_____、_____、_____、_____,1H 指_____。

三、任务实施

1. 准备好相关调查资料、纸、笔。
2. 分析企业产品和活动对消费者购买行为有何影响。
3. 分析我国当前家用汽车购买行为受哪些因素影响。

四、工作小结

1. 消费需要的内涵及类型?

2. 消费者购买动机的特点及其类型?

3. 购买动机的有关理论及其应用?

工作任务二　汽车个体消费者购买行为分析

任务概述

1. 应知应会

通过本工作任务的学习与具体实施,学生应学会下列知识:

(1)熟悉影响汽车个体消费者购买的因素。

(2)掌握汽车个体消费者购买动机。

应该掌握下列技能:

会对汽车个体消费者的购买行为特点进行分析,结合个人特征进行合理介绍。

2. 学习要求

(1)在每个任务单元的学习过程中,完成相关任务工作单的填写,并通过课程网络及时提交给相关教师。任务工作单提交方法详见课程网站。

(2)在每个情境实施阶段的中期或后期,按要求填写工作单。本情境学习结束后,按要求填写学生考核记录表,进行自我评价后交小组长,小组长评价后连同工作单统一交教师。

(3)每个情境学习到评价环节时,个人进行任务完成情况的评估。教师对小组抽查,被抽查的个人上台进行讲评。

相关知识

一、个体消费市场定义

个体消费者市场是指个人或家庭为了生活消费而购买产品的个人和家庭的集合。个体消费者市场是一切市场的基础,是所有产品流通过程的终点,因此个体消费者市场也称最终产品市场。

二、汽车个体消费市场的基本特点

1. 需求的诱导性

汽车是高档耐用消费品,和普通消费品的最大区别之一就是它的专业性与复杂性。对于大多数消费者来说,购买汽车太难了,因为"汽车"包含着太多专业知识,而消费者对汽车知识的缺乏,导致他们易受外界的影响,如消费环境、社会习俗、广告宣传等。也就是说消费者很容易受外界因素的诱导而产生购买行为。

2. 需求的发展性

消费者对汽车最初的功能需求仅仅是代步,随着社会的发展,人的需求也发生变化,要求既能满足基本代步,也能在操控、舒适、娱乐性方面提高。可见,这种需求是可发展的。

3. 需求的多样性

由于个体消费者在年龄、性别、教育水平、职业、收入、社会地位、家庭结构以及生活习惯等方面的差异,会形成不同的消费需要,从而使个体的购买需求表现出多样性或多层次性。汽车生产企业通过市场调研,了解这种消费的多样化,有针对性的推出不同的车型系列。

4. 需求的可替代性

消费者在购买汽车时往往会面临多种选择,品牌的选择、价位的选择、性能的选择等,如

何在众多汽车品牌中选择适合自己的汽车呢？消费者根据自身需要，会在不同品牌之间做出选择，只有那些对消费者有真正吸引力的品牌，消费者才会做出购买。换句话说，在汽车生产企业眼里，各个不同生产企业之间是具有竞争性的，因为汽车生产企业不知道消费者最终会选择什么样的汽车，选择了丰田，就不会选择别克，丰田与别克之间就有了替代性。

三、汽车个体消费者购买决策过程

1. 含义

狭义的汽车消费者购买决策是指汽车消费者谨慎地评价某一汽车产品、品牌或服务的属性并进行选择、购买能满足某一特定需要的汽车产品的过程。

广义的汽车消费者购买决策是指消费者为了满足汽车消费需求，在一定的购买动机的支配下，在可供选择的两个或者两个以上的购买方案中，经过分析、评价、选择并且实施最佳的购买方案，以及购后评价的活动过程。它是一个系统的决策过程，包括消费需求的确定、购买动机的形成、购买方案的抉择和实施、购后评价等环节，如图3-3所示。

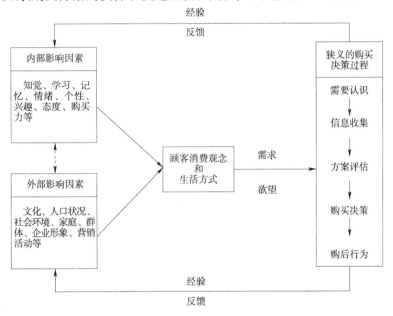

图3-3 消费者购买决策程序

2. 消费者购买决策过程

在复杂的汽车产品购买中，消费者购买决策过程由确定需要、收集信息、评价方案、购买决定和购后评价五个阶段构成。

（1）确定需要

个体消费者的购买行为开始于其对自身的需要，即从一个购买者确认了一个问题或需要开始。当购买者发现现实情况和理想状态之间的差距时，需要就产生了。但并不是有了需求就一定能产生购买过程，因为可能存在需求障碍，例如进口轿车的动力性能优越于国产轿车，但是消费者可能担心进口轿车将提高他的购车成本。

因此，确认需要对市场营销意义重大。首先，通过确认顾客需要，企业就可以生产适合销路的产品，扩大产品的销量；其次，通过确认需要，克服顾客的需求障碍，这样才能真正使潜在需求转化为企业的利润；第三，由于消费者的需求还可以通过外部刺激而引发。因此营销人员可以通过开展广告、促销、试用等方式唤起顾客的需求。

（2）收集信息

当顾客意识到某个需要的存在，并且感到有必要采取行动时，一般会先收集信息，而不是立即购买。一个有需要的顾客收集信息的努力程度会因为购买决策的重要程度、商品本身的价值、购买者所掌握商品知识以及购买者为一项购买决策所愿意投入的精力等而有所差别。因此，从信息收集的时间、投入的精力以及顾客所掌握知识角度，可以把信息收集分为零信息收集、有限信息收集和广泛信息收集三个层次。

如果个体消费者已掌握的信息很少，对有关商品知之甚少，但准备购买的商品对消费者来说价值只是一般或较小，且消费者又不愿意投入过多的时间和精力去收集信息时，则这种购买决策一般是习惯性购买，涉及的信息收集是零信息收集。

如果个体消费者已经掌握了很多准备购买的产品的信息，并且购买决策对消费者来说比较重要，愿意投入大量的时间和精力去做选择时所涉及的信息收集过程为有限信息收集。如果个体消费者已经掌握的准备购买的产品信息非常有限，但其愿意投入大量的精力和时间去收集信息，这种信息收集的方式称之为广泛信息收集。

消费者收集信息的源泉一般来自于以下四个方面：

①人际来源，主要指家庭、朋友、邻居、熟人。

②商业来源，主要指广告、销售人员、包装、展览。

③公众来源，主要指大众媒体、消费者协会。

④经验来源，主要指产品的处置、检验和使用。

这些信息来源的影响程度和相对重要性因产品类别和消费者的购买特征不同而有所不同。

（3）评价方案

方案评价是在通过各种渠道获得产品信息后，需要分析和处理这些信息，这种信息主要是产品本身属性，包括汽车品牌与车型，车辆的性能等；消费者的评价行为主要涉及以下几个问题：

①消费者考虑各种品牌的产品属性。

②消费者根据其偏好对不同属性赋予不同的权重。

③品牌信念。

④消费者效用函数。

尽管上述问题是消费者评价方案的影响因素，但事实上消费者如何评估还与消费者自身特点及购买环境有关。在一些情况下，消费者会经过仔细计算、思考后才购买；而在另一些情况下，同样的消费者不怎么评估或根本不评估产品，他们依靠直觉和冲动去购买。

（4）购买决定

方案评价过程会使消费者对选择组合的产品形成某种偏好，从而形成购买意图，并倾向于购买偏好的产品。但是，在购买意图和购买决定之间会有两个因素介入其中：第一个是他人的态度；第二个是意外情形。一般来讲，顾客的购买意图总是从其期望的收入、期望的价格和期望的利益出发的。但是，一旦在此期间出现了意外情形，如失业或者其他影响其购买力的情形等，这些意外情形就会改变顾客的购买意愿，即使顾客有了购买意图也不一定能形成实际的购买。

（5）购后评价

消费者对购买产品的满意度评价。消费者在购买汽车后,会对汽车的使用状况进行体验,以检验其性能是否达到其期望的目的。

四、汽车个体消费者购买行为类型

汽车销售顾问在销售过程中,往往会面对不同的客户,如何能在第一时间内判断客户的类型,从而为销售的下一步出决策,为最终成交至关重要。

1. 根据消费者的购买行为分类

个体消费者购买行为随其购买产品的不同而有所不同。对于贵重的、偶尔购买的产品,购买者总是比较谨慎,产品愈复杂其介入程度也愈大。因此,根据购买者在购买过程中的介入程度以及品牌的差异程度,个体消费者购买类型可以分为以下几类。

(1)复杂的购买行为

当个体消费者购买的是贵重的产品,其购买行为属于偶尔的或是冒风险的,并且品牌之间存在着明显的差异,其购买行为往往就属于复杂的购买行为。例如个人轿车的购买,个体消费者可能对轿车的性能指标、价格构成等知之甚少,而不同品牌之间又存在明显的差异。因此,在复杂购买行为下,个体消费者将通过广泛了解产品性能、特点,从而对产品产生某种看法,最后才决定购买。

(2)减少失调感的购买行为

减少失调感的购买行为发生在购买产品属于偶尔购买的、贵重的或是冒风险的但产品品牌之间看不出有什么差异的情况下。例如购买地毯就是一种减少失调感的购买行为,因为地毯价格较贵、偶尔购买并且属于表现自我的产品,但个体消费者可能发现在同一价位,不同品牌的地毯没有什么区别。其高度介入的原因在于其是偶尔购买、价格昂贵或是冒风险的。但在购买之后,顾客可能发现该品牌的产品存在某些缺陷,或是听到其他品牌的产品具有更多优点而产生失调感。购买者为了减少购买后的失调感,总是力求了解更多的信息,以证明其购买决定是正确合理的。针对这种购买行为,营销人员应提供更多的信息以使购买者在购买后相信其购买决策是最佳的。

(3)习惯性购买行为

习惯性购买行为发生在产品价格低廉、经常购买、品牌差异小的购买行为中,例如食盐、酱油等。在习惯性购买中,个体消费者只是去商店找一个品牌,即使其经常购买某个品牌也只是习惯而已,并不是因为其对这一品牌忠诚,也不评价购后行为。

在习惯性购买行为中,个体消费者购买行为并未经过信任→态度→行为的正常顺序。顾客并不仔细地收集与该品牌相关的信息,也不评价该品牌产品,也不仔细考虑购买决定。顾客只是被动地接受电视广告和报纸杂志所传递的信息。重复的广告最终使顾客产生品牌熟悉度而不是品牌说服力。此时,人们不对某种品牌形成强烈的看法,人们选择某个品牌,只是因为熟悉它。因此,习惯性购买行为一般的过程为:由被动的熟悉形成了品牌信念,然后是购买行为,最后不予以评估。

习惯性购买行为属于低度介入购买行为,购买者不一定钟情于哪个特定的品牌,因此营销人员可以利用价格优惠、电视广告和销售促进等刺激产品的销售。

(4)寻求多样化购买行为

寻求多样化购买行为的重要特征是品牌之间差异显著并且属于低度介入。尽管有些产品品牌差异明显,但个体消费者并不愿花长时间来选择和评估。例如,购买汽车时,个体消费者可能出于某种信任,选了一款汽车而不进行评估,但在购买的时候开始进行评估。在其第二次购买时,很有可能由于某种因素影响而选择其他品牌的汽车。品牌的变化往往是因为同类产品众多,而不一定是因为不满意。针对寻求多样化购买行为,营销人员可采用销售促进和占据有利货架位置等办法来促使个体消费者习惯性购买。

2. 按购买者的性别分类

(1) 男性顾客购买特点

①多属于理智型顾客,比较自信,对喋喋不休的推销容易产生反感。

②购买动机有时具有被动性,会受到促销人员自信的介绍和推荐改变购买决定。

③注重价格、功能、质量,具有较强的分析能力,内心往往会计算性价比。

④喜欢简单,有求便购买动机,缺乏排队的耐心,不喜欢烦琐的入网手续。

(2) 女性顾客购买特点

①购买行为具有冲动性。

②心理不稳定,易受外界因素影响,特别是同伴的影响,而且情绪往往左右购买决定。

③容易接受建议。

④挑选产品很细致,喜欢挑毛病。

⑤受到爱美之心和虚荣心的影响,往往具有求美和求名购买动机。

3. 根据消费者的性格分类

(1) 现实型

这类消费者的消费态度是勤俭节约、朴实无华、讲究实用,其生活方式简单。他们在选购商品的过程中,更多的是注重商品的质量、性能和实用性,以物美价廉作为购买的标准,不追求外观或名优品牌。中老年人居多。

(2) 自由型

此类消费者的消费态度较为随意、浪漫,他们的生活方式比较随便,选择商品的标准也是多种多样,既追求实用,也在意外观。他们的联想较为丰富,并且不能完全自觉地、有意地控制自己的情绪。青年人居多。

(3) 保守型

他们对新产品的信息持怀疑甚至抵制的态度,信奉传统商品,经常与过去的消费经验进行比较,其消费情绪比较悲观。中年人居多。

(4) 顺应型

这类消费者态度随和,生活方式大众化。他们一般不购买标新立异的商品,但也不会固守传统。

(5) 怪僻型

他们在选购商品时有主见,不能忍受别人的意见和建议,有时会提出一些令人不解或难以满足的要求,自尊心强而且过于敏感,消费情绪不稳定的特殊人群。

4. 根据消费年龄来分类

按年龄分类可分为青年顾客、中年顾客和老年顾客。

(1) 青年顾客购买特点

①具有强烈的生活美感,由于比较年轻,一般不需要承担过多的经济负担,所以对产品的价值观念比较淡薄,只要喜欢,就会产生购买的欲望和行动。

②追求档次、品牌和求新,标新立异的心理较为普遍,对社会潮流反应敏感。
(2)中年顾客购买特点
①多属于理智购买,比较自信。
②对能够改善生活、减轻经济支出的产品非常感兴趣。
③趋于购买已被证明、肯定的产品。
(3)老年顾客购买特点
①喜欢购买习惯的产品,经常对新产品持怀疑的态度。
②购买心理稳定,不易受到广告宣传的影响,但受街坊口碑的影响较大。
③被尊重的需求强烈,因而对促销员的态度反应异常敏感。

五、影响汽车个体消费者购买行为的因素

1. 政治因素

在改革开放以前,我国既没有适合购买私人小汽车的消费者群体,也没有足够的可供选择的汽车产品,社会对私人拥有小汽车这样的"奢侈品"采取了绝对打压的态度,在这种政治环境下,消费者很难产生购买私车的动机。改革开放后,特别是中国加入WTO以后,汽车消费才真正发展起来;同时,在政策方面,例如在购置附加费、车检费、保险费、年审费、过路费等政策性收费对汽车个人消费影响很大。目前,北京、广州等城市已实施的汽车限购政策,就对个人的汽车消费产生很大影响,也影响了汽车生产企业和汽车经销商。

2. 社会因素

汽车私人消费市场的购买行为也经常受到一系列社会因素的影响。这些因素主要有:参照群体、家庭、角色与地位。

(1)参照群体

参照群体是指对个人的态度具有直接或间接影响的群体。它可是一个团体组织,也可能是某几个人;可能是正式的群体,也可能是非正式的群体。参照群体是人们效仿的对象和行动的指南,在缺乏客观标准的情况下,个人的消费选择往往以群体的标准为依据。比如,几个相处较好的朋友就可能会买同一品牌的轿车。

(2)家庭

家庭是以婚姻、血缘和有继承关系的成员为基础形成的一种社会单位。大部分的消费行为是以家庭为单位进行的,在一个典型的现代家庭中,作为家庭成员的丈夫、妻子以及子女在购买决策中的角色各不相同。首先,夫妻二人购买决策权的大小取决于家庭生活习惯、内部分工、收入与受教育程度等。一般来说,在家庭的购买活动中,丈夫与妻子的购买参与程度因所购汽车的车型及品牌不同而不同,子女的影响力也不容忽视。汽车企业及其市场营销人员应认真研究特定目标市场的特定家庭模式,确定不同家庭成员在购买汽车产品中的影响力,并采取相应的措施来影响家庭成员的选择。

(3)角色与地位

角色是社会期望个人所承担的活动,每种角色都有相应的地位,它反映了社会对个人的综合评价。一个人在一生中会从属于许多群体,个人在群体中的位置取决于个人的角色与地位。一个消费者同时又承担着多种不同的角色,并在特定的时间里具有特定的主导角色,每种角色都代表着不同的地位身份,并不同程度地影响着其购买行为。

3. 文化因素

文化是人类欲望与行为最基本的决定因素,对消费者的行为具有最广泛和最深远的影响。在社会中成长的任何一个人都会通过其家庭及其他机构的社会化过程形成一系列基本的价值、知觉、偏好和行为的整体观念,即形成个体的文化价值观。在中国,我们生活在一个有着五千年文明的国家里,这使我们在主体上形成了中华民族尊老崇古、诚信知本以及求是务实等价值观。

当然,不同的群体和社会其文化是不一样的,个体形成的文化价值观也是不一样的,文化对消费者购买行为的影响也不一样。因此,了解文化因素对消费者购买行为的影响对营销活动至关重要。

4. 个人因素

个人因素不仅会决定消费者是否购买汽车,还决定了消费者购买何种汽车,个人因素主要包括:

①年龄和生命周期阶段。

②性别、职业和经济条件。性别对私人汽车消费的影响总体较小,主要影响的是一些细分市场。一个人所从事的职业在一定程度上代表着他的社会地位,并直接影响他的生活方式和消费行为。不同职业的消费者对汽车的购买目标是不一样的,职业另一方面较大地影响了家庭的经济收入,如果家庭的经济收入比较稳定而且未来的收入预期比较理想,对购车行为就会有比较积极的推动作用。例如:在企业工作,偏重商务车型;在政府或学校工作,通常家用型轿车居多。

③生活方式。从经济学的角度看,一个人的生活方式表明它所选择的分配方式以及对闲暇时间的安排,一个人对汽车产品的选择实质上是在声明他是谁,他想拥有哪类人的身份。消费者常常选择这样而不是那样的汽车产品与特定的生活方式群体之间的联系。

④个性和自我意念。每个人独特的个性将影响其购买行为。个性是单一的心理图案,它相对稳定。个性常用形象言辞来描绘,比如自信、权威、爱社交、自主、自我保护、适应性和野心等。个性能被用于分析消费者对某些产品或品牌的选择。

5. 心理因素

除文化、社会和个人因素外,消费者的购买行为还会受到动机、知觉、学习、信念和态度四个心理因素的影响。

(1) 动机

有汽车购买动机的人,肯定是达到小康生活水平以上的人,即生活需要,如吃穿、住得到满足以后才可能去购买汽车以满足更高层次的需要。而购买汽车的人,也是根据其在社会上所处的地位,所要满足的需要,选择不同的车型和品牌。决不能消费者购买汽车是为了满足其代步的需要,因此选择经济型汽车;而社会地位和经济收入较高的消费者,购买汽车的目的除了满足其代步的需要外,更要体现其身份和地位,因此选择豪华型的轿车。马斯洛的理论可以帮助营销人员理解潜在消费者的生活和目标,使营销人员更好地识别出消费者的需要,并及时予以满足。

(2) 知觉

人们是通过各种感觉器官来感知刺激事物的,同样的外部刺激对于不同的消费者会引起不同的知觉,这是因为每个人感知、组织和解释信息的方式不尽相同。所谓知觉,是指人

们收集、整理、解释信息,形成有意义的客观世界影像的过程。具体地说,人们经历三种知觉过程:

①选择性注意。人们在日常生活中会接触众多刺激,但大部分会被过滤掉,只有少部分刺激会引起人们注意。例如,汽车厂商所做的汽车广告很多,但真正引起某一个即将准备买车的人注意的只有一条,因为这条广告,这位购买者可能会对该广告所宣传的车型作进一步的了解,很可能最终选择该种车型。

②选择性理解。每个人总是按自己的思维模式来接受信息,并趋向于将所获信息与自己的意志结合起来,即人们经常按先入为主的想法来接受信息。例如,当消费者一旦倾向于某一种汽车品牌时,即使他了解到该品牌车的某些缺点,也可能会无视这些缺点的存在,而选择该种品牌的汽车。

③选择性记忆。人们往往会忘记接触过的大部分信息,而只记住那些符合自己的态度与信念的信息。因此营销人员必须尽力吸引消费者的注意,把信息传递给消费者。例如,现在许多汽车企业在推出新产品时,为了引起消费者的注意,留下一个好的印象,花费大量的精力,举办一些大型的公关活动或销售促进活动,如果活动组织得好,能引起消费者的注意,将会取得较好的宣传效果,使消费者对该种车型留下一个美好的印象。

(3)学习

人们总是在实践中不断学习,学习是指由于经验而引起的行为改变。人类的行为大多来源于学习,一个人的学习是驱使力、刺激、诱因、反应和强化等互相作用的结果。由于汽车市场营销环境的不断改变,新产品、新品牌不断涌现,汽车消费者必须经过多方收集有关信息之后,才能做出购买汽车的决策,这本身就是一个学习的过程。同时,消费者对汽车产品的消费和使用同样也是一学习的过程。汽车营销人员可以通过把汽车产品与强烈的学习驱使力联系起来,利用刺激性的诱因,并提供正面强化手段,来建立消费者对汽车产品的需要。例如,厂商通过汽车展销会、顾客联谊会、广告等措施来建立消费者对汽车产品的需要。

(4)信念与态度

人们通过实践和学习获得自己的信念和态度,他们反过来又影响着人们的购买行为。信念是指人们对事物所持的描述性思想。对于汽车企业来说,信念构成了汽车产品和品牌的形象,人们是根据自己的信念行动的,错误的信念会阻碍消费者的购买行动,汽车企业应通过促销活动来树立消费者对其产品的和品牌的信念。态度是指人们对某些事物或观点所持的正面或反面的认识上的评价、情感上的感受和行动上的倾向。态度导致人们喜欢或不喜欢某些事物,并一经形成就成为一种模式。一般情况下汽车企业不要试图改变消费者的态度,而应该考虑如何改变自己的产品或形象,以符合消费者的态度。当消费者已经对某种汽车品牌产生良好印象时,汽车企业必须努力维护或提升这个印象,以符合消费者的态度。

综上所述,汽车消费者的购买选择是文化、社会、个人及心理等因素综合作用的结果。汽车企业及营销人员在制定营销策略时,必须考虑到这些因素。

 任务实施

一、情景描述

李女士是上海购车潮中的一位普通的上班族,35岁,月收入万元。以下真实地记录了在2011年4月至7月期间,她在购车决策过程中如何受到各种信息的影响。

李女士周边的朋友与同事纷纷加入了购车的队伍,看他们在私家车里享受着美妙的音乐而不必忍受公交车的拥挤与嘈杂,李女士不觉开始动心。因她工作地点离家较远,加上交通拥挤,来回花在路上的时间要近3h。

李女士在驾校学车时,未来将购什么样的车不知不觉成为几位学车者的共同话题。问周边人的用车体会,包括朋友的朋友,反馈过来都是这样的信息:在差不多的价位上,使用过后,还是德国车不错,宝来好。李女士已开始对各个车的生产厂家,每个生产厂家生产哪几种品牌,同一品牌的不同的发动机的排量与车的配置,基本的价格都已如数家珍。上海通用的别克凯越与别克赛欧,上海大众的超越者,一汽大众的宝来,北京现代的伊兰特,广州本田的飞度,神龙汽车的爱丽舍,东风日产的尼桑阳光,海南马自达的福美来,天津丰田的威驰,李女士常用的文件夹开始附上了各款车的排量、最大功率、最大扭矩、市场参考价等数据,甚至于4S店的配件价格。经过反复比较,李女士开始锁定别克凯越和本田飞度。同事A此阶段也正准备买车,别克凯越也是首选。李女士开始频频地进入别克凯越的车友论坛,但不幸的是,随着对别克凯越论坛的熟悉,李女士很快发现,费油是别克凯越的最大缺陷;朋友B已购了别克凯越,问及行车感受,说很好,凯越是款好车,值得购买;同学C已购了别克赛欧,质朴而舒适的感觉,同学说空调很好,但空调开后感觉动力不足;朋友D已购了飞度,她说飞度轻巧,省油,但好像车身太薄;周边桑塔纳的车主、POLO车主,等等,这些都成为李女士的"采访"对象。

李女士的梦中有一辆车,漂亮的白色,流畅的车型,大而亮的灯,安静地立在李女士的面前,等着李女士坐进去。但究竟花落谁家呢?李女士自己的心里知道,她已有了一个缩小了的备选品牌范围。但究竟要买哪一辆车,这个"谜底"不再遥远……

二、分析

李女士经过了消费者决策过程的五个阶段:认知需求、收集信息、评价与选择、购买决策、购后评价,但是最后的购买决策和购后评价没有经历。

1. 认知需求

李女士周围同事朋友都在买车,自己也有实际需求。

2. 收集信息

她在学车时和学员们讨论车,和已有车的邻居讨论邻居新买的车,并了解信息。而且,李女士还去专卖店去实地看车,听专业的介绍。

3. 评价与选择

她收集了她中意的几个品牌的车型,反复比较各款车的排量、最大功率、最大扭矩、市场参考价等一系列数据,甚至于4S店的配件价格。购买决策还没下定,受到预期环境因素、非预期环境因素和他人态度的影响。李女士家的经济状况、产品的预期利益,也就是预期环境因素的影响。营销人员的态度是非预期环境因素的影响,还有他的朋友、同学以及同事的意见和看法是他人态度的影响,可见李女士买车参与程度很高。对汽车的品牌差异而言,李女士对这些汽车没什么品牌忠诚度,她注重的还是产品的性价比、实用性。

三、总结

1. 消费者的购买行为既具有感性又具有理性

一开始李女士对车型、颜色比较注重,是感性的认识。后来,她搜集各个品牌车型的资料,并进行各种性能和价格的比较,这是理性分析。

2. 消费者的需要有可诱导性

可能销售人员耐心与细心的讲解和引导,李女士就会被诱导,从而激发起李女士对其汽车的兴趣。消费者需求结构的高级化趋向,李女士满足了马斯洛层次论的基本需要,现在要增添新的交通工具。

3. 消费与生活方式相统一的趋向

作为一个工薪阶层的上班族,上班地与家离得太远,车程时间太长,太浪费时间与精力,所以要买辆车子,方便生活。

任务工作单

学习情境三:汽车消费者购买行为分析 工作任务二:汽车个体消费者购买行为分析	班级			
	姓名		学号	
	日期		评分	

一、工作单内容

分析汽车个体消费者的购买行为。

二、准备工作

说明:每位学生应在工作任务实施前独立完成准备工作。

"媳妇的美好时代"电视剧的热播,让大家见识了主人公毛豆豆如何处理婆媳关系的,也让其扮演者海清有了"国民媳妇"、"全民媳妇"的雅号。毛豆豆虽然是个大龄剩女,也没有魔鬼身材,但她贤惠善良、足智多谋,处处以家庭为重,生活上勤俭节约,家庭氛围是温馨又不失浪漫,把整个家打理的井井有条,成功营造了一个幸福和睦的家庭。

广汽丰田逸致、长安铃木奥拓、东风悦达起亚 K2 和一汽马自达 6 睿翼,四款经典女性轿车,在各自不同领域,同样赢得广大女性车主的青睐,和热播的"媳妇的美好时代"一样,有自己鲜明的个性与特点。假如毛豆豆有了购车计划,作为销售顾问,你会为毛豆豆推荐上述哪一款车呢?

长安铃木奥拓

广汽丰田逸致

东风悦达起亚 K2

一汽马自达 6 睿翼

1. 消费者购买最关注的三个因素是_____、_____和_____。
2. 不同年龄消费者对汽车色彩诉求,70后、60后与60年代以前出生的消费者对车辆色彩偏好主要是_____、_____与_____。
3. 从购买行为角度分析,在购买汽车前通常要广泛的搜集信息,比较信息,并在不同的品牌之间进行充分的调查和筛选,这是_____型消费者。
4. 长安铃木奥拓主要特点_____。
5. 广汽丰田逸致主要特点_____。
6. 东风悦达起亚K2主要特点_____。
7. 一汽马自达6睿翼主要特点_____。

三、任务实施
1. 准备好销售前的文件资料。
2. 分析消费者的性格特征和潜在的需求。
3. 分析长安铃木奥拓、广汽丰田逸致、东风悦达起亚K2、一汽马自达6睿翼四款车型的主要性能特点。
4. 根据客户的消费特征分析和备选四款车型分析,做出购买决策。

四、工作小结
1. 试从丰田卡罗拉、本田思域、别克凯越等竞争车型角度分析,如何理解个体消费者特征的需求可替代性?

2. 从不同角度分析,不同年龄段购买汽车的主要影响因素?

3. 简述消费者购买行为的决策过程?

工作任务三　汽车组织(集团)消费者购买行为分析

任务概述

1. 应知应会

通过本工作任务的学习与具体实施,学生应学会下列知识:

(1)熟悉影响汽车组织(集团)消费者购买的因素。

(2)汽车组织(集团)消费者购买动机和购买行为。

应该掌握下列技能:

会对汽车组织(集团)消费者的购买行为特点进行分析。

2. 学习要求

(1)在每个任务单元的学习过程中,完成相关任务工作单的填写,并通过课程网络及时提交给相关教师。任务工作单提交方法详见课程网站。

(2)在每个情境实施阶段的中期或后期,按要求填写工作单。本情境学习结束后,按要求填写学生考核记录表,进行自我评价后交小组长,小组长评价后连同工作单统一交教师。

(3)每个情境学习到评价环节时,个人进行任务完成情况的评估。教师对小组抽查,被抽查的个人上台进行讲评。

相关知识

组织市场的含义、类型和特点

1. 组织市场的含义

组织市场是指工商企业为从事生产、销售等业务活动以及政府部门和非营利组织为履行职责而购买产品和服务所构成的市场。

按其购买目的是否为了盈利,可将组织市场划分为营利组织和非营利组织。营利组织市场包括生产者市场和中间商市场,属于从事生产和经营活动的组织市场;非营利组织市场包括向社会公众提供各种产品、服务的机构组织市场和政府市场。

2. 组织市场的类型

一般说来,组织市场可分为四种基本类型,即生产者市场、中间商市场、非营利组织市场和政府市场。

(1)生产者市场

生产者市场也称为产业市场或企业市场,它由购买产品和服务以供进一步加工、制造产品以及提供服务,然后销售或租赁给其他用户使用、消费,并从中获取盈利的组织机构组成。生产者市场是最重要的商品与劳务的供给市场,主要包括农业、林业、矿业、水产业、制造业、建筑业、通讯业、运输业、公用事业、金融业、保险业和服务业等。

(2)中间商市场

中间商市场也叫转卖者市场,指那些通过将商品或劳务转售或出租给他人以获取利润的个人和组织。中间商市场由各种批发商和零售商组成。它们介乎于生产者和消费者之间,其主要业务是购买商品或劳务并将之转卖给批发商和零售商以及产业用户、公共机关用户和其他商业用户等,并由此获取盈利。中间商市场需求也主要是由消费者市场的需求引申或派生而来,它与生产者市场有较多的相似特征。

(3)非营利组织市场

非营利组织市场也称机构市场,泛指为了维护社会正常运转和履行社会公共职能,向社会公众提供产品或服务的各种非营利组织构成的市场。这些组织通常具有稳定的组织形式和固定的成员,不以获取利润为目的,而以推进社会公益为宗旨。如学校、医院、博物馆、环保机构和红十字会等。

(4)政府市场

政府市场指那些为执行政府的主要职能而采购或租用商品的各级政府单位,也就是说,政府市场上的购买者是该国各级政府的采购机构。政府购买的目的不同于生产者和中间商,主要是为了开展日常政务和履行政府职能。由于各国政府通过税收、财政预算等掌握了相当大部分国民收入,加之政府又是宏观经济调控的主要执行者,因此政府市场潜力巨大,并对社会总供给和总需求产生深远的影响。

3. 组织市场的特点

(1)购买者数量少,相对集中,购买数额大

在组织市场上,购买者绝大多数都是企事业单位、团体,因此购买者的数量必然比消费者市场少得多,购买规模也必然大得多。

此外,在组织市场上,购买者对产业用品的需求受政策和政府行为的影响,往往具有十分明显的地域性,主要集中在某些区域,以至于这些区域的产品购买量占据全国市场的很大比重。例如,在江苏、浙江等地形成了很多专业商品市场。

(2)供需双方的关系密切

在组织市场上,虽然购买者数量少,但对产品和劳务的专业性需求比较高,供货关系相对稳定,且都是大宗客户,对双方都具有举足轻重的意义。因此,供需双方倾向于建立长期稳定的业务合作关系,彼此以信用为基础,相互依托,以确保实现产、供、销渠道的畅通。

(3)需求的派生性

派生需求也称为引申需求或衍生需求。组织市场的顾客购买商品或服务是为了给自己的服务对象提供所需的商品或服务,因此,其业务用品需求由消费品需求派生出来,并且随着消费品需求的变化而变动。

(4)需求弹性小

组织市场对产品或服务的需求总量受价格变动的影响较小。

(5)组织购买的专业性

由于产业用品(特别是主要设备)的技术性强,因此组织市场的采购人员大都经过专业训练,具有丰富的专业知识,清楚地了解产品的性能、质量、规格和有关技术要求。同时,由于采购工作较为复杂,参与决策的人员多,决策过程更为规范,通常是由若干技术专家和高层管理人员组成采购委员会指导采购工作。因此,组织购买更加理性,不易受外界因素的影响,在购买决策中处于主动地位。这就要求供应商必须保证产品、服务的质量标准,提供详细的技术资料和相关的比较数据。

(6)影响购买的人多,购买过程复杂

与消费者市场相比,影响组织购买决策的人要多得多。大多数企业具备专门的采购组织,重要的购买决策往往由技术专家和高层管理者共同做出,其他人也直接或间接地参与,

这些组织和人员形成了事实上的"采购中心"。正因为组织购买参与者众多,加之购买金额大,产品技术要求复杂,所以其决策过程比消费者决策更为慎重、理性。同时,由于涉及产品复杂的技术问题,大宗购买还需要准备书面订单、产品说明书等。到最终正式签订书面合同,往往需要花费很多时间反复论证、磋商和谈判,因此,组织购买决策过程较为复杂。

(7)购买形式多样化

组织市场的购买形式随市场经济的不断发展,呈现多样化趋势。

①直接购买。组织市场的购买者往往向供应方直接采购,而不经过中间商环节,价格昂贵或技术复杂的项目更是如此。如一些跨国大型连锁超市为了减少销售成本,降低商品零售价格,经常采用直接向生产企业大宗订货的营销方式。

②互惠购买。在组织市场上,买卖双方经常互换角色,相互依存。近年来,组织购买者和供应商的关系由以前纯粹的对手关系变成了紧密合作的关系。

③租赁业务。组织市场购买者往往通过租赁方式取得所需产品,即组织市场中的某些需求用户,对一些价值昂贵的机器设备、交通工具、包装设备和信息数据处理系统等,通过租赁形式取得一定期限的使用权。这样做可以节省全额购买资金,提高技术设备的利用率,促进生产发展。

④集中采购,公开招、投标。近几年来,一些政府机构将其部门买卖建立在集中采购、招、投标基础上。即买方以确立系统项目购买的方式向社会公开招标、集中采购,卖方则以投标形式参与竞标。如此一来,既有利于买方优化选择,也有利于市场公平竞争,还能使中标单位产品、服务销售价格趋于合理,并具有较强的法律保障效应。

任务实施

作为一种流行的汽车消费模式,汽车批量采购多年来被政府机关、出租车采购、大型企业等所采用,政府公务车虽不局限于某个品牌,但也有着一些严格的限制和具体的规定。相关部门统计表明,价格在25万元以内、排量在2.0L左右的中档轿车占政府采购车辆总数的95%以上。不仅如此,政府用车在性能、外观、内饰、安全等方面的要求也十分严格。一直以来,在公务车市场中,奥迪、红旗等中高档2.0L轿车都有良好的表现。

以前批量采购的品牌仅局限于红旗、奥迪、桑塔纳等品牌,但现在北京现代的索纳塔等中高档型轿车不但在家庭购车领域风光无限,在批量采购领域也受到政府部门热捧,在国内市场中的竞争地位日益提升,市场份额逐步扩大。

北京现代结合中国实际路况等具体情况,对引进产品进行改进。在外观上赋予索纳塔一种稳重、大气的感觉,体现公务用车身份者的尊贵,同时也代表了充满创新精神、与时俱进的新时代的政府和企业形象;在内饰上,索纳塔精雕细刻每一个细节,满足显赫和华贵的渴望;在要求苛刻的制动技术和安全方面,索纳塔前后部内置防撞区,加固了顶、底、门、内外侧的防撞杠,更侧重对驾乘者全方位的安全保护。这些设计完全满足了政府公务用车的需求。

与此同时,北京现代积极同政府等工作单位联系公关,积极参与中国的各项公益事业。投巨资赞助了北京国安足球俱乐部,成立了北京现代足球队,赞助中超联赛、亚洲杯足球锦标赛,投资与相关部门联合主办了"携手北京现代,共创绿色未来——2004北京现代—大学生绿色环保夏令营"活动等,进一步提升了北京现代的品牌知名度与美誉度。

早在2002年12月,政府采购就开始看好北京现代索纳塔。当时共接受订单5000多份,其中首批交付的政府采购约700辆,此后有部分政府机关的采购计划因为索纳塔的缺货而一度搁浅。

此外,在要求严格的公安领域索纳塔也表现出色。北京现代索纳塔中标了2003年北京市公安局等警用车采购项目。2004年5月,在北京—新疆红云杯中国(首都)警察越野追击技术演练赛活动中,北京现代的5部索纳塔轿车为参赛车辆担当开道和新闻采访车,与参赛近80部越野车辆共同经历了约1.3万km的考验,再次印证了这款车型作为首都警用车主力的优秀品质。据有关资料,北京市政府用车中索纳塔数量已达2000多辆。今年又有河北、安徽等一些地方政府把汽车采购目标锁定在索纳塔轿车身上,汽车采购招标邀请书不断投向北京现代。经过近两年时间的考验,索纳塔轿车凭借强劲的动力、良好的加速性能以及舒适的驾乘感受,得到了公务人员和公安干警的广泛赞誉,大大营建了北京现代品牌在政府采购领域的良好形象。

通过北京现代汽车对政府市场的拓展,现对政府市场购买行为进行分析。

一、政府市场的购买目的

政府采购的范围极其广泛,按照用途可分为军事装备、通信设备、交通运输工具、办公用品、日用消费品、劳保福利用品和其他劳务需求等。一般说来,政府采购的具体目的包括以下几方面:

①加强国防与军事力量;
②维持政府的正常运转;
③调控经济、调节供求及稳定市场;
④对外国的商业性、政治性或人道性的援助等。

二、政府市场的购买过程的参与者

各个国家、各级政府都设有采购组织,一般分为以下两大类。

1. 行政部门的购买组织

这些机构的采购经费主要由财政部门拨款,由各级政府机构的采购办公室具体经办。如国务院各部、委、局;省、直辖市、自治区所属各厅、局;市、县所属的各科、局等。

2. 军事部门的购买组织

军事部门采购的军需品包括军事装备(武器)和一般军需品(生活消费品)。

三、影响政府购买行为的主要因素

政府市场与生产者市场和中间商市场一样,也受到环境因素、组织因素、人际因素和个人因素的影响,但在以下方面略有不同。

1. 社会公众的监督

虽然各国的政治经济制度不同,但是政府采购工作都受到各方面的监督。主要的监督者有国家权力机关和政治协商会议、行政管理和预算办公室、传播媒体、公民和社会团体等。

2. 国内外政治形势

在国家安全受到威胁或出于某种原因发动对外战争时,军备开支和军需品需求就大。反之,和平时期,用于建设和社会福利的支出就大。

3. 国内外经济形势

经济疲软时期,政府会缩减支出,经济高涨时期则增加支出。国家经济形势不同,政府用于调控经济的支出也会随之增减。

4. 自然因素

各种自然灾害会使政府用于救灾的资金和物资大量增加。

四、政府购买方式

与其他非营利组织一样,政府购买方式有公开招标选购、议价合约选购和日常性采购三种,其中以公开招标为最主要方式。对于公开招标方式,政府要制定文件说明对所需产品的要求和对供应商资力与信誉的要求。议价和约采购方式通常发生在复杂的购买项目中,往往涉及巨大的研究开发费用与风险。

任务工作单

学习情境三:汽车消费者购买行为分析 工作任务三:汽车组织(集团)消费者购买行为分析	班级			
	姓名		学号	
	日期		评分	
一、工作单内容 生产者市场及购买行为分析、中间商购买行为分析、非营利组织市场、政府市场购买行为分析。 二、准备工作 说明:学生分组,每组详细分析生产者市场及购买行为、中间商购买行为、非营利组织市场、政府市场购买行为。 1. 组织市场定义:_____。 2. 组织市场分为哪四类:_____、_____、_____和_____。 3. 生产者的购买决策往往不是单一的,而是一系列。一般说来生产者的购买情况大体有以四种类型:_____、_____、_____和_____。 4. 生产者在做购买决策时,通常会受到一系列因素的影响。主要包括_____、_____、_____和_____等。 5. 中间商购买决策过程,与生产者类似,中间商完整的购买过程也分为 8 个阶段,即_____、_____、_____、_____、_____、_____、_____和_____。 三、任务实施 1. 以连锁经营超市为例,分析参与购买决策过程的组织和人员主要有哪几种? 2. 以政府采购为例,分析集团购车的影响因素和购买过程。 四、工作小结 1. 消费者购买行为特点与模式? 2. 组织市场的类型和特点? 3. 生产者市场、中间商市场和政府市场购买者购买行为的基本模式及影响其购买行为的主要因素和购买决策过程?				

学习情境四　实施汽车市场4P策略

> **情境概述**
>
> 本学习情境主要讲授市场营销的4P策略即汽车产品、价格、渠道和促销策略,分析各种策略的特点和运用方法。根据岗位职业能力的要求,共有四个真实的工作任务。

一、职业能力分析

通过本情境的学习,期望达到下列目标。

1. 专业能力

(1)掌握市场营销4P的概念。
(2)掌握产品策略的内容,能收集某汽车品牌产品及款型组合,分析其策略。
(3)掌握价格策略的内容。
(4)掌握渠道策略的内容。
(5)掌握促销策略的内容。

2. 社会能力

(1)通过分组活动,培养团队协作能力。
(2)通过规范文明操作,培养良好的职业道德和安全环保意识。
(3)通过小组讨论、上台演讲评述,培养与客户的沟通能力。

3. 方法能力

(1)通过查阅资料、文献,培养个人自学能力和获取信息能力。
(2)通过情境化的任务单元活动,掌握解决实际问题的能力。
(3)填写任务工作单,制订工作计划,培养工作方法能力。
(4)能独立使用各种媒体完成学习任务。

二、学习情境描述

在进行汽车营销时,强调以市场为导向,以产品销售为目的,在企业开发生产适当产品的基础上,采用合理的价格,通过有效快捷的分销渠道,再加上必要的促销手段,从而实现企业的预期目标。本学习情境主要讨论利用4P营销理论进行汽车营销。

三、教学环境要求

本学习情境要求在理实一体化专业教室和专业实训室完成。要求配置用于资料查询的电脑、任务工作单、多媒体教学设备、课件和视频教学资料等。

学生分成六个小组,各组独立完成相关的工作任务,并在教学完成后提交任务工作单。

工作任务一　　实施汽车产品策略

 任务概述

1. 应知应会

通过本工作任务的学习与具体实施,学生应学会下列知识:

(1)汽车产品组合策略。

(2)汽车新产品开发策略。

(3)汽车产品的生命周期及营销策略。

(4)汽车品牌策略。

应该掌握下列技能:

产品处于不同生命周期的策略制定。

2. 学习要求

(1)在每个任务单元的学习过程中,完成相关任务工作单的填写,并通过课程网络及时提交给相关教师。任务工作单提交方法详见课程网站。

(2)在每个情境实施阶段的中期或后期,按要求填写工作单。本情境学习结束后,按要求填写学生考核记录表,进行自我评价后交小组长,小组长评价后连同工作单统一交教师。

 相关知识

一、汽车产品组合策略

1. 汽车产品组合的相关概念

产品组合是指一个营销者所营销的全部产品的结构,它包括所有的产品线和产品项目,如不同的车型、品牌、同一车型不同配置或版本等,汽车产品线往往是一个品牌的系列产品,一般通过相同渠道进行销售,而汽车产品项目一般是同品牌系列中不同款型、不同价格、不同配置的汽车产品。

如图4-1所示,大众汽车推出五大产品组合,分别是家庭型、运动型、越野、时尚以及商务组合。

2. 汽车产品组合策略

汽车产品组合策略是根据汽车企业的预定目标,对汽车产品组合的广度、深度和关联性进行相应的决策,在决策时需要考虑企业所拥有的资源条件、市场基本情况和竞争条件等三方面的限制,以确定汽车产品的最佳组合。

(1)扩大组合广度

扩大汽车产品组合的广度可以充分利用企业的人力和各项资源,使企业在更大的市场领域中发挥作用,并且能分散汽车企业的投资风险。汽车企业根据其生产设备和技术力量的限制,必须充分利用企业的各项资源来扩大汽车产品组合广度。如上海大众汽车在扩大汽车产品组合广度上的做法是先后开发了包括普桑、桑塔纳2000、帕萨特和POLO等在内的众多车型。

(2)加深组合深度

加深汽车产品组合的深度,可以占领同类汽车产品更多的市场,迎合更多购车者的不同

需要和偏好。如上海帕萨特在帕萨特轿车基本车型的基础上,研制开发了豪华型等其他型号的车型,这就是加深了产品组合的深度。位于不同市场地位的企业在加深汽车产品组合的深度时,既可以向低档和高档扩展,也可以同时进行扩展。

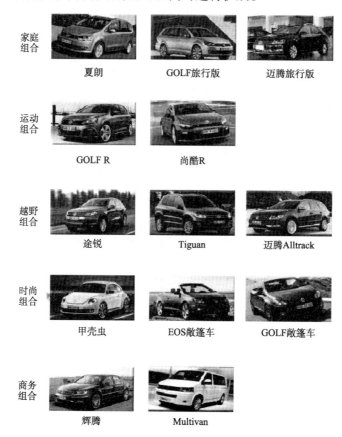

图 4-1 大众产品组合

（3）加强组合关联性

一个汽车企业应加强产品组合关联性,如汽车内饰、汽车涂料等应尽可能地相互配套,这可提高汽车企业在本行业或某一地区的声誉,但会分散经销商及销售人员的力量,同时增加成本,甚至由于新产品的质量性能等问题而影响企业原有产品的信誉。

缩减汽车产品组合策略同样包括缩减汽车产品组合的广度、深度、关联性三种方式,采取缩减策略可使汽车企业集中力量对少数汽车产品进行改进和降低成本,同时对现有或留存的汽车产品可进一步进行改进和提高质量,从而增强竞争力。但缩减策略会在一定程度上使汽车企业减小市场份额,增加经营风险,特别是在淘汰某种汽车产品时更应慎重。

3. 汽车产品组合延伸策略

汽车产品组合延伸策略包括向上、向下和向上向下的双向延伸策略。向上延伸主要针对高档汽车,是在一种汽车产品线内增加价格较高的汽车产品,以提高企业的声誉。

向下延伸主要针对低档汽车,是在高价汽车产品线中增加较为低价的汽车产品,旨在利用高档品牌汽车产品的声誉吸引购买力较低的消费者进行购买。

双向延伸策略扩大汽车子市场的覆盖面,需要企业有较强的实力,同时拥有强大的市场运作能力和有雄厚的资金支持。

4. 汽车产品异样化和细分化策略

汽车产品异样化和细分化均属扩大汽车产品组合策略。汽车产品异样化是指在同一市场上,汽车企业为突出自己的产品与竞争产品有不同的特点,避免出现价格战,提高企业的品牌形象,尽可能地显示出与其他产品的区别,旨在占据市场有利地位。如两种汽车产品在动力、安全等性能上差别较小,但可采用不同的造型设计来突出特点,如长城汽车未来将继续集中三大品类,3年内将推出15款全新车型等。该策略的实质是在同质汽车产品市场中寻求产品的异样化,而非异质化,即不能使产品过于独特以免丧失原有的市场。

汽车产品细分化是指假定市场上总有未满足的需求,因此汽车企业可对同质市场作进一步细分后找到未满足的需求,从而生产一些较为独特的汽车产品进入该细分市场,同时根据细分市场,制定极具针对性营销方向。如大众越野组合包括了有途锐、Tiguan、迈腾四驱版旅行轿车,这一部分的产品组合就是给那些喜欢SUV产品、喜欢四驱产品的客户群准备的。而时尚组合——甲壳虫推出8款配置的款式,以丰富其车型产品,打造不同的时尚化元素,并把能够把时尚这个细分市场打开。并将在国内12个城市内印象店的模式,同时在这12个城市举行路演,已让消费者了解甲壳虫是一个有文化的产品,如图4-2所示。而敞篷车逐渐会被一些喜欢个性化车型的年轻人和消费意识比较超前的客户群所接受,所以敞篷车的市场也会逐渐扩大。

汽车产品异样化实质上是要求汽车消费者的需求服从生产者的愿望,而汽车产品细分化则是从汽车消费者的想法出发,满足汽车消费者的不同需求。

时尚组合甲壳虫未来将推出八款不同配置的车型以丰富其车型产品,打造时尚化元素,技术先进并进入时尚细分市场

图4-2 大众甲壳虫

二、汽车新产品开发策略

新车型的开发是一个非常复杂的系统工程,以至于它需要几百人花费三四年左右的时间才能完成。不同的汽车企业其汽车的开发策略也有所不同。

1. 新产品开发的方式

企业进行新产品开发时,必须明确采取什么方式进行开发。一般来说,采用独立开发可使企业依靠自己的力量研究开发新产品,这种方式可以紧密结合企业的特点,并使企业在某一方面具有领先地位,但独立开发需要较多的开发费用。采用引进开发即利用已经成熟的制造技术,借鉴别人已经成功的经验来开发新产品。采用这种方式不仅可以缩短开发新产品的时间,节约开发费用,而且可以促进技术水平和生产效率的提高,但要注意引进技术与企业自身条件之间的适应性。采用开发与引进相结合的方法就是在新产品开发的方式上采取两条腿走路,既重视独立开发又重视技术引进,二者相互结合,互为补充会产生更好的效果;采用联合开发方式,联合开发除了企业与科研机构、大专院校的联合外,更多的是企业之间的"强强联合"。这种方式,有利于充分利用社会力量,弥补企业开发能力的不足。

2. 新产品开发的流程

由于发达国家的汽车厂家产品开发经验十分丰富,并且更适用于市场经济条件,因此,这里主要介绍国外汽车公司新产品开发的成熟做法。新产品开发的流程主要包括有方案策划阶段、概念设计阶段、工程设计阶段、样车试验阶段、投产启动阶段。

(1)方案策划阶段

方案策划阶段,一个全新车型的开发需要几亿甚至十几亿的大量资金投入,投资风险非常大,如果不经过周密调查研究与论证,就草率上马新项目,轻则会造成产品先天不足,投产后问题成堆;重则造成产品不符合消费者需求,没有市场竞争力。因此市场调研和项目可行性分析就成了新项目至关重要的部分。通过市场调研对相关的市场信息进行系统的收集、整理、记录和分析,可以了解和掌握消费者的汽车消费趋势、消费偏好和消费要求的变化,确定顾客对新的汽车产品是否有需求,或者是否有潜在的需求等待开发,然后根据调研数据进行分析研究,总结出科学可靠的市场调研报告,为企业决策者的新车型研发项目计划,提供科学合理的参考与建议。

汽车市场调研包括市场细分、目标市场选择、产品定位等几个方面。项目可行性分析是在市场调研的基础上进行的,根据市场调研报告生成项目建议书,进一步明确汽车形式(也就是车型确定是微型车还是中高级车)以及市场目标。可行性分析包括外部的政策法规分析以及内部的自身资源和研发能力的分析,包括设计、工艺、生产以及成本等方面的内容。在完成可行性分析后,就可以对新车型的设计目标进行初步的设定,设定的内容包括车辆型式、动力参数、底盘各个总成要求、车身形式及强度要求等。

方案策划阶段,制订产品发展规划与计划是企业新产品开发的重要依据,一般是在调查与预测的基础上,再结合本企业技术实力等内部条件,科学地加以制订。同时,产品发展规划也是企业经营战略规划的重要内容之一。国外汽车公司一般都要做出今后5~10年的产品发展规划。该规划包括两种情况:一是在一定的时间在企业当前的产品线中增加一种新的品种(开发新产品);二是对现有某种产品在一定的时候进行换代。企业根据产品发展规划再确定某一项新产品的具体开发计划。新产品开发计划一般包括产品特点、竞争情况、目标市场、价格、预计销售量、研制时间及费用、制造成本以及投资收益率等内容。下面是某公司拟开发一种在国外投产的新轿车,在制订计划时应考虑到包括开发目的、使用对象、产品概要、销售目标、质量目标、外购件的安排、法规认证、生产准备、设备和投资、效益等多个方面,企业的产品发展规划和新产品开发计划,经企业商品规划委员会确定后,董事会做出最后决策。对拟开发的新产品,商品规划主管部门应同设计开发部门一起,提出新产品的构思。

新产品构思包括该产品的目标,确立设计原则;计算销售目标价格生产成本和销售量;确定生产方式(如何组织生产)和投产日期;车型的系列化:排量范围、车身形式(两厢、三厢、三门、四门等)、驱动方式、装备分级等;设计车型的技术参数、系统结构和总成;结构及参数;质量目标:保修里程、寿命周期、维修费用目标等。

(2)概念设计阶段

概念设计阶段开始后就要制订详细的研发计划,确定各个设计阶段的时间节点;评估研发工作量,合理分配工作任务;进行成本预算,及时控制开发成本;制作零部件清单表格,以便进行后续开发工作。概念车设计阶段的任务主要包括总体布置草图设计和造型设计两个部分。概念设计工作就是要把构思变成实物,从造型和整车设计到结构设计和试制出样车。这样,可使消费者形成一种产品印象,如认为有必要时,企业可以将样车拿到一组目标顾客中测试,企业营销人员应研究和设计好问题。这样的测试可以帮助企业更好地修改概念设计,开发出一种适销对路的新产品,同时,有利于企业了解预计的销售量。

(3)工程设计阶段

在完成造型设计以后,新产品开发就开始进入工程设计阶段,工程设计阶段的主要任务就是完成整车各个总成以及零部件的设计,协调总成与整车和总成与总成之间出现的各种矛盾,保证整车性能满足目标大纲要求。工程设计就是一个对整车进行细化设计的过程,各个总成分发到相关部门分别进行设计开发,各部门按照开发计划规定的时间节点分批提交零部件的设计方案。

(4)样本试验阶段

工程设计阶段完成以后进入样车试制和试验阶段,样车的试制由试制部门负责,他们根据工程设计的数据,根据试验需要制作各种试验样车。样车的试验包括两个方面:性能试验和可靠性试验。性能试验,其目的是验证设计阶段各个总成以及零部件经过装配后能否达到设计要求,及时发现问题,做出设计修改完善设计方案;可靠性试验的目的是验证汽车的强度以及耐久性。试验应根据国家制定的有关标准逐项进行,不同车型有不同的试验标准。根据试制、试验的结果进行分析总结,对出现的各种问题进行改进设计,再进行第二轮试制和试验,直至产品定型。

(5)投产启动阶段

试验阶段完成以后,新车型的性能得到确认,产品定型。新产品开发转入投产启动阶段,主要任务是进行投产前的准备工作,包括制定生产流程链,各种生产设备到位、生产线铺设等等。在试验阶段就同步进行的投产准备工作包括,模具的开发和各种检具的制造。投产启动阶段大约需要半年左右的时间,在此期间要反复地完善冲压、焊装、涂装以及总装生产线,在确保生产流程和样车性能的条件下,开始小批量生产进一步验证产品的可靠性,确保小批量生产 3 个月产品无重大问题的情况下,正式启动量产。

3. 汽车产品改进和商品化

对汽车产品不断地进行改进,使汽车产品不断地适应市场的发展变化和某一些地区的特殊要求,以此来扩大销售,如图 4-3 所示。

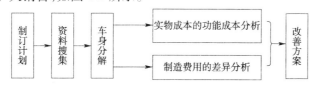

图 4-3 对产品进行改进

如大众汽车正在计划改进美国市场产品阵容,提升"美国化"水平,未来数年内将推出更多本土制造的 SUV 产品和柴油动力车型,并且可能安排辉腾车型重返美国市场。

新产品开发成功或老产品改进并完成了商品化过程后,企业才能大量生产和销售。所谓商品化过程系指企业为了产品的大批上市而进行的市场试验,汽车新产品的商品化一般包括试用、试销、测算有关项目和确立未来的市场营销组合策略等方面。

试用是企业从目标市场中选定一些有代表性的客户,如客户类型、使用条件、产品用途等方面比较符合新产品目标市场特征的客户,请他们在规定的时间内实地使用新产品,并对使用状况及发现的现象做出记录。然后了解客户对产品的意见和对技术咨询及服务方面的需要。试用客户一般不宜过于分散,试用车辆一般应具有一定数量(如几十辆),但也不能太多,对使用中出现的故障一般应请试用客户对外保密,不宜扩散,以免给将来的客户留下不良印象,试用过程本身就是企业发现问题的过程。

经试用初步成功的新产品便可进行试销,这是比试用范围更大且直接面向市场的一种有控制的营销活动,一般应由汽车企业亲自进行,以便直接了解市场。试销活动一般可以吸引大量的购买者参观选购,企业既可以从中了解他们对新产品的反映和购买意向,同时又可以借以提高新产品的知名度。企业的试销活动要对试销的市场范围、试销时间、试销的费用、试销后的营销策略等做出安排,在试销活动中还要做好有关数据的记录和资料的整理完善。

尽管企业在市场调研和概念设计时对有关项目进行了调查和测算,如目标市场规模、销售量、投资收益率、市场占有率、促销预算等,在新产品开发计划中也对这些项目订立了计划。但在商品化之前,上述项目都只是一种估计,而在商品化过程中对这些项目再进行测算,则大体反映了未来的实际情况。企业也可由此对新产品开发予以验证,并找出差距,分析原因,及时采取相关补救措施。

企业通过商品化过程后,基本可以对新产品的市场结构、购买行为及特点,未来市场发展趋势及企业收益等做到心中有数,从而制定出正确的导入期营销策略,乃至其他各生命周期阶段的营销策略。

4. 产品开发的组织管理

新产品开发的组织管理关键是应设置好各部门的职能及工作流程,尤其是在企业经营战略指导下,围绕科学的产品开发规划,在计划的制定阶段做好组织工作。

由于现代的汽车产品,涉及多种学科和领域,技术含量很高。尤其是轿车产品,为了满足美观、安全、舒适、节能和环保等各项指标的要求,要涉及许多高技术领域、高技术产品以及社会科学的某些学科。这就要求汽车企业要有各学科和技术门类的科学家、工程师和设计师。同时,人才的学科结构需不断调整,使之趋于合理。对我国企业而言,产品开发人员要增加计算机科学和电子学等方面的科学家和工程师的比例。此外,企业还应在基础研究、产品设计、产品试验各领域有自己的学科带头人,这些人应有扎实的基础理论、富有想象力、创造力和实践能力等特征。企业应依靠这些学科带头人,把企业的产品开发能力推向更高水平。

三、汽车产品的生命周期及营销策略

1. 产品生命周期

产品生命周期,是指从产品试制成功投入市场开始,到被市场淘汰为止所经历的全部时间过程。同样,汽车产品生命周期是指一款汽车车型从投放市场开始到该产品停产,退出市场所经历的时间。特别要注意的是,汽车产品生命周期与汽车使用生命的概念不同。汽车使用生命是就一台汽车而言,是指一台车辆从开始使用(登记上牌)直到主要机件达到技术极限状态而不能再修理时为止的总体使用时间,或能继续使用但成本明显增加、使用不经济的生命时刻,受汽车产品的自然属性和使用频率等因素影响。

汽车产品生命周期是指一种汽车款型从进入市场到退出市场,即在市场上销售的时间,其长短受汽车消费者的需求变化、汽车产品更新换代速度等多种市场因素所影响。随着汽车新技术的不断发展和新车型开发周期的不断缩短,汽车产品生命周期也在逐渐缩短。20世纪初美国福特公司推出的T型车历时20年,创造了汽车史上单种车型产量和生产销售时间上的奇迹,而福特公司1957年9月推出埃泽尔车,1959年11月就被迫停产,其生命周期只有短短两年时间。中国上海大众汽车公司生产的普通桑塔纳车型从20世纪80年代中上市到21世纪初退出市场,历时近20年,在中国汽车工业发展初期演绎了一场汽车神话。而现在,一款新的车型其生命周期最长不过三至五年,而短的只有半年到一年。

那么,在其整个生命周期内,汽车产品经历了怎样的过程呢? 和其他消费品一样,一般来说,汽车产品的生命周期可分为四个阶段,即导入期、成长期、成熟期和衰退期,汽车产品生命周期的各个阶段在市场营销中所处的地位不同,特点也不同。

各种档次、各种类型的汽车产品,其生命周期及其经历各阶段的时间长短也不同。有些汽车产品生命周期可能只有两到三年,有些汽车产品生命周期可以长达几十年。每种汽车产品所经历的生命周期各阶段的时间也不同。有些汽车产品经过短暂的市场导入期,很快就达到成长、成熟阶段;而有些汽车产品的导入期经历了许多年,才逐步为广大汽车消费者所接受。

2. 产品生命周期各阶段的特点和营销策略

从企业的角度来看,通过对产品生命周期各阶段特性的研究,在产品生命周期各阶段运用一定的营销策略,以使企业能更大地获得利润,如图 4-4 所示。

(1)导入期市场特点与营销策略

导入期是指汽车产品投入市场的初期阶段。在此阶段,销售增长缓慢,产品技术、性能不完善,价格偏高,分销渠道未建立、健全,促销费用高,竞争未出现,但利润少,甚至亏损。

由于导入期的特点,导入期的市场营销策略的目的应尽量将该阶段缩短,使其尽快进入成长期。因此,企业要针对成长期的特点,制定和选择不同的营销策略。可供企业选择的营销策略,主要有表 4-1 所示四种类型。

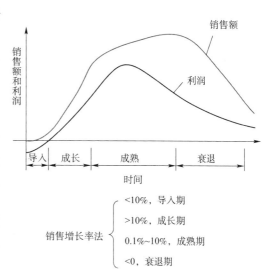

图 4-4 各产品生命周期销售增长率法

营销策略组合表　　　　表 4-1

	高价格	低价格
高促销水平	快速掠取策略	快速渗透策略
低促销水平	缓慢掠取策略	缓慢渗透策略

快速掠取策略指以高价格和高促销水平推出新产品的策略。实行高价是为了在单位销售额中获得最大的利润,高促销是为了引起目标市场的注意,加快市场渗透。成功实施这一策略可尽快收回新产品开发的投资。常采用这一策略的有国内外汽车公司在推出富有特色的中高级轿车时。

缓慢掠取策略指以高价格低促销水平推出新产品的策略。高价格和低促销水平结合可以使企业获得更多利润。东风汽车公司推出的 EQ153 和 EQ175 两种车型时,采用的营销策略大致就是这种。

快速渗透策略指以低价格和高水平促销费用推出新产品的策略。目的在于先发制人,以最快的速度打入市场,该策略可以给企业带来最快的市场渗透率和最高的市场占有率。例如,伊兰特上市时,以较高的性价比,在 10 万~15 万元档的车型中取得了较大的优势。

缓慢渗透策略指以低价格和低促销水平推出新产品的策略。低价是为促使市场迅速地接受新产品,低促销费用则可以实现更多的净利润。

(2)成长期市场特点与营销策略

成长期是指汽车产品经过试销,汽车消费者对汽车新产品有所了解,汽车产品销路打开,销售量迅速增长的阶段。在此阶段,销量大增,产品技术成熟,价格趋降,渠道已建立,促销稳定或略有提高,竞争日益激烈,成本下降,利润大增。同时,竞争者逐渐开始加入。

成长期销售增长率迅速提高,也就决定了该阶段营销策略的核心是"快",应在尽量短的时间内提高市场占有率,在竞争者尚未进入之前,占有最大的市场份额,同时创造品牌影响力,先入为主,赢得购车者的认可。因此,突出一个"快"字是成长期营销策略的核心。为此,可以采取以下市场推广策略:

① 提高产品质量,增加产品的花色品种,改进款式、包装,以适应市场的需要。

② 适时降价,以提高竞争能力和吸引新的顾客。

③ 巩固现有渠道,开辟新渠道。

④ 改进广告宣传,把重心从建立产品知名度转移到说服消费者接受和购买产品。

(3) 成熟期的市场特点和营销策略

成熟期是指汽车产品的市场销售量已达饱和状态的阶段。在这个阶段,销售量总额达到最大,但增长速度减慢,甚至开始呈下降趋势,产品成本下降,利润较丰厚,但因竞争激烈,利润可能开始下降。

成熟期的营销策略:这个阶段是企业获利的阶段,是产品项目的黄金时期,但也就开始走向衰退。因此,延长产品的成熟期,突出一个"长"字是营销策略的核心。同时要抑制竞争,开发新产品。

① 改进市场。进入新的细分市场,开发新市场。

② 改良产品的特性、质量和形态,以满足日新月异的消费需求。包括两方面,一是提高产品质量。如提高汽车的动力性、经济性、操纵稳定性、舒适性、制动性和可靠性等,创名牌、保名牌。此种策略适合于企业的产品质量有改善余地,而且多数买主期望提高质量的场合;二是增加产品的功能。如提高轿车的观瞻性、舒适性、安全性和动力性等,使小型车高级化等措施,都有利于增加产品品种,扩大用户选择余地,使用户得到更多的效用。

③ 营销组合改良,通过改变定价、销售渠道及促销方式来延长产品成熟期。

(4) 衰退期的市场特点与营销策略

衰退期是指汽车产品已经陈旧老化被市场淘汰的阶段。在这个阶段,销售量下降很快,新产品已经出来,老产品逐渐退出市场。

衰退期的营销策略:在此阶段,营销策略应突出一个"转"字,即有计划有步骤地转产新产品,这对企业来讲将是代价昂贵的。因此,对大多数企业来说,应当机立断,及时实现产品的更新换代,如上海大众对普通桑塔纳的停产。处于衰退期的产品常采取维持策略、缩减策略和撤退策略,有的企业也常常运用一些方法延长其衰退期。

如果企业决定停止经营衰退期的产品,还应当慎重决策;是彻底停产放弃还是把该品牌出售给其他企业;是快速舍弃还是渐进式淘汰。而且应注意处理好善后事宜,应继续安排好后期配件供应,维修技术支持,以保证老产品的使用需要。否则,将会影响到企业形象。

四、汽车品牌策略

1. 汽车品牌的概念

汽车品牌指的是用于标志并识别某一或某些车型的符号系统。是用以识别销售者的产品或服务,并使之与竞争对手的产品或服务区别开来的商业名称及其标志,通常由文字、标记、符号、图案和颜色等要素或这些要素的组合构成。这是对品牌最直接的表述,也是一种狭义的理解。而到了信息时代的社会,品牌对于企业来讲更是成为企业创造核心竞争力的战略措施,从更深层次的角度来讲,品牌是对企业整体的诠释,代表了企业和产品形象。

品牌的功能有识别功能、信息功能、担保功能和价值功能。

（1）汽车品牌的意义

汽车品牌既是消费者选择的线索，也是汽车价值的体现。当消费者受时间和空间的限制时，只有根据品牌所提供的信息来选择自己所需要的汽车。特别是当消费者已经心仪于某种汽车品牌的时候，汽车品牌无疑就成了名副其实的导购。

（2）品牌是汽车价值的体现

品牌不但代表着汽车的车型，而且代表着汽车的价值和附加价值，是汽车功能、质量、信誉和形象的综合反映，是汽车生产厂家对消费者提供的价值保证。品牌知名度和认知度、品牌美誉度和忠诚度，以及其他与品牌有关的价值因素，都是构成品牌价值的重要因素。显然，品牌并不只是消费者选择的线索，而且是消费者价值判断的重要依据。

由于品牌具有价值，可以使产品卖出更好的价钱，为企业创造更大的市场；品牌相比于一款新车，具有持久的生命力，一辆汽车的交易是一次性的，一个优秀品牌则会赢得顾客一生的信赖。好的品牌可以创造牢固的客户关系，形成稳定的市场，这就是品牌的价值所在。

从市场营销的角度看，品牌因形象设计而获得价值，因商标注册而得到保值，因广告宣传而不断增值，因汽车消费等而持续增值，随着品牌知名度和美誉度的不断提高，文化的品牌甚至可以超过物质的汽车而成为企业价值连城的无形资产。在世界汽车行业，宝马、奔驰、丰田、通用等无疑是最有价值的品牌，价值高达上百亿美元。

2. 品牌营销的策划

品牌营销是使商标转化为名称，名称转化为品牌，进而品牌转化为强劲品牌的过程。是通过强劲品牌的建立，扩大企业规模，增大市场占有率，提高投入产出效益，提升产品附加值，建立和巩固企业核心竞争力，实现"你卖不出去，我能卖出去，你卖的少，我卖的多，你卖的便宜，我卖的贵"。

因此，品牌营销策划是对品牌从建立到传播再到扩展的全过程设计，它包括创造品牌的核心价值，找到品牌的核心生命点、确定品牌的定位、建立品牌识别系统和实施品牌策略等方面。

（1）创造品牌的核心价值，找到品牌的核心生命点

品牌核心价值是凝结在产品和服务当中的，能够体现消费者核心利益的价值主张。这些核心理念代表了品牌给予消费者的核心利益点，并且引发消费者的情感共鸣；确定品牌的定位。品牌定位是对品牌核心价值的具体化，是确立产品功效和产品形象所针对的消费群体和特定的消费需求。品牌定位的方法很多，差异化策略用得多一些，主要工作是分析自己的目标消费群，针对目标消费群来准确定位。目标人群找得准确，品牌才可能定位准确。品牌定位体现特定的消费需求，即使在同一市场上，也表现出差异性。

（2）建立品牌识别系统

①品牌识别系统是名称、名词、符号和设计的组合。名称（文字）和图形是品牌的核心要素。

②确定车标，品牌和商标用来标志并识别车型的符号还有车标。品牌和商标好似一棵大树，可以容纳门类不同的汽车车型，而车标则是一个标签，只是为某一种车型专门设计的，更多的是为产品的定位和产品形象而设计，如图4-5、图4-6所示为宝马和奔驰的车标。

图4-5 宝马品牌

③取得产品的商标。品牌是产品的标识，商标从原本意义上讲也是产品的标记，但在使用中，商标通过注册成为商标权，具有法律上的意义。按照我国的商标法，商标经过注册后

的注册商标属于工业产权的一种,受法律保护,具有独占性和排他性。商标不但具有品牌所具有的所有职能,而且具有品牌所不具有的特殊职能,即保护汽车品牌、积累无形资产的职能。

④主标与副标。一般来说,企业名称是为主标,汽车品牌是为副标,从市场营销的角度看,企业品牌与汽车品牌应当具有统一性。只有这样才能做到,"宣传企业就是宣传汽车,宣传汽车也是宣传企业"。现在,统一化已经成为一种著名的品牌策略。

图4-6 奔驰品牌

(3)实施品牌策略

汽车品牌策略中包括品牌设计策略,品牌设计包含品牌体系规划、企业形象规划、产品形象规划等;品牌定位策略主要从形象、观念、价格定位和功效定位等几个方面考虑;品牌管理策略中,常用的有生产品牌与销售者品牌、同一品牌与个别品牌、多重品牌等。对于汽车产品来说,积极的品牌管理有锁定极具潜力的客户群,突破购买瓶颈,扩大消费者的利益,做好对消费者的宣传。

 **任务实施**

一、新产品开发方式

1. 独立开发

采用独立开发可使企业依靠自己的力量研究开发新产品,这种方式可以紧密结合企业的特点,并使企业在某一方面具有领先地位,但独立开发需要较多的开发费用。

2. 引进开发

采用这种方式不仅可以缩短开发新产品的时间,节约开发费用,而且可以促进技术水平和生产效率的提高,但要注意引进技术与企业自身条件之间的适应性。

3. 采用开发与引进相结合

就是在新产品开发的方式上采取两条腿走路,既重视独立开发又重视技术引进,二者相互结合,互为补充会产生更好的效果。

二、新产品品牌定位

①建立该产品的品牌。

②品牌营销策划,通过强劲品牌的建立,扩大企业规模,增大市场占有率,提高投入产出效益,提升产品附加值,建立和巩固企业核心竞争力。

三、从产品生命周期方面考虑产品策略

①该品牌属于产品导入期。

②导入期的产品刚刚下线,产量低,技术不完善;汽车消费者对汽车新产品不够了解,销售量低、销售增长率小;费用及成本高,利润低,有时甚至亏损。

③导入期的销售策略包括快速掠取策略、缓慢掠取策略、快速渗透策略、缓慢渗透策略。

四、扩大产品组合策略

①加深汽车产品组合的深度,可以占领同类汽车产品更多的市场,迎合更多购车者的不同需要和偏好。

②扩大汽车产品组合的广度,一个汽车企业根据其生产设备和技术力量的限制,必须充分利用企业的各项资源来扩大汽车产品组合的广度。

③加强汽车产品组合的相容度,一个汽车企业的汽车产品应尽可能地相互配套,如汽车内饰、汽车涂料等。加强产品组合的相容度,可提高汽车企业在本行业或某一地区的声誉。

五、对该产品进行改进

对汽车产品不断地进行改进使汽车产品不断地适应市场的发展变化和某一些地区的特殊要求,以此来扩大销售。

任务工作单

学习情境四:实施汽车市场4P策略 工作任务一:实施汽车产品策略	班级			
	姓名		学号	
	日期		评分	

一、工作单内容

对一款汽车产品进行产品分析,并制定产品策略。

二、准备工作

说明:每位学生应在工作任务实施前独立完成准备工作。

1. 汽车市场的4P营销理论包括_____、_____、_____、_____以及_____。

2. 产品组合是指一个营销者所营销的全部产品的结构,它包括所有的_____和_____,如不同_____的_____等。

3. 汽车产品组合策略就是根据汽车企业的预定目标,对汽车产品组合的_____、_____和_____进行决策,确定一个最佳的汽车产品组合。

4. 汽车产品的生命周期包括_____、_____、_____和_____。

5. 汽车品牌指的是_____。

三、任务实施

1. 准备好该汽车产品的资料。

2. 了解该产品所处的产品周期。

3. 针对所处的产品周期制定营销策略。

4. 根据市场需求对该产品进行改进。

四、工作小结

1. 新产品开发有几种方法,这些方法有什么区别?

2. 新产品开发都有哪些必经的程序?

3. 产品导入期有什么特点,针对这些特点应该制定什么策略?

4. 建立品牌识别系统的步骤有哪些?

工作任务二　实施汽车价格策略

1. 应知应会

通过本工作任务的学习与具体实施,学生应学会下列知识:

(1)汽车产品定价的概述及其主要的影响因素。

(2)汽车产品的基本定价方法(成本导向定价法、市场需求导向定价法、竞争导向定价法)。

(3)汽车产品的价格策略(新产品定价、产品组合定价、折扣定价、心理定价、产品生命周期定价)。

(4)价格调整(企业调价的原因、各方对价格变化的反应、企业应对调价的对策)。

应该掌握下列技能:

能够初步实施汽车价格策略。

2. 学习要求

(1)在每个任务单元的学习过程中,完成相关任务工作单的填写,并通过课程网络及时提交给相关教师。任务工作单提交方法详见课程网站。

(2)在每个情境实施阶段的中期或后期,按要求填写工作单。本情境学习结束后,按要求填写学生考核记录表,进行自我评价后交小组长,小组长评价后连同工作单统一交教师。

(3)每个情境学习到小结环节时,个人进行任务完成情况的小结。教师对小组抽查,被抽查的个人上台进行讲评。

一、汽车产品定价的概述及其主要影响因素

随着现代汽车工业的迅猛发展,汽车行业之间竞争也越来越激烈,也越来越多元化,汽车价格既是调节市场供需的杠杆,也是汽车产品进入市场的门槛。

1. 汽车价格的构成

汽车价格的构成主要包括生产成本、流通费用、国家税金、汽车企业利润等。

生产成本是汽车价格形成的基础,也是制定汽车价格的重要依据,流通费用是发生在汽车从汽车生产企业向最终消费者移动过程各个环节之中的,是正确制定同种汽车差价的基础,国家税金税率的高低直接影响汽车的价格,国家对汽车企业开征有增值税、所得税、营业税等,在汽车产品的流通过程中还有消费税和购置税,汽车企业利润是企业进行生产的目标,企业只有通过赢利才能扩大规模再生产,从而获得更大的利润价值。

2. 汽车价格的类型及定价影响因素

从汽车市场营销角度来看,汽车价格组成类型包括汽车出厂价格、汽车批发价格和汽车销售价格。

汽车出厂价格 = 汽车生产成本 + 汽车生产企业的利税

汽车批发价格 = 汽车生产成本 + 汽车生产企业的利税 +
　　　　　　　汽车批发流通费用 + 汽车批发企业的利税

$$汽车直售价格 = 汽车生产成本 + 汽车生产企业的利税 +$$
$$汽车直售费用 + 汽车直售企业的利税$$

一般来说,汽车产品定价的上限通常取决于市场需求,下限取决于该产品的成本、费用等。在上限和下限内如何确定价格水平,则取决于汽车企业的定价目标、政府的政策、法规和竞争同类产品的价格。

汽车企业的定价目标主要有以下六个方面:①维持生存;②追求利润(当期利润最大化、目标利润、适当利润目标);③销售量/市场占有率最大化;④产品质量最优化;⑤应付和防止竞争;⑥保持良好的分销渠道。

汽车价格并非恒定不变,汽车产品价格的高低主要取决于汽车产品中包含的价值量的大小。一般来说我们可以把这些因素区分为企业的外部因素和内部因素。

(1)外部因素

外部因素主要有市场供求情况、竞争情况、政策环境和社会环境、消费心理、价格弹性等。

汽车产品的价格与供求的关系十分密切。当市场价格偏高时,需求量将会下降,生产者则会因价格上升加大供给量,市场上将会出现供过于求的状况,从而造成销售者之间竞争加剧,结果迫使市场价格下降。但当市场价格偏低时,需求量将会上升,生产者则会由于价格下降而减少供给量,市场上又会出现供不应求的状况,从而造成购买者之间的竞争加剧,结果又必然会导致价格上升。

根据企业之间竞争的程度不同,企业定价策略会有所不同。在完全竞争条件下,买者和卖者都大量存在,产品都是同质的,买方和卖方都不能对产品价格施加影响,只能在市场既定价格下从事生产和交易。在完全垄断竞争情况下,交易的数量与价格由垄断者单方面决定,完全垄断在现实中也很少见。不完全竞争介于完全竞争与完全垄断之间,它是现实中存在的典型的市场竞争状况,汽车市场属于寡头垄断竞争。不完全竞争条件下,随着买者和卖者数量的不断增加,垄断程度逐渐减弱,竞争程度不断增强,买卖各方获得的市场信息也是不充分的,因此企业的定价策略有比较大的回旋余地,它既要考虑竞争对象的价格策略,也要考虑本企业定价策略对竞争态势的影响。

消费者的心理因素对价格的影响主要表现在人们对汽车产品的预期价格上,即在心目中认为这种汽车应该值多少钱,因此,企业在制定或调节汽车产品的价格时,必须认真分析消费者的心理。任何一件商品都是为消费者服务的,消费者在购买汽车时往往受到不同心理倾向支配。如自我感觉优越心理、追求时尚心理、炫耀心理等,不同的消费心理对汽车产品的价格有不同的要求。企业只有在研究掌握了不同的消费心理之后,才能制定出最佳的汽车产品价格。

对于影响需求价格的弹性因素,包括产品本身的性质、产品的可替代性、产品在消费者支出中所占的比例、产品需求的时间性、文化价值的取向或偏向等等。

汽车产品价格的制定还受到其他营销组合的影响。对于新建的中小型汽车生产企业,或者知名企业的汽车产品处于导入期和成长期,价格可定得高一些,而处于成熟期和衰退期的生产企业的汽车产品定价则应相对低一些。质量好、性能好、品牌知名度高的汽车产品的价格可以定的高一些;反之,则必须定得低一些。当企业用于广告或其他方面的费用支出较多时,价格应相应提高;反之,汽车产品的价格就可以定低一些。可见,汽车产品的定价不能脱离其他营销因素而单独决定。

（2）内部因素

内部因素主要有生产成本、产品特性、产品生命周期等。

内在因素中，成本是商品价值的基本部分。汽车产品的生产成本是指汽车企业为研究开发、生产和销售汽车产品所支付的全部实际费用以及企业为其产品承担风险所付出的代价的总和。实际上，一种车型、一种配置的价格，往往在其设计阶段就已经确定下来了。既然车型决定价格，因此，通过改变车型和配置来改变价格，已经成为一种基本的价格策略。

产品质量是产品价值的重要组成部分。因此，分级定价、优质优价，即"一分价钱一分货"，是一个重要的和基本的定价原则。但是，市场是多变的，消费者对汽车质量与价格的认识和看法也是有差异的。就质量与价格的组合方式，可以有4种形式：优质—优价，优质—低价，低质—低价，低质—优价，不同的产品适用不同的组合方式，不同组合方式可以带来不同的市场效果。优质—优价适合于高档豪华轿车，消费者追求的精良的品种，并认可不菲的价格；优质—低价适合于中低档轿车，讲求物超所值，这一层次的消费者往往希望以较低的价格得到相对较高品质的轿车，追求的是超值的性价比；低质—低价适用于低档车型，明明白白地告诉消费者产品价格低，产品的品质也不高，能用就行，对那些买车主要用于代步，或作为过渡期使用的车主，不求车好，只求价低；而低质—优价是以较低的品质的车卖出高价，作为一种策略，目前在中国的汽车市场几乎无法通行，除非是以次充好，假冒盗牌的汽车产品，属于商品欺诈行为，是不可取的。

汽车产品的生命周期是指某种车型从投放市场开始，到被市场淘汰为止，所经历的整个过程。汽车产品处在不同的寿命周期阶段会有与之对应的不同策略安排。

（3）其他因素

其他因素包括政策法规因素、消费文化因素、企业或产品的形象因素等。政府为了维护经济秩序或其他目的，可能通过立法或者其他途径对企业的价格策略进行干预。政府的干预包括规定最高、最低限价，限制价格的浮动幅度或者规定价格变动的审批手续以及实行价格补贴等。随着市场运行机制的不断完善，国家对企业定价的干预将越来越多地运用经济手段来实现。在现阶段，我国的商品市场价格不仅要受到国家相关价格政策的直接影响，而且国家的投资政策、科技发展政策、劳动工资政策、税收政策等也会对产品价格产生多方面的影响。因此，企业在定价过程中要综合考虑国家政策对产品供求关系和产品价格的直接或间接影响。企业要严格遵守国家的价格政策，在政策允许的范围内行使定价权力，坚持按质定价、优质优价、劣质低价的原则，以维护消费者的利益，促使改善经营管理，提高产品质量。

有时企业根据企业理念和企业形象设计的要求，需要对产品价格做出限制。例如，企业为了树立热心公益事业的形象，会将某些有关公益事业的汽车产品价格定得较低；而为了形成高贵的企业形象，将某些汽车产品价格定得较高。

二、汽车产品的基本定价方法

1. 汽车成本导向定价法

汽车成本导向定价法包括汽车成本加成定价法、目标利润定价法和汽车目标成本定价法3种。

①汽车成本加成定价法是一种最简单的汽车定价方法，即在单台汽车成本的基础上，加

上一定比例的预期利润作为汽车产品的售价。此定价法主要适用于汽车生产经营处于合理状态下的企业和供求大致平衡、成本较稳定的汽车产品。

②汽车加工成本定价法是将汽车企业成本分为外购成本与新增成本后分别进行处理,并根据汽车企业新增成本来加成定价的方法。对于外购成本企业只垫付资金,只有企业内部生产过程中的新增成本才是企业自身的劳动耗费。因此,按汽车企业内部新增成本的一定比例计算自身劳动耗费和利润,按汽车企业新增价值部分缴纳增值税,使汽车价格中的赢利同汽车企业自身的劳动耗费成正比,是汽车加工成本定价法的要求。其计算公式如下:

$$汽车价格 = \frac{外购成本 + 汽车加工新增成本 \times (1 + 汽车加工成本利润率)}{1 - 加工增值税率}$$

式中:汽车加工成本利润 = 要求达到的总利润/加工新增成本 × 100%。

加工增值税率 = 应纳增值税金总额/(销售总额 - 外购成本总额) × 100%

这种汽车加工成本定价法主要适用于加工型汽车企业和专业化协作的汽车企业。此方法既能补偿汽车企业的全部成本,又能使协作企业之间的利润分配和税收负担合理化,避免按汽车成本加成法定价形成的行业之间和协作企业之间利益不均的弊病。

③汽车目标成本定价法是指汽车企业经过一定努力,以预期能够达到的目标成本为定价依据,加上一定的目标利润和应纳税金来制定汽车价格的方法。这里,目标成本与定价时的实际成本不同,它是企业在充分考虑未来营销环境变化的基础上,为实现企业的经营目标而拟定的一种"预期成本",一般都低于定价时的实际成本。其计算公式如下:

$$汽车价格 = \frac{汽车目标成本 \times (1 + 汽车目标成本利润率)}{(1 - 税率)}$$

式中:汽车目标成本利润率 = $\frac{要求达到的总利润}{(目标成本 \times 目标产销量)} \times 100\%$。

汽车目标成本定价法是为谋求长远和总体利益服务的,较适用于经济实力雄厚、生产和经营有较大发展前途的汽车企业,尤其适用于新产品的定价。采用汽车目标成本定价法有助于汽车企业开拓市场、降低成本、提高设备利用率,从而提高汽车企业的经济效益和社会效益。

2. 汽车需求导向定价法

汽车需求导向定价法包括理解价值定价法和反向定价法。所谓理解价值定价法,就是汽车企业按照买主对汽车价值的理解来制定汽车价格,而不是根据汽车企业生产汽车的实际价值来定价,其方法是先从汽车的质量、提供的服务等方面为汽车在目标市场上定价,决定汽车所能达到的售价;再由汽车销量算出所需的汽车生产量、投资额及单位汽车成本计算该汽车是否能达到预期的利润,以此来确定汽车价格是否合理,并进一步判明该汽车在市场上的命运如何。

反向定价法是指企业依据消费者能够接受的最终销售价格,计算自己从事经营的成本和利润后,逆向推算出产品的批发价和零售价。这种定价方法不以实际成本为主要依据,而是以市场需求为定价出发点,力求使价格为消费者所接受。分销渠道中的批发商和零售商多采取这种定价方法。

企业一般在两种情况下采用反向定价策略,一是为了应付竞争,价格是竞争的有力工具,企业为了同市场上的同类产品竞争,在生产之前,先调查产品的市场价格及消费者的反应,然后制定消费者易于接受又有利于竞争的价格,并由此决定产品的设计和生产;另一种是为了推出新产品。企业在推出新产品之前,通过市场调查,了解消费者的购买力,拟定市场上可以接受的价格,以保证新产品上市时能旗开得胜,销路畅通。

3. 汽车竞争导向定价法

①随行就市定价法。随行就市法,即以同类汽车产品的价格作为汽车企业定价的基础。这种方法适合汽车企业在难于对顾客和竞争者的反应做出准确的估计,而自己又难以另行定价时使用。

②相关商品比价法。当汽车产品与标准品相比,成本变化与质量变化方向程度大致相似时,实行"按值论价",即:

$$汽车价格 = 标准品价格 \times (1 + 成本差率)$$

③投标定价法。在汽车和劳务交易中,采用招标、投标的方式,由一个卖主(或买主)对两个以上相互竞争的潜在买主(或卖主)出价(或要价),择优成交的定价方法称为竞争投标定价法,其特点是招标方只有一个,处于相对垄断的地位,而投标方往往有多个,处于相对竞争的地位。

三、汽车产品的价格策略

汽车价格竞争是一种十分重要的汽车营销手段。在激烈的汽车市场竞争中,汽车企业为了实现自己的营销战略和目标,必须根据产品特点、市场需求及竞争情况,采取各种灵活多变的汽车定价策略,使汽车定价策略与汽车市场营销组合中的其他策略更好地结合,促使和扩大汽车销售,提高汽车企业的整体效益。

1. 汽车新产品定价策略

在激烈的汽车市场竞争中,汽车企业开发的汽车新产品能否及时打开销路、占领市场和获得满意的利润,除了汽车新产品本身的性能、质量及必要的汽车市场营销手段和策略之外,还取决于汽车企业是否能选择正确的定价策略。汽车新产品定价有3种基本策略。

(1)撇脂定价策略

这是一种汽车高价保利策略,是指在汽车新产品投放市场的初期,将汽车价格定得较高,以便在较短的时期内获得较高的利润,尽快地收回投资。

这种汽车定价策略的优点是汽车新产品刚投放市场,需求弹性小,尚未有竞争者,因此,只要汽车新产品能超群、质量过硬,就可以采取高价,来满足一些汽车消费者求新、求异的消费心理。由于汽车价格较高,因而可以使汽车企业在较短时期内取得较大利润。定价较高,便于在竞争者大量进入市场时主动降价,增强竞争能力,同时,也符合顾客对价格由高到低的心理。

这种汽车定价策略的缺点是在汽车新产品尚未建立起声誉时,高价不利于打开市场,一旦销售不利,汽车新产品就有夭折的风险。如果高价投放市场销路旺盛,很容易引来竞争者,从而使汽车新产品的销路受到影响。

这种汽车定价策略一般适应以下几种情况:

①汽车企业研制、开发的这种技术新、难度大、开发周期长的汽车新产品,用高价也不怕竞争者迅速进入市场。

②这种汽车新产品有较大市场需求。由于汽车是一次购买,享用多年,因而高价市场也能接受。

③高价可以使汽车新产品一投入市场就树立起性能好、质量优的高档品牌形象。

(2)渗透定价策略

这是一种汽车低价促销策略,是指在汽车新产品投放市场时,将汽车价格定得较低,以便使汽车消费者容易接受,很快打开和占领市场。

这种汽车定价策略的优点是:一方面,可以利用低价迅速打开新产品的市场销路,占领市场,从多销中增加利润;另一方面,低价又可以阻止竞争者进入,有利于控制市场。

这种汽车定价策略的缺点是:投资的回收期较长,见效慢,风险大,一旦渗透失利,企业就会一败涂地。

这种汽车定价策略一般适应于以下几种情况:

①制造这种汽车新产品所采用的技术已经公开,或者易于仿制,竞争者容易进入该市场。利用低价可以排斥竞争者,占领市场。

②投放市场的汽车新产品,在市场上已有同类汽车产品,但是,生产汽车新产品企业比生产同类汽车产品企业拥有较大的生产能力,并且该产品的规模效益显著,大量生产定会降低成本,收益有上升趋势。

③该类汽车产品在市场中供求基本平衡,市场需求对价格比较敏感,低价可以吸引较多顾客,可以扩大市场份额。

以上两种汽车定价策略各有利弊,选择哪一种策略更为合适,应根据市场需求、竞争情况、市场潜力、生产能力和汽车成本等因素综合考虑。各种因素的特性及影响作用如表4-2所示。

汽车撇脂定价策略与渗透定价策略选择标准 表4-2

两种汽车定价策略选择标准	撇脂定价策略	渗透定价策略
汽车市场需求水平	高	低
与同类竞争汽车产品的差别性	较大	不大
汽车价格需求弹性	小	大
汽车企业生产能力扩大的可能性	小	大
汽车消费者购买力水平	高	低
汽车产品目标市场潜力	不大	大
汽车产品仿制的难易程度	难	易
汽车企业投资回收期长短	较短	较长

这是一种介于撇脂定价策略和渗透定价策略之间的汽车定价策略。所定的价格比撇脂价格低,而比渗透价格要高,是一种中间价格。这种汽车定价策略由于能使汽车生产者和消费者都比较满意而得名。由于这种价格介于高价和低价之间,因而比前两种定价策略的风险小,成功的可能性大。但有时也要根据市场需求、竞争情况等因素进行具体分析。

2.针对汽车产品组合的定价策略

一个汽车企业往往不只生产一种产品,常常会有多个系列的多种产品同时生产和销售,这同一企业的不同种汽车产品之间的需求和成本是相互联系的。但同时它们之间又存在着一定程度的"自相竞争",因而,这时候的企业定价就不能只针对某一产品独立进行,而要结合相关联的一系列的产品,组合制定出一系列的价格,使整个产品组合的利润最大化。这种定价主要有以下两种情况:

(1)同系列汽车产品组合定价策略

这种定价策略即是要把一个企业生产的同一系列的汽车作为一个产品组合来定价。在其中确定某一车型的较低价格,这种低价车可以在该系列汽车产品中充当价格明星,以吸引消费者购买这一系列中的各种汽车产品;同时又确定某一车型的较高价格,这种高价可以在该系列汽车产品中充当品牌价格,以提高该系列汽车的品牌效应。

同系列汽车产品组合定价策略与分级定价策略有部分相似,但前者更注意系列汽车产品作为产品组合的整体化,强调产品组合中各汽车产品的内在关联性。

(2)附带选装配置的汽车产品组合定价策略

这种定价策略即指将一个企业生产的汽车产品与其附带的一些可供选装配置的产品看作一个产品组合来定价。譬如汽车消费者可以选装该汽车企业的电子开窗控制器、扫雾器和减光器等配置。汽车企业首先要确定产品组合中应包含的可选装配置产品,其次再对汽车及选装配置产品进行统一合理的定价。如汽车价格相对较低,而选装配置的价格相对稍高一些,这样既可吸引汽车消费者,又可通过选装配置来弥补汽车的成本,增加企业利润。附带选装配置的产品组合定价策略一般适用于有特殊、专用汽车附带选装配置的汽车。

3. 折扣和折让定价策略

在汽车市场营销中,企业为了鼓励顾客及早付清货款、大量购买、淡季购买,还可以酌情降低其基本价格。这种价格调整叫价格折扣。灵活运用折扣和折让策略,是提高汽车企业经济效益的重要途径。具体来说,折扣和折让分以下5种。

(1)数量折扣

数量折扣是根据买方购买的汽车数量多少,分别给以不同的折扣。买方购买的汽车的数量越多,折扣越大。

(2)现金折扣

现金折扣是对按约定日期提前付款或按期付款的买主给予一定的折扣优惠价,目的是鼓励买主尽早付款以利于资金周转。运用现金折扣应考虑三个因素:一是折扣率大小;二是给予折扣的限制时间长短;三是付清货款期限的长短。例如,顾客在30天内必须付清货款,如果10天内付清货款,则给以2%的折扣。

(3)交易折扣

交易折扣是汽车企业根据各个中间商在市场营销活动中所担负的功能不同,而给予不同的折扣,所以也称"功能折扣"。如运输、仓储、售后服务的分工等。

(4)时间折扣

时间折扣有两层含义:一是季节折扣;二是时断折扣。

季节折扣是指在汽车销售淡季时,给购买者一定的价格优惠,目的在于鼓励中间商和消费者购买汽车,减少库存,节约管理费,加速资金周转。季节折扣率应不低于银行存款利率。时段折扣是在一些特定的时段,如开业当天,展览会期间,周年庆典期间等时段内给予一定比例的折扣优惠。

(5)运费让价

运费是构成汽车价值的重要部分,为了调动中间商或消费者的积极性,汽车企业对他们的运输费用给予一定的津贴,支付一部分甚至全部运费。

因而,企业在实行折扣和折让定价策略时要考虑竞争者实力、折扣成本、企业流动资金成本、消费者的折扣心理等多方面的因素,并注意避免市场内同种商品折扣标准的混乱,才能有效地实现经销目标。

4. 针对汽车消费者心理的定价策略

这是一种运用营销心理学原理,根据各种类型顾客购买商品时的心理动机制定价格,引导和刺激购买的价格策略。每一品牌汽车都能满足汽车消费者某一方面的需求,汽车价值与消费者的心理感受有着很大的关系。这就为汽车心理定价策略的运用提供了基础,使得汽车企业在定价时可以利用汽车消费者心理因素,有意识地将汽车价格定得高些或低些,以满足汽车消费者心理的、物质的和精神的多方面需求,获得最大效益。具体的心理定价策略如下:

(1) 整数定价策略

在高档汽车定价时,往往把汽车价格定成整数,不带尾数。凭借整数价格来给汽车消费者造成汽车属于高档消费品的印象,提高汽车品牌形象,满足汽车消费者某种心理需求。

整数定价策略适用于汽车档次较高,需求的价格弹性比较小,价格高低不会对需求产生较大影响的汽车产品。由于目前选购高档汽车的消费者都属于高收入阶层,自然会接受较高的整数价格。

(2) 尾数定价策略

尾数定价策略是与整数定价策略正好相反的一种定价策略,是指汽车企业利用汽车消费者求廉的心理,在汽车定价时,不取整数、而带尾数的定价策略。如某款家用轿车定价为9.98万元。这种带尾数的汽车价格给汽车消费者直观上一种便宜的感觉。同时往往还会给消费者一种汽车企业经过了认真的成本核算才定价的感觉,可以提高消费者对该定价的信任度,从而激起消费者的购买欲望,促进汽车销售量的增加。

尾数定价策略一般适用于汽车档次较低的经济型汽车。经济型汽车价格的高低自然会对需求产生较大影响。

(3) 声望定价策略

根据汽车产品在消费者心目中的声望、信任度和社会地位来确定汽车价格的一种汽车定价策略。声望定价策略就高不就低,如将近20万元的车不是定在19万多,而是定在20万元以上,表明是20万元档次的车。声望定价可以满足某些汽车消费者的特殊欲望。如地位、身份、财富、名望和自我形象等,还可以通过高价格显示汽车的名贵优质。有报道称,在美国市场上,质高价低的中国货常竞争不过相对质次价高的韩国货,其原因就在于美国人眼中低价就意味着低档次。

声望定价策略一般适用于具有较高知名度、有较大市场影响的著名品牌的汽车。

(4) 招徕定价策略

这是指将某种汽车产品的价格定得非常之高,或者非常之低,以引起消费者的好奇心理和观望行为,来带动其他汽车产品的销售的一种汽车定价策略。如某些汽车企业在某一时期推出某一款车型降价出售,过一段时期又换另一种车型,以此来吸引顾客时常关注该企业的汽车,促进降价产品的销售,同时也带动同品牌其他正常价格的汽车产品的销售。

招徕定价策略常为汽车超市、汽车专卖店所采用。

(5) 分级定价策略

这是指在定价时,把同类汽车分为几个等级,不同等级的汽车,采用不同价格的一种汽车定价策略。这些不同等级的汽车若同时提价,对消费者的质价冲击不会太大。这种定价策略可以使消费者产生按质论价、货真价实的感觉,比较容易被消费者所接受。

分级定价策略中等级的划分要适当,级差不能太大或太小。否则,起不到应有的分级效果。

5. 针对汽车产品寿命周期的定价策略

在汽车产品寿命周期的不同阶段，汽车定价的三个要素成本、消费者和竞争者都会发生变化，因此，汽车定价策略要适合时宜、要保持有效，必须早有所调整。

（1）导入期

汽车消费者在起初接触汽车新产品的价格敏感性与他们长期的汽车价格敏感性之间是没有联系的。大多数消费者对新产品的价格敏感性相对较低，因为他们倾向于把汽车价格作为衡量汽车质量的标志，而且，此时没有可作对比的其他品牌汽车。但不同的汽车新产品进入市场，反应是有很大差异的。

（2）成长期

在成长期，消费者的注意力不再单纯停留在汽车产品的效用上，开始比较不同汽车品牌的性能和价格，汽车企业可以采取汽车产品差别化和成本领先的策略。一般来说，成长期的汽车价格最好比导入阶段的价格低。因为消费者对产品了解增加，价格敏感性提高。但对于那些对价格并不敏感的市场，不应使用渗透定价。尽管这一阶段竞争加剧，但行业市场的扩张能有效防止价格战的出现；然而，有时汽车企业为了赶走竞争者，也可能会展开价格战。如美、日、韩三国的汽车企业就是在美国汽车市场走向成长期时才爆发价格战的。

（3）成熟期

成熟期的汽车有效定价着眼点不是努力挣得市场份额，而是尽可能地创造竞争优势。这时候注意不要再使用捆绑式的销售，因为那样只会使组合汽车产品中一个或几个性能更好的汽车产品难以打开市场。这时，市场为基本汽车产品定价的可调范围缩小，但可以通过销售更有利可图的辅助汽车产品或优质服务来调整自己的竞争地位。

（4）衰退期

衰退期中很多汽车企业选择降价，但遗憾的是，这样的降价往往不能刺激起足够的需求，结果反而降低企业的盈利能力。衰退期的汽车定价目标不是赢得什么，而是应在损失最小的情况下退出市场，或者是保护甚至加强自己的竞争地位。一般，有三种策略可供选择：紧缩策略、收缩策略和巩固策略。它们的含义分别是：将资金紧缩到自己力量最强、汽车生产能力最强大的汽车生产线上；通过汽车定价，获得最大现金收入，然后退出整个市场；加强自己的竞争优势，通过削价打败弱小的竞争者，占领他们的市场。

四、价格调整

1. 企业调价原因

（1）降价

采用直接降价策略，可刺激用户的购买欲，提高产品销量。但若降价时机选择不好，降价方式不适当，或宣传力度不够，也会产生不良影响。采用增加价外费用支出和服务项目、赠送礼品、开展"展销优惠月"、给予各种价格折扣等间接降价策略可缓解价格竞争，避免误导消费者，促进产品销售，是常用的降价方式。

企业降价的主要原因包括：生产能力过剩，产品积压；维持或提高市场占有率；产品生产成本下降和竞争产品降价等等。

（2）提价

消费者往往存在"买涨不买跌"的心理。如果提价时机好，促销广告宣传有力，提价有时反而会激发消费者购买欲望,增加产销量。

企业提价的原因主要包括:通货膨胀导致成本上升;产品供不应求,在通货膨胀条件下,除直接提高产品实际价格外,企业还可采用以下变相提价的方式;推迟报价;在合同中规定按物价指数调价的条款;将原来低价或免费提供的服务分解出来,单独定价;降低价格折扣;采用低价原料或配件,或采用廉价包装材料,或减少产品的功能、服务和分量,或降低产品质量等。

2. 顾客对企业调价的反应

①对降价的有利反应是认为企业让利于顾客,不利的反应是认为产品过时、有缺陷、企业资金周转困难等,从而使购车者产生价格进一步下跌的预期等。

②对提价的有利反应是认为汽车产品质量提高,或出现了产品供不应求的状况,不及时买就可能买不到,购车者产生了价格可能继续上升等想法。不利反应是认为企业想要获取更多的利润,从而使购车者产生了反感情绪,降低了对该产品的购买积极性。

3. 企业调价对竞争者的影响

在异质产品市场上,竞争者一般不会追随企业的调价。

在同质产品市场上,竞争者通常追随企业的调价。但不同的竞争者反应的模式不尽相同。反应模式因竞争者的经营目标、经济实力、一贯作风等因素不同而不同。因此,企业应根据对竞争者有关特点的分析,预测竞争者可能做出的反应。

4. 企业对竞争者调价的对策

在异质产品市场上,对竞争者的调价,企业做出反应的自由度很大。而在同质市场上,竞争者提价时,企业可以提价也可以不提价。但如果竞争者降价,企业通常只能降价。因此,在企业身处同质市场的情况下,应密切关注竞争者的降价动向。

在同质产品市场上,对竞争者的降价行动,企业可以选择的对策主要有维持原价,但改进产品、增加服务等;追随降价;推出价格更高的新品牌攻击竞争者的降价品牌和推出更廉价的产品进行竞争。

一、确定汽车价格基本构成

①汽车生产成本。
②汽车从生产企业向最终消费者移动过程产生的流通费用。
③国家通过法令规定对汽车产品征收的税金。
④汽车企业利润。

二、考虑汽车定价影响因素

1. 外部因素
①市场中汽车产品的供求关系。
②市场竞争因素及消费者心理因素。
③产品本身的性质和可替代性及产品需求的时间性。
④产品在消费者支出中所占的比例,及其文化价值的取向。

2. 内部因素
①生产成本。
②汽车的车型与配置。
③汽车的市场价值。
④汽车产品的寿命周期。

3. 其他因素
①政策法规。
②消费文化。
③企业及产品的形象等因素。

三、使用汽车产品基本定价方法

①汽车成本导向定价法。
②汽车竞争导向定价法。
③汽车需求导向定价法。

四、汽车产品价格策略

1. 汽车新产品定价策略
①撇脂定价,在汽车新产品投放市场的初期,将汽车价格定得较高。
②渗透定价,在汽车新产品投放市场时,将汽车价格定得较低。
③满意定价策略,将价格定在撇脂价格和渗透价格之间。

2. 针对汽车产品组合的定价策略
企业定价不能只针对某一产品独立进行,而要结合相关联的一系列的产品,组合制定出一系列的价格,使整个产品组合的利润最大化。
这种定价策略主要有,同系列汽车产品组合定价策略和附带选装配置的汽车产品组合定价策略两种。

3. 折扣和折让定价策略
①数量折扣,包括累计数量折扣和非累计数量折扣,买方购买的汽车的数量越多,折扣越大。
②现金折扣,对按约定日期提前付款或按期付款的买主给予一定的折扣优惠价。
③交易折扣,根据各个中间商在市场营销活动中所担负的功能不同,而给予不同的折扣。
④时间折扣,在汽车销售淡季或是在一些特定的时段,给购买者一定的价格优惠。
⑤运费让价,汽车企业对中间商或消费者的运输费用给予一定的津贴,支付一部分甚至全部运费。

4. 针对汽车消费者心理的定价策略
①整数定价,在高档汽车定价时,往往把汽车价格定成整数。
②尾数定价,在汽车定价时,不取整数、而带尾数的定价策略。
③声望定价,根据汽车产品在消费者心目中的声望、信任度和社会地位来确定汽车价格。
④招徕定价,将汽车产品价格定得非常高或非常低,以引起消费者的好奇和观望,带动其他汽车产品的销售。
⑤分级定价,把同类汽车分为几个等级,采用不同价格。

五、对汽车价格进行适度调整

①企业调价原因。
②顾客对企业调价的反应。
③竞争者对企业调价的反应。
④企业对竞争者调价的对策。

 任务工作单

学习情境四:实施汽车市场4P策略 工作任务二:实施汽车价格策略	班级			
	姓名		学号	
	日期		评分	

一、工作单内容
　　对汽车公司研发出的新车型进行定价。
二、准备工作
　　说明:每位学生应在工作任务实施前独立完成准备工作。
　1.汽车价格的构成主要包括_____、_____、_____。
　2.影响汽车定价的外部因素主要有_____、_____、_____和_____;内部因素主要有_____、_____、_____。
　3.汽车产品的基本定价方法:_____、_____、_____。
　4.汽车新产品定价基本策略:_____、_____、_____。
　5.针对汽车消费者心理的定价策略_____、_____、_____。
三、任务实施
　1.确定汽车价格基本构成。

　2.考虑汽车定价影响因素。

　3.针对消费者心理汽车产品的价格策略有哪些。

　4.对汽车价格进行适度调整。

四、工作小结
　1.简述招徕定价策略。

　2.简述企业对竞争者调价的对策。

工作任务三　实施汽车分销渠道策略

 任务概述

1. 应知应会

通过本工作任务的学习与具体实施,学生应学会下列知识:

(1)汽车产品的分销渠道。

(2)汽车销售渠道中的中间商分析。

(3)汽车分销渠道的设计与管理。

应该掌握下列技能:

能够初步实施汽车分销渠道格策略。

2. 学习要求

(1)在每个任务单元的学习过程中,完成相关任务工作单的填写,并通过课程网络及时提交给相关教师。任务工作单提交方法详见课程网站。

(2)在每个情境实施阶段的中期或后期,按要求填写工作单。本情境学习结束后,按要求填写学生考核记录表,进行自我评价后交小组长,小组长评价后连同工作单统一交教师。

(3)每个情境学习到评价环节时,个人进行任务完成情况的评估。教师对小组抽查,被抽查的个人上台进行讲评。

 相关知识

一、汽车产品的分销渠道

1. 汽车分销渠道的含义

分销渠道,亦称分配渠道或销售渠道,指的是产品从生产者转移到用户的过程中所经过的一切取得所有权的商业组织和个人。也就是产品由生产者流通到用户的过程中经过的所有环节连接起来形成的通道。分销渠道包括中间商和代理中间商,其渠道起点是生产者,终点是消费者。

在现在市场经济条件下,大多数产品都不是由生产者直接销售给最终消费者或用户的,而是要经过许多的中间环节,对于汽车生产者来说,汽车是否能及时销售出去,销售成本是否能够降低,企业是否能抓住机会占领市场,赢得消费者,在很大程度上都取决于销售渠道是否畅通和优化。汽车销售渠道具有售卖、投放、实现储运、市场预测、结算与资金融通、服务、风险承担、自我管理等多项功能,此外,分销渠道还有促销、信息反馈为汽车生产企业咨询服务等功能。

2. 分销渠道的功能

结合汽车产品的分销实际,分销渠道一般应具有以下功能:

(1)售卖功能

这是分销渠道最基本的职能,产品只有被售出,才能完成向商品的转化。汽车厂商与其经销商的接洽,经销商与用户的接洽,以及他们之间所进行的沟通、谈判、签订销售合同等业务,而这些业务都是在履行分销渠道的售卖职能。

(2)投放与物流功能

由于各地区的市场和竞争状况是不断变化的,分销渠道必须要解决好何时将何种商品、以何种数量投放到何种市场上去,以实现分销渠道整体的效益最佳。投放政策一经确立,分销渠道必须保质保量地将指定商品在指定时间送达指定的地点。

(3) 促销功能

即进行关于所销售的产品的说服性沟通。几乎所有的促销方式都离不开分销渠道的参与,而人员推销和各种营业推广活动,则基本是通过分销渠道完成的。

(4) 服务功能

现代社会要求销售者必须为消费者负责。同时,服务质量也直接关系到企业在市场竞争中的命运,因而分销渠道必须为用户提供满意的服务,并体现企业形象。

(5) 市场研究和信息反馈功能

由于市场是一个时间和空间的函数,分销渠道应密切监视市场动态,研究市场走势,尤其是短期市场变化,收集相关信息并及时反馈给生产厂家,以便厂家的生产能够更好地与市场需求协调一致。

(6) 资金结算与融通功能

为了加速资金周转,减少资金占用及相应的经济损失,生产厂家、中间商、用户之间必须及时进行资金清算,尽快回笼货款。此外,生产厂家与中间商、中间商与用户之间,还需要相互提供必要的资金融通和信用,共同解决可能的困难。

(7) 风险分担功能

汽车市场有畅有滞,中间商与生产厂家应是一个命运共同体,畅销时要共谋发展,滞销时也要共担风险只有如此,中间商与生产者才能共同得到长期发展。

(8) 管理功能

大部分整车厂家的分销渠道是一个复杂的系统,需要能够进行良好的自我管理。

需说明的是,分销渠道的以上功能,并不意味着所有的中间商都必须具备,中间商的具体功能可以只是其中的一部分,这与中间商的类型和作用有关通常对从事汽车(轿车)整车分销业务的中间商,基本的功能要求主要集中在整车销售、配件供应、维修服务、信息反馈等方面(称作"四位一体")。当然,随着汽车市场的发展,汽车中间商的功能也会变化,如履行车辆置换、旧车回收、二手车交易、汽车租赁等业务职能。

3. 分销渠道的类型

销售渠道按其有无中间环节和中间环节的多少,按照渠道长度的不同,可分为4种基本类型:

直接渠道:生产者→用户(Ⅰ型)

间接渠道 $\begin{cases} 生产者→零售商→用户(Ⅱ型) \\ 生产者→批发商→零售商→用户(Ⅲ型) \\ 生产者→代理商→批发商→零售商→用户(Ⅳ型) \end{cases}$

① 直接渠道即生产企业不通过任何中间环节直接把产品卖给用户,也称为"零层渠道"。这是最简单、最直接的销售渠道。直接渠道的具体形式有:推销员上门推销;设立自销机构;通过订货会或展销会与用户直接签约供货等形式。

直接销售的优缺点:首先由于面对面的销售,用户可以更好地掌握汽车的性能特点和使用方法,因为没有中间环节流通费用节省了许多,汽车的流转也加快了,降低了汽车在流通中的损耗;其次,由于商品生产者直接销售商品,受到人财物等资源限制,无法使产品在短期内广泛销售,而且需要较多的投资,要有运输设备,储存设施,加重了生产者的工作负荷和经济负荷。

一般只有在以下情况下采取直接销售策略:订单量不大,但档次较高轿车或者订单量很大的团体用户,比如政府机关、汽车租赁公司、出租汽车公司和物流公司等。

②间接渠道是存在中间环节的渠道,生产企业通过中间环节把产品卖给用户。中间环节越多,则渠道越长;反之,则越短。在长销售渠道里,批发商承担流通领域的主要职能,并且承担商品运输、储存中变质、损失等风险,减轻了生产者实现商品价值的负担,可以使生产者集中精力搞好生产;但是渠道长,产品需要耗时很久才能进入市场,不能够及时占领市场,取得竞争主动权。短渠道销售一方面渠道短、环节少、商品转移迅速、再生产周期短,商品在流通领域停留时间短,可以减少商品损失程度,另一方面有利于增强商业部门的职责感,更好开展售后服务,但与此同时,市场覆盖面往往较小,而且商品生产者承担的商业职能多,不利于集中精力搞好生产。

渠道类型除了可以按渠道长度划分外,还可以按宽度划分。同一层次中间商的多少是渠道宽度的问题,中间商越多,则渠道愈宽;反之,则愈窄。宽渠道销售可以在生产者大批量生产某种产品的情况下,使产品迅速转入流通领域,促进再生产的进行,并且可以通过多数中间商迅速地将商品转到消费者手中,满足广大消费者的需求;窄渠道的范围比较狭窄,只在一些技术强,生产批量小的商品上适用。

企业所采用的分销渠道的长短、宽度是相对的,没有固定绝对的模式,企业应依据具体情况决策好渠道的长度和宽度。

4. 常用的汽车销售渠道模式

随着时代的发展,又出现了许多新的模式,参考国内外许多厂家的做法,可以分为以下几种:

(1)"金字塔"模式

如图4-7所示,这是一种以生产厂家的需要为中心的渠道模式,在这种模式中,在对汽车销售渠道的管理上,无论是对销售渠道类型的决策,还是对中间商的选择利用,都是以汽车生产企业的营销需要为中心,代理商、经销商和零售商的功能及其经营活动,都之余生产企业的监督指导之中,为维护生产企业的声誉和扩大销售规模而工作,此种模式曾经在相当长的时期内成为我国的汽车销售渠道,至今仍然有部分商品采用此种模式。

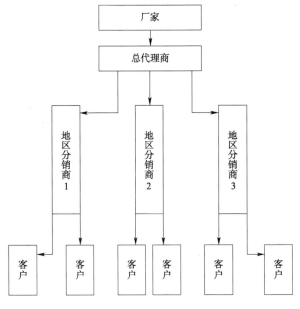

图4-7 "金字塔"模式

(2)"扁平化"分销模式

这种扁平化模式的销售渠道一般不超过两个环节,生产企业到独立经销商为一个环节,经销商到零售商构成第二个环节。这种渠道一级网点数量少,二级网点较多,渠道短而宽。

这种渠道首先出现在美国。美国汽车销售体制的改革,是从减少销售层次开始的。如图4-8所示,它取消了各级代理商,改由地区办事处负责协调区域销售事务,贯彻品牌的经营理念。由厂家直接向专卖店供货,从而减少了中间环节,降低了营销成本。目前我国许多汽车品牌采用此种模式。

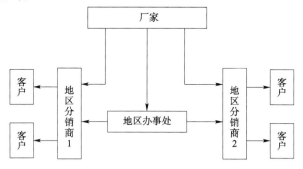

图4-8 扁平化分销模式

(3)直销模式

这种直销模式不是完全意义上的直销,它打破了渠道的束缚,广泛采用区域代理和品牌代理形式,实行市场责任区域分工制,将所有销售管理部门都作为销售终端。如图4-9所示,一级网点负责批发业务,二级网点负责零售业务。其优点在于直接面对消费者,有利于品牌经营理念的贯彻,信息反馈及时迅速。生产企业在各大市场大区设立地区协调机构,可以维护各级经销商的利益和长期的合作关系。

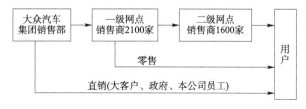

图4-9 直销模式

(4)"旗舰店"模式

"旗舰店"模式,以奇瑞汽车销售有限公司为代表。奇瑞在2002年宣布正式推出以"旗舰店"一拖四的"限区域独家特许连锁经营模式",如图4-10所示。

二、分销渠道中的中间商

汽车分销渠道中的中间商是指介于汽车生产者与消费者之间,参与汽车交易业务,促使汽车交易实现的具有法人资格的经济组织和个人。中间商是汽车生产者向消费者销售汽车分销渠道的主体,完成汽车从生产企业向最终用户的转移。

1. 总经销商

总经销商指的是受汽车生产企业的委托,从事汽车总经销的业务,并且拥有汽车所有权的中间商。它的特点是:拥有产品的所有权和经营权,能够独立自主地开展产品购销活动,独立核算、自负盈亏;一般都有一定的营业场所和经营设施;有独立地购买产品的流动资金;承担产品的经营风险的能力。

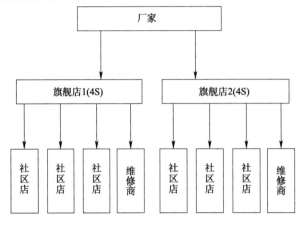

图4-10 "旗舰店"模式

2. 批发商(或地区分销商)

按其实现汽车批量转销的特征,可分为独立批发商、委托代理商和地区分销商。

(1)独立批发商

指自己独立的、大批量的购进汽车,再将其批发出售给其他经销商的商业企业,它对其经营的汽车产品拥有所有权,以获取批发利润为目的。

(2)地区分销商

它指的是在某一区域为生产企业(或总经销商)批发转销汽车产品的机构,是由汽车生产企业(或总经销商)为了减少层层批发和跨地区销售的问题而设立的。

(3)委托代理商

委托代理商区别于独立批发商的特点是,他们对于经营的汽车没有所有权,只是替委托人(汽车生产企业或汽车总经销商)组织推销汽车产品,取得佣金,促进买卖的实现。

3. 经销商(或特许经销商)

(1)汽车特许经销商的条件

汽车特许经销商指的是由汽车总经销商或者汽车生产企业作为特许授予人(简称特许人),按照汽车特许经营合同的要求以及约束条件授予经营销售某种特定品牌汽车产品的汽车经销商,汽车特许经销商应具备以下条件:

①独立的企业法人,能够自负盈亏进行汽车营销活动,有一定的汽车营销经验以及良好的汽车营销业绩。

②能够拿出足够的资金来开设统一标识的特许经营店面,并且具备汽车市场营销所需的周转资金。

③能够达到特许人所要求的特许经销商硬件及软件标准。

(2)汽车特许经销商的权利

①特许经营权。有权利使用特许人统一制作的标记、商标、司标和标牌;有权利在特许经营系统的统一招牌下经营;有权利获得特许人的经营秘诀,以加入包括统一进货、统一促销、统一的市场营销策略的统一运作;有权里依照特许人的统一运作系统分享利益;有权利按特许人的规定取得优惠政策,对特许人经销的新产品享有优先权。

②地区专营权。有权利要求特许人在一定特许区域内给予专营权,避免在同一地区内各加盟店相互竞争。

③取得特许人帮助的权利。有权得到特许人的技术指导援助、经营指导援助及其他相关服务。

三、汽车销售渠道的设计与管理

1. 销售渠道设计

销售渠道设计要围绕销售目标而进行,要有利于企业的产品不断提高市场占有率、地区覆盖率和各地用户满足率,要有利于企业抵御市场风险。在此基础上形成能够充分履行渠道功能,长期稳固而又能适应市场变化的渠道,将不断为企业开辟稳定的用户群或区域市场。

企业在进行渠道设计前,必须首先分析其销售渠道的设计,将会受到哪些因素的影响。

(1)汽车销售渠道设计的影响因素

①企业特性,因为汽车企业在规模、声誉、产品特点、经济实力等方面不尽相同,即企业特性不一样,这对中间商有着不同的凝聚力和吸引力,因此企业在设计销售渠道时,应该结合企业特性选择中间商的类型和数量,来决策企业销售渠道模式。

②产品特性,汽车产品由于重量、价值、运输、储运费用、技术服务专业性等原因,对中间商的设施条件、技术服务能力和管理水平要求不同。

③市场特性,市场因素主要考虑目标市场的大小以及目标顾客的集中程度,如果目标市场范围大,渠道则较长,反之,渠道则短些,如果顾客分散,宜采用长而宽的渠道,反之宜用短而窄的渠道。

④生产特性,汽车生产在时间或地理上比较集中,但是使用分散,其销售渠道一般应有中间环节,不宜采用直接环节。

⑤营销目标特性,各企业的目标市场,决定了其销售渠道的具体特点。

⑥环境特性,各地方的政策特性,是欢迎还是排斥企业在当地设立分销商,是否还有其他重要的环境因素需要考虑,这些都是企业必须认真研究的。比如政府有关立法及政策规定的专卖制度、反垄断法、进出口规定、税法、税收政策、价格策略等,都影响去也对分销渠道的选择,企业在分析了以上因素的影响后,就可以进行销售渠道的设计了。

(2)销售渠道设计的内容

有力的市场加上有力的渠道,才能使企业获利。所以有效的渠道设计,应该以确定企业所要达到的目标市场为起点,研究产品到达市场的最佳途径。销售渠道设计的内容包括确定渠道的长度(中间环节)、宽度(中间商数目)和规定渠道成员彼此之间的权利、责任和义务。

①确定渠道的长度。企业销售渠道设计首先要决定应该采取何种类型的销售渠道,即是采取自销还是通过中间环节分销。如果决定采用中间商分销,还需要进一步决定运用何种类型和规模的中间商。

②确定渠道的宽度。确定渠道宽度即确定中间商的数目。通常包括开放型策略、封密性策略、选择性分销策略这三种策略。

③明确渠道成员的权利和义务。这包括对不同类型的中间商给予不同的价格,还要规

定交货和结算条件,以及规定彼此为对方提供的义务性。

2. 销售渠道的管理

销售渠道的管理包括对各类中间商的激励考核调整互相协调等内容。

(1)激励渠道成员

生产者不仅通过中间商销售产品,而且把产品销售给中间商。因此生产者需要激励中间商,并不断监督、指导与鼓励,使其表现良好。

(2)制造商对中间商的主要激励措施

由于商是独立实体,在处理供应商、顾客的关系式,往往偏向于自己和顾客一方,认为自己是顾客的采购代表,讨价还价,其次才考虑供应商的期望所以于是中间商的销售工作达到最佳状态,制造商应对其进行不断激励。激励中间商通常可采取三种方式:合作、合伙和经销规划。

3. 销售渠道方案的评估

每一个渠道都是企业产品送达最终用户的一条线路,起作用都是重要的。方案评估一般从三方面进行考虑。

(1)经济效益

这是最重要的评估标准,因为企业追求的是利润。这种评估主要是考虑每一渠道的销售额与成本的关系。企业一方面要考虑自销和利用中间商哪种方式销售量大;另一方面还要比较二者的成本。

(2)企业对渠道的控制力

一般来说,自销渠道比利用中间商更有利于企业对于渠道系统的控制。因为中间商是能独立经营的商业组织,他们必须关心自己的经济效益,而不仅是生产企业的利益,只有那些能够为中间商带来持久利润的产品和营销政策才使他们感兴趣。

(3)渠道对市场的适应性

企业与中间商在签订长期合约时要慎重,因为在签约期间,企业如果不能够根据需要随时的调整渠道成员,就会使企业的渠道失去灵活性和适应性。

4. 调整销售渠道

由于汽车购买方式的变化,市场扩大或缩小,新的渠道出现,现有渠道结构不能带来最高效的服务产出,在这种情况下,为了适应市场环境,现有销售渠道经过一段时间运作后,往往需要加以修改和调整。生产企业调整销售渠道主要有以下三种方式。

(1)增减某一渠道成员

做这种调整,需要进行经济增量的分析,及分析增加或减少某个中间商,将会对企业利润带来何种影响,影响程度如何,以及对其他经销商的需求、成本和情绪会有什么影响等问题,经过对渠道成员的考核,对推销不积极或者经营管理不善而难以与之合作的经销商和给企业经营造成困难的经销商,企业可以与其中断合作关系。

(2)增减某一种销售渠道

如果某一销售渠道的销售额一直不够理想,企业可以考虑在目标市场和某一区域内撤销这种渠道,而另外增设一种其他的渠道类型。

(3)调整改进整个渠道

这是对企业现有系数体系做通盘调整。这种调整难度非常大,它不是修修补补,而是要全面改变企业的渠道决策,这种决策,要求改变大多数商场营销组合策略,会产生深远影响,通常更需要企业最高管理层做出。

四、我国乘用车销售体制分析

汽车的销售体制有产销合一、产销分离和产销结合三种体制,这三种体制各有优势,生产厂家的实际情况和所处的发展阶段不同,其所选择的体制也有所不同。

1. 产销结合体制

产销结合体制是汽车公司的营销部门和各地的销售办事处只是销售管理部门,不直接从事产品销售,其主要职能是为公司制订生产计划提供市场依据,制订公司的销售计划,管理和指导经销商的销售活动,进行商务培训、广告促销、市场调研、市场预测和市场开发等。直接从事汽车销售的是大量的经销商。

2. 产销合一体制

产销合一体制是生产商全权控制的直销系统,直接控制本国及他国市场的销售组织工作,韩国汽车厂商就运用了产销合一营销体制和销售策略,成功地打入了美国汽车市场。

3. 产销分离体制

产销分离的营销体制是生产商仅负责生产,厂商委托销售的分工体制,如一汽大众公司大部分产品的销售由一汽大众销售有限责任公司全权代理。

任务实施

一、了解汽车分销渠道

1. 销售渠道分类

①直接渠道,推销员上门推销,设立自销机构,通过订货会或展销会与用户直接签约供货等形式。

②间接渠道,生产商通过中间商卖货给消费者。

2. 分析常用分销渠道

①"金字塔"模式。

②扁平化分销模式。

③直销模式。

④"旗舰店"模式。

二、分析中间商选择最佳中间商

1. 总经销商

本身不发生独立的购销行为,对产品不具所有权;不承担市场风险;具有广泛的社会关系;信息灵通等。

2. 批发商

①批发商的销售对象是除最终消费者以外的任何购买者。

②批发商每次交易销售量较大,销售额较高。

③批发商地区分布一般集中在全国性经济中心和地方性经济中心。

3. 汽车特许经销商

①可以享受特许人的汽车品牌及该品牌所带来的商誉,使其在汽车市场营销活动过程中拥有良好的企业形象,给消费者以亲切感和信任感。

②可以借助特许人的商号、技术和服务等,提高竞争实力,避免单枪匹马进入激烈的市场面临高风险。

③可以加入特许经营的统一运营体系,即统一的企业识别系统、统一的服务设施、统一的服务标准,使其分享由采购分销规模化、广告宣传规模化、技术发展规模化等所带来的规模效益。

④可以从特许人处得到业务指导、人员培训、信息、资金等方面的支持和服务。

三、对分销渠道进行设计

1. 考虑汽车销售渠道设计的影响因素

①企业特性:考虑企业在规模、声誉、经济实力、产品特点等方面。

②产品特性:考虑产品重量、价值、运输、储运费用、技术服务专业性等原因。

③市场特性:考虑全国汽车行业发展状况。

④生产特性:考虑汽车生产在时间地理上比较集中,但是使用分散。

⑤营销目标特性:各企业的目标市场,决定了其销售渠道的具体特点。

⑥环境特性:考虑各地方的政策特性。

2. 销售渠道设计内容

①确定渠道的长度:决定采取何种类型的销售渠道,即自销还是分销;

②确定渠道的宽度:用开放型、封密型或选择型分销策略来确定中间商数目。

四、对分销渠道进行管理

1. 激励渠道成员

了解中间商:从了解中间商的需要及其心理入手,设身处地为中间商着想。

2. 激励措施

①合作。

②合伙。

③经销规划。

五、渠道方案的评估

①经济效益。

②企业对渠道控制力。

③渠道对市场适应性。

六、对汽车销售渠道进行适度调整

①增减某一渠道成员。

②增减某一种销售渠道。

③调整改进整个渠道。

学习情境四:实施汽车市场4P策略	班级			
工作任务三:实施汽车分销渠道策略	姓名		学号	
	日期		评分	

一、工作单内容

为某汽车公司打入国外市场制定分销渠道。

二、准备工作

说明:每位学生应在工作任务实施前独立完成准备工作。

1. 按照渠道长度不同可将销售渠道分为四种基本途径:＿＿＿＿＿＿、＿＿＿＿＿＿、＿＿＿＿＿＿、＿＿＿＿＿＿。

2. 常用的汽车销售渠道模式:＿＿＿＿、＿＿＿＿、＿＿＿＿、＿＿＿＿。

3. 按批发商实现汽车批量转销的特征,可分为＿＿＿＿、＿＿＿＿和＿＿＿＿。

4. 销售渠道设计的内容包括确定＿＿＿＿、＿＿＿＿和＿＿＿＿。

三、任务实施

1. 分析中间商选择最佳中间商。

2. 对分销渠道进行设计。

3. 对分销渠道进行管理。

4. 对汽车销售渠道进行适度调整。

四、工作小结

1. 汽车分销渠道的含义。

2. 直接渠道的优缺点。

3. 影响汽车销售渠道设计的因素有哪些?

4. 简述如何管理销售渠道。

工作任务四　实施汽车促销策略

 任务概述

1. 应知应会

通过本工作任务的学习与具体实施,学生应学会下列知识:

(1)促销及促销组合的概念。

(2)人员推销的特点和运用。

(3)广告的特点和运用。

(4)营业推广的特点和运用。

(5)公共关系的特点和运用。

应该掌握下列技能:

能初步综合运用各种汽车促销策略。

2. 学习要求

(1)在每个任务单元的学习过程中,完成相关任务工作单的填写,并通过课程网络及时提交给相关教师。任务工作单提交方法详见课程网站。

(2)在每个学习情境实施阶段的中期或后期,按要求填写工作单。学习情境学习结束后按要求填写学生考核记录表,进行自我评价后交小组长,小组长评价后连同工作单统一交教师。

(3)每个学习情境学习到评价环节时,个人进行任务完成情况的评估。教师对小组抽查,被抽查的个人上台进行讲评。

 相关知识

一、促销及促销组合的概念

1. 促销的含义

促销是指企业通过人员推销和非人员推销的方式,将有关企业和产品的信息传递给消费者,促使消费者了解、偏爱和购买本企业的产品,从而达到扩大销售目的的一种活动。

(1)促销的主要任务

促销的主要任务是沟通和传递信息。通过这种沟通,企业把有关自身及所生产的产品、劳务的信息传达给消费者,使其充分了解企业及其产品、劳务的性质、特征、价格等,帮助其进行与消费有关的判断和选择,这是企业向消费者的信息传递。同时在促销过程中,作为买方的消费者,又把对企业及产品、劳务的认识和需求动向反馈到企业,引导企业根据市场需求进行生产,这是消费者向企业的信息传递。可见,促销的实质是生产者或经营者与消费者之间互相沟通信息的过程,这种沟通是卖方与买方之间的双向沟通。

(2)促销的最终目的

促销的最终目的是诱发购买行为。要达到这一目的,企业必须通过运用各种促销手段,吸引消费者对企业的形象或产品产生注意和兴趣,激发其购买欲望,促使其采取购买行为,实现产品和劳务的转移。

（3）促销方式

促销的方式分为人员促销和非人员促销。人员促销是指推销人员通过与消费者面对面的口头洽谈，帮助、说服消费者产生购买的促销活动。非人员促销是指企业借助广告、公共关系和营业推广等媒介，传递企业或产品信息，促使消费者产生购买欲望和购买行为的一系列活动。企业在促销活动过程中，通常将人员促销和非人员促销两种方式结合使用。

2. 促销的作用

①传递信息。

②诱导需求。消费需求具有可诱导性。企业通过人员促销、广告、公共关系和营业推广等促销活动，宣传本企业产品区别于其他竞争者产品的特点，就能使消费者认识到本企业产品给消费者带来的特殊利益，从而激发消费者产生购买本企业产品的欲望。

③稳定销售。在同类产品竞争激烈的情况下，企业的市场份额往往呈现不稳定状态。通过促销活动，能够突出宣传企业的优势和产品特点，强调其带给购买者的独特利益，使消费者对产品产生偏爱，增加购买企业商品的信心。

3. 促销组合

通常我们将人员推销、广告、公关、销售促进等四类称为促销组合，如图4-11所示。

促销组合是指企业根据产品特点和经营目标的要求，对各种促销方式进行适当选择和综合运用。由于各种促销方式都有其优点和缺点，在选择采取哪一种促销方式时，要确定合理的促销策略，即决定如何科学地组合运用4种促销手段，取长补短、相互协调，以较低的费用达到较好的效果，从而实现企业的促销目标。企业在制定促销组合时应该充分考虑以下因素。

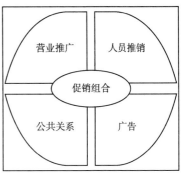

图4-11　促销组合

（1）促销目标

促销目标是企业进行促销活动所要达到的目的。它是根据企业的整体营销目标制定的，企业在不同时期、不同市场环境下所执行的特定促销活动，都有其特定的促销目标。

（2）产品类型

不同类型产品的消费者在信息、购买方式等方面是不相同的，需要采用不同的促销方式和组合策略。一般情况下，从事价格昂贵、购买风险较大的耐用消费品如汽车、房子，具有较集中的消费者、产品价值较大且技术含量较高，消费者除了一般广告所提供的信息，还希望能得到更为直接可靠的信息来源，企业更多采用的是人员促销。从事消费品经营的企业，如经营服装、化妆品等时尚性产品，以及消费者购买频繁的一般日用消费品的企业，广告的比重往往要大一些。随着竞争的加剧，公共关系和营业推广都将逐步成为重要的促销方式。

（3）产品生命周期

在产品生命周期的各个阶段，消费者对产品的了解和熟悉程度不同，因此企业的促销目标和重点也不一样，企业要适当地选择相应的促销方式和促销组合策略。在投入期，该阶段促销的重点目标是尽快地让消费者了解认识新产品的性能和质量，其促销策略应采用各类形式的广告；在成长期，消费者已对产品有了较全面的认识，促销的重点目标应是想方设法激发消费者的购买兴趣，其促销策略仍可以广告入手，重拳在于宣传企业及产品品牌，树立产品特色；在成熟期,已有大量的竞争者占据市场,广告的内容应多侧重于强调产品的价值和给消费者带来的利益,甚至使他们成为产品的忠实客户。为提高市场占有率,应尽量使用营业推广等方式来促进购买;在衰退期,企业要做的是尽快抛售库存,利用削价的方法进行促销。

(4)市场状况

制定促销组合要考虑目标市场的性质,不同的市场应该采取不同的促销组合。通常,在地理范围狭小、买主比较集中且交易额大的目标市场上,可以考虑以人员推销为主,配合以广告策略进行组合,这样既能发挥人员推销的优势,又能节约广告费用;市场规模比较大、产品销售范围比较广泛的市场,适用电视、电台和报刊等媒体的广告宣传为主,并辅以其他促销方式。

(5)促销预算

企业在选择促销方式时,要根据企业的资金状况并结合其他因素,选择适宜的促销方式,因为每一种促销方法所需费用是不同的。一般来说,广告宣传的费用较高,人员推销次之,营业推广花费较小,公共关系的费用最少,但它们在不同时期的促销效果是不同的。

二、人员推销

鞋子的故事

两家鞋业制造公司分别派出了一个业务员去开拓市场,一个叫杰克,一个叫板井,在同一天,他们两个人来到了南太平洋的一个岛国,到达当日,他们就发现当地人全都赤足,不穿鞋,从国王到贫民、从僧侣到贵妇,竟然无人穿鞋子。

当晚,杰克向国内总部老板拍了一封电报:"上帝呀,这里的人从不穿鞋子,有谁还会买鞋子?我明天就回去。"

板井也向国内公司总部拍了一封电报:"太好了!这里的人都不穿鞋。我决定把家搬来,在此长期驻扎下去!"两年后,这里的人都穿上了鞋子……

启示:善于发现机遇,发现市场,成功与否就在一念之差。

点评:许多人抱怨难以开拓新市场,事实是新市场就在你的面前,只不过你怎样发现这个市场而已。

1. 人员推销的含义和特点

(1)人员推销的含义

根据美国市场营销协会定义委员会的解释,所谓人员推销,是指企业通过派出销售人员与一个或一个以上可能成为购买者的人交谈,进行口头陈述,以推销商品,促进和扩大销售。

销售人员在企业和消费者之间起着关键性的纽带作用在许多情况下,销售人员同时服务于两个主体——买者与卖者对于消费者而言,他们代表的是汽车公司,必须找到和发现新顾客,向他们传播公司的产品和服务信息;对于汽车公司而言,他们代表的是消费者,他们必须了解消费者,将消费者的意见反馈给公司。

(2)人员推销的特点

同非人员推销相比,人员推销的最大特点就是具有直接性,它作为不可取代的销售手段,具有独特的特点。

①机动灵活。推销人员在推销访问过程中可以直接展示商品,如汽车这样技术含量大的商品,进行操作表演,帮助安装调试,亲眼观察到消费者的反应,并揣摩其购买心理变化,因而能立即根据消费者情绪及心理变化,有针对性地改进推销方式,提供售前和售后的服务,以适应各个消费者的行为和需要,最终促使交易达成。

②针对性强。人员推销在每次推销之前,可以选择潜在消费者,有针对性地进行推销,目标明确,可以提高推销的成功率。

③亲和力强。作为人际沟通工具,推销人员通过与消费者面对面交流,消除疑惑,加强沟通。同时,双方在交流过程中可以建立起信任和友谊关系,这为长期交易打下了坚实的基础。

④反馈及时。推销人员在与消费者的直接接触中,能及时带回消费者的意见和建议,并迅速反馈给企业,以指导企业经营,促使企业随时调整营销策略,使产品更符合消费者的需要。

⑤竞争性强。推销人员在一定利益机制的驱动下很容易产生竞争,从而能促使销售实绩不断上升。

⑥推销费用高。推销人员耗费时间多,支出费用大,管理也较难。

小案例

为顾客送上生日鲜花

有一天,一位中年妇女来到福特汽车销售商行想买一辆轿车。福特汽车的推销员看她开着一辆旧车,觉得她买不起新车,就借故有事,让她一个小时之后再去。于是,这位中年妇女就走进旁边的雪佛兰汽车展销室,想在那儿看看车,以此打发时间。

"夫人,欢迎您来看我的车。"雪佛兰销售员乔·吉拉德微笑着对她说。两人在闲谈中,这位中年妇女告诉吉拉德自己想买一辆白色的福特汽车,就像她表姐开的那辆车一样。因为福特公司的汽车推销员让她过一个小时以后再去,所以,她才到这儿看看。另外,她还对吉拉德说,这是表姐送给她的生日礼物,"今天是我55岁的生日"。

"夫人,祝您生日快乐!"吉拉德微笑着热情地向她祝贺。随后,他向身边的助手耳语了几句。

"夫人,既然您现在有时间,就看看我们的车吧。"吉拉德领着这位中年妇女看了一辆又一辆雪佛兰新车,边看边向她介绍。当走到一辆白色的车前时,吉拉德说:"夫人,您对白色情有独钟,瞧这辆双门式轿车,也是白色的。"正谈着,吉拉德的女秘书走了进来,递给他一束鲜艳的玫瑰花。吉拉德把花送给那位妇女,说:"祝您长寿,尊敬的夫人。"

她很感动,眼角都湿润了。"已经很久没有人给我送礼物了。原来我想买一辆福特轿车,因为表姐的车也是福特车。其实,我只想买一辆白色的车而已。现在想一想,不买福特车也可以。"

最后,这位夫人买了一辆雪佛兰轿车,并写了一张全额的支票。

乔·吉拉德认为,买汽车,人品重于商品。在15年的时间里,他卖出了13001辆汽车,创下过一年卖出1425辆车(平均每天卖4辆)的世界纪录。因此,他被誉为"世界上最伟大的推销员"。

2. 人员推销的任务、形式和要求

（1）人员推销的任务

①传递信息。与现实的和潜在的消费者保持联系，及时把企业有关产品及其他相关信息传递给消费者，以促进产品销售，并了解他们的需求，成为企业与消费者联系的桥梁，同时，收集和反馈有关竞争产品的信息。

②开拓市场。推销人员不仅要了解和熟悉现有消费者的需求动向，而且要尽力寻找新的目标市场，发现潜在消费者，从事市场开拓工作。

③销售产品。推销人员通过与消费者的直接接触，运用推销技巧，如汽车销售环节，分析解答消费者的疑虑，说服消费者购买，从而达成交易。

④提供服务。推销人员不仅要把产品销售给消费者，还需代表公司提供其他服务，如业务咨询、技术维修和贷款服务等，满足消费者实际需要。

⑤搜集信息。推销人员可利用直接接触市场和消费者的便利，进行市场调查和情报的搜集工作，并且形成调查报告，为企业开拓市场和制定营销决策提供可靠依据。

（2）推销人员的素质

人员推销是一个信息沟通的过程，也是一个商品交换、技术服务的过程，因此推销人员的素质十分重要。一个合格的推销人员应具备以下素质。

①思想道德素质要求。具有强烈的事业心和责任感诚实、热忱、勇于进取、文明经商、有吃苦耐劳的精神；

②业务素质要求。熟悉企业、产品、市场、心理等方面的知识，能够灵活应变，有娴熟的技巧；

③行为标准要求。能团结协作、文明礼貌、举止适度、谈吐文雅、态度从容等。

（3）人员推销的基本形式

随着商品经济的发展，市场营销活动的广泛进行，人员推销的形式日益丰富，大多数企业经常采用如下几种形式。

①上门推销。由推销员携带样品、说明书和订货单等，上门走访消费者，推销商品，这是最古老的推销形式，被大多数企业和公众广泛认可和接受。

②柜台推销。企业在一定地点开设营业场所，由营业人员接待进入商店的消费者，销售商品。汽车销售顾问在销售大厅对顾客采取的顾问式销售，就属于这种推销方式。

③会议推销。会议推销即企业利用各种形式的会议，介绍和宣传商品，开展推销活动的一种形式。洽谈会、订货会、展销会、供货会等都属于会议推销的一种形式。这种推销形式具有接触面广、推销集中且成交额大的特点。

3. 人员推销的过程

不同的推销方式可能会有不同的推销工作程序。通常情况下，人员推销包括以下7个相互关联又具有一定独立性的工作程序。

（1）寻找潜在购车客户

推销工作的第一步，也是最基础性和关键性的一步，就是找出产品的潜在消费者，哪些消费者能够成为自己的目标消费者？这取决于推销人员的识别能力。推销人员要善于挖掘与识别不同的潜在消费者，并采取相应的应对措施，所以寻找并识别目标消费者应当是推销人员的基本功。

（2）建立客户资料卡

收集客户信息；建立客户资料卡；存档；与客户建立关系。

（3）接近消费者

接近消费者是指推销人员直接与目标消费者发生接触，以便成功地转入推销面谈。在汽车销售中，推销人员在接近消费者的过程中，应注重礼仪，稳重自信，把握消费心理，引导、启发消费者的注意和兴趣。

（4）介绍和示范

在对目标消费者已有充分了解的基础上，推销人员应当根据所掌握的情况，有针对性地介绍目标消费者可能感兴趣的方面。这个阶段是整个推销活动的关键环节，必要时，应主动地进行一些产品的使用示范，全面地向客户介绍车辆、车辆特点及车辆优势以增强目标消费者对产品的信心，提高销售的成功概率。

（5）排除异议

推销不可能是一帆风顺的，在大多数情况下，消费者对推销人员的销售都会提出一些质疑，甚至给予拒绝。排除障碍的有效办法是把握产生异议的原因，对症下药。

（6）达成交易

达成交易是消费者接受推销人员的建议并做出购买决定和行动的过程。此时，推销人员应当注意不要疏漏各种交易所必需的程序，应使交易双方的利益得到保护。

（7）跟踪服务

达成交易并不意味着整个推销活动的结束，推销人员还必须为消费者提供各种售后服务，如加装、维修、退换货和定期访问等，从而消除消费者的后顾之忧，树立信誉，使消费者产生对企业有利的后续购买行为。因此，跟踪服务既是人员销售的最后一个环节，也是新一轮工作的起点。

三、广告

广告是企业促销组合中的一个十分重要的组成部分，随着商品经济的迅速发展，竞争日趋激烈，以及传播手段的飞速进步，生产者和经营者越来越需要借助广告来进行产品宣传。

小案例

凯迪拉克CTS3.6在中国国内的首发仪式

2004年，通用汽车公布凯迪拉克CTS3.6售价为51.8万元，通用旗下的旗舰品牌正式进军中国豪华车市场。这时，国内的2002年市场已经有奥迪和宝马。

通用一直希望在中国营造一种本土化发展的形象，如何以最短时间、在中国市场建立起品牌的知名度和美誉度，并得到中国人的心理认可，这是凯迪拉克营销中面临的首要问题。于是，他们选择了一个独特的地方来举行凯迪拉克品牌中国首发仪式——北京太庙。

2004年6月7日晚上，在北京车展开幕前，凯迪拉克在北京太庙举行了具有帝王之气和时代感交织的品牌首发仪式。

北京太庙是一个象征王者威严与尊贵的地方，历史价值深厚，在这里举行品牌首发仪式，既渲染了凯迪拉克品牌融入中国的决心，也表达出了凯迪拉克的尊贵。北京太庙肃穆的大门打开之后，伴随着一阵强劲的电子乐，加上摩登的灯光，凯迪拉克顶级车型CTS3.6概念车正式出场。历史与未来交错，给所有在场媒体留下深刻印象。这场首发仪式真正实现了现代科技、品牌内涵、中西文化的完美结合。

1. 广告的含义及特点

所谓"广告",就是广而告之、使人周知共晓的意思,指广泛地告知公众某事物的宣传活动。与现代信息相联系,广告已成为维持、促进现代社会生存与发展的大众信息传播工具和手段。

从广告定义可见,广告是由广告主、广告信息、广告媒体和广告费用等四个要素构成的。广告的特点如下:

①公众性:商业广告是一种高度大众化的信息传递活动,是把商品或劳务信息向非特定的广大消费者作公开宣传,以说服其购买的传播技术。

②渗透性:商业广告是一种渗透性很强的促销手段,它已影响到社会生活的诸多领域。

③表现性:商业广告集经济、科学、艺术和文化于一身,借助文字、音响以及色彩的艺术化应用,通过一定的媒体,体现出产品的特性。

④有偿性:商业广告是一种付酬的宣传活动。

2. 广告的作用

广告是企业产品促销的重要手段之一,广告对企业促销产品有如下作用。

(1)传递信息、沟通供需

广告最基本的作用是借助于各种传播媒介向市场提供有关产品的信息,使消费者在任何时间、任何地点都能获取商品和劳务的信息。

(2)激发需求、促进销售

通过广告的启发和诱导,吸引消费者的注意力,使其对产品发生兴趣,甚至是偏爱,从而激发消费者的购买欲望,变无需求为有需求,变潜在需求为现实需求,从而扩大购买。

(3)树立产品形象、提高企业知名度

市场中商品繁多,消费者选择性较强,企业通过广告可以使产品家喻户晓,在消费者心中树立起企业形象和产品形象,赢得消费者的青睐,以巩固和扩大市场占有率。消费者一般都宁愿以较高价格购买知名商品,而不愿购买从未在广告上出现过的商品。

(4)介绍商品、引导消费

企业可通过各种宣传媒介把新产品的知识和现代生活观念灌输给消费者,使消费者能及时、方便、准确地购买适合自己需要的商品。

(5)传播文化、丰富生活

从某种程度来讲,一个好的广告也是一件精美的艺术作品。广告作为一种文化活动,丰富了人们的物质生活和精神生活。

小案例

蒙牛集团的广告效益

蒙牛乳业(集团)是仅成立几年的新兴企业,在乳制品行业里已有"伊利"、"光明"两大乳品集团大面积占有市场。为了提高产品的知名度和销量,蒙牛集团与中国联通合作,发行了2000多万张IP电话企业联名卡(总面值超过1亿元人民币)。加入到该企业的产品中,利用"中秋"、"国庆"提供给消费者。由于本卡具有的宣传功能和使用功能并重的特点,得到了用户的充分认可,使得成立仅仅4年的蒙牛乳业在本年度液态奶(该集团将所有"联名卡"都用于液态奶的促销)产品的销售量从170万~200万箱增加到250万～300万箱,已经排在全国第一。企业联名卡是奥金公司为企事业单位量身定制的电话卡,该卡的卡面图案、面值及包装形式根据企事业单位要求制作,企事业单位一次性付清货款,并把电话卡赠送给客户用于营销,公关,促销,庆典纪念或广告宣传,双方通过企业联名卡的合作,互相借助对方的品牌有时和营销网络优势,提高各自的品牌知名度和产品销售量,达到共同发展,优势互补的双赢效果。

3. 广告媒体的选择

广告是借助媒体来传播的。所谓广告媒体,是指广告信息传递附着的载体,是广告信息传递的方式方法,是广告主与广告受众之间联系的物质手段。广告媒体种类繁多,其中以报纸、杂志、直接函件、广播和电视为主,这些广告媒体对受众者的影响有着不同的心理特点。

(1)广告媒体的类型

广告媒体是广告信息的载体和传播技术手段,一般有印刷媒体、电子媒体、户外媒体、交通媒体和实物媒体等。

(2)几种主要广告媒体的特点

报纸、杂志、广播、电视是公认的四大广告媒体,也是我国当前主要的广告载体。

①报纸。报纸不仅是新闻传播的主要工具,而且是目前世界各国选用的主要广告媒体。报纸广告的优点是制作简单,方便灵活,费用低廉,宣传覆盖面广。报纸广告的局限性在于:时效短;内容繁杂,容易分散广告受众的注意力;受版面限制,使广告数量和效果均受到影响;有的报纸印刷技术欠佳,美感不强,缺乏对商品款式、色彩等外观品质的生动表现,从而影响了广告效果。

②杂志。杂志作为广告媒体,其优越性是专业领域分布广泛,各种杂志本身特征明显,每一种杂志都有特定的读者群,因而广告的对象明确,宣传针对性强、效果好,而且保存时间长,信息利用充分,另外,杂志广告制作精良,画面生动鲜艳,能逼真地表现出商品的特性,有极大的吸引力。杂志广告的不足之处在于,其制作复杂、成本高、价格昂贵,排版周期长,灵活性较差,信息反馈迟缓,篇幅少的杂志广告数量有限等。

③广播。广播是传播信息最迅速、覆盖面最广的一种媒体。通过电台向消费者介绍产品特点及选购方法,是听觉广告。其优点是语言和音响效果的传播不受时空限制,传播速度快,传播的对象也很广泛,空间范围大,可以在最短时间内把信息传到千家万户,灵活性极强。当然广播广告也有不足之处,即听众非常分散,效果难以测定;声音转瞬即逝,听众记忆不牢;不易集中消费者的注意力;"有声无形"的形式限制了某些产品的宣传效果。

④电视。电视集图像、色彩、声音和活动于一身,是现代生活中不可缺少的信息交流工具,是现代化广告媒体。其具有覆盖面广,收视率高,画面形象生动,表现手法丰富,感染力强,宣传效果好,促销作用明显的特点。电视广告存在不足之处:制作复杂,费用昂贵;时间短促,难以保存;适应性不强,尤其对专业性强、目标市场集中的商品来说传播面太宽,可能造成浪费。

⑤网络媒体。近些年来,因特网作为广告媒体,以超快的增长速度,独特的诉求方式,受到世人瞩目。

(3)广告媒体选择的影响因素

企业在合理选择广告媒体时需要考虑以下因素:

①广告媒体的传播范围;

②消费者接触媒体的习惯与接受能力;

③商品的性能和特点;

④市场竞争状况;

⑤广告媒体的成本。

4. 广告设计的基本内容

广告设计的基本内容主要包括主题设计、文稿设计、图画设计和技术设计4个部分。

(1)主题设计

广告主题必须明确。广告主题应当唯一、突出,设计应围绕一定的目的展开。

(2)文稿设计

广告文稿是表现广告主题和内容的文字材料,是传递广告信息的主要部分,一般由3方面的要素构成,即广告标题、口号和正文。

(3)图画设计

广告图画是广告艺术化的突出反映,指运用线条、色彩组成图案对广告主题进行表达。

(4)技术设计

技术设计是广告设计中最后一道环节,也是广告设计向广告制作的过渡。不同的广告形式,技术设计的重点也不一样。技术设计的基本内容主要指音响与文字的和谐搭配,包括广告歌词的谱曲、背景音乐的选择及播音或对话语气的界定等等。

5. 广告效果的测定

广告效果,通常是指广告信息通过广告媒体传播后所产生的社会影响和效应。这种影响和效应主要包括两个方面,一是对企业产品促销的效应,称为销售效果;二是企业与社会公众的有效沟通效应,称为传播效果。

四、营业推广

1. 营业推广的含义

营业推广,也叫销售促进,它是指企业在特定的目标市场中,为刺激消费者的需求,吸引消费者购买而采取的促销手段。简言之,这是一种直接刺激以求短期内达到效果的促销方法,其着眼点在于解决较为具体的促销问题。它与广告、公共关系、人员促销不同,后三者一般是常规的、持续的,而营业推广则是非常规性的,是一种辅助促销手段,一般用于暂时的和额外的促销工作,其短期效益非常明显。

2. 营业推广的方式

(1)对最终用户的营业推广

①赠送样品。企业将一部分产品免费赠予目标市场的消费者,使其试尝、试用或试穿,样品可直接赠送,也可随销售其他商品时附送或凭企业广告上的附条领取。这种方式对新产品的推广最为有效。通过向消费者免费赠送样品来获取信息,了解使用效果,也是扩大销量的做法。能让消费者真实感觉到新产品的特性所在。

②发放优惠券。企业向目标市场的部分消费者发放一种优惠券,消费者持优惠券到指定商店购买产品,可享受折价优惠,这种方式通常用在市场上已有一定影响的,且是一次性使用的,周期较短、需要经常购买的商品。优惠券可分别采取直接赠送或广告附赠的方法发放,能引起消费者兴趣的营业推广手段。但厂商要取得零售商的配合,需对零售商因减价而

造成的损失给予必要的补偿。

③有奖销售。企业对购买某些商品的消费者设立特殊的奖励。奖励的对象可以是全部购买者,也可用抽签或摇奖的方式奖励一部分购买者。这种方式的刺激性很强,常用来推销一些品牌成熟的日用消费品。

④开展汽车租赁业务。开展租赁业务,对用户而言,可使用户在资金短缺的情况下,用少部分钱而获得汽车的使用权。

⑤产品陈列和现场示范。在零售现场占据某一醒目地位进行橱窗陈列、货架陈列与流动陈列,同时在销售现场用示范表演的方法,如4S店,把产品的性能、用途和优越性逐一介绍给消费者,增加消费者对产品的了解,从而有效地打消消费者的某些疑虑,使他们接受企业的产品以刺激其购买。

⑥产品展销。通过参与和举办各种形式的商品展销,将一些能显示企业优势和特征的产品集中,边展边销,由于展销可使消费者在同时同地看到大量的优质商品,有充分挑选的余地,所以对消费者吸引力很强。常见的展销形式有季节性商品展销、以名优产品为龙头的名优产品展销、为新产品打开销路的新产品展销等。如在湖南长沙每年12月份举办的车展。

⑦附赠赠品。消费者在购买某一指定商品后,可以免费或以低价购得小赠品如赠送汽车的保养卡,它能有效地刺激消费者,给消费者留下深刻印象。

⑧赠品印花。当消费者购买某一产品时,企业给予一定数量的交易印花,购买者将印花积到一定数额时,可到指定地点换取赠品。企业通过这种赠品印花的方式来招徕生意,扩大销售。赠品印花的实施,可刺激消费者大量介绍朋友或亲戚购买本企业的汽车,以此获得尽可能多地印花,扩大企业的市场占有率。

⑨折价券和消费卡。折价券(或优惠券)就是给持有人一个保证,即持有人在购买汽车时可凭此券免付一定金额的钱。折价券可以邮寄,附加在其他商品中,或在广告中附送,多被厂商采用。消费卡多被零售业、服务业采用,持卡人凭卡消费可以享受一定的折扣。消费卡既可以免费有目的地发放,也可以收取一定的费用售出。

⑩消费信贷。这是通过赊销、分期付款等方式向消费者推销产品,消费者不用支付现金或只支付部分现金即可先期取得商品使用权。对商品房、汽车等大件特殊商品,消费信贷有明显的促销作用,消费信贷的形式有分期付款、信用卡等。

⑪竞赛、游戏。这是通过生产厂家或零售商组织消费者参与有关活动,让消费者有某种机会去赢得一些奖品,作为他们参与活动的回报。赢得的奖励有现金、实物和免费旅游等。这种方法可以扩大企业和产品的知名度,引起消费者的兴趣。

⑫特价销售。为度过某些销售淡季或迎接某些特定节日,厂商或零售商往往会开展一些优惠酬宾、折扣让利等活动,这是一种向消费者提供低于常规价格的商品销售方法,用以刺激消费者购买,是企业较常用的方法之一。企业应根据实际需要灵活设定商品的销售价格,这种方式不能经常使用,否则会给消费者带来清仓处理的感觉,不利于企业的长远发展。

⑬产品保证。产品保证是一种重要的促销工具,特别是消费者对产品质量非常敏感时,生产厂家向消费者做出产品质量保证,如发放信誉卡、保证质量若干年、购买后一段时间退换货等,可以增加消费者对此项产品的信心,但企业需要仔细估计可能产生的销售价值及其潜在的成本。

⑭提供优质服务。通过周到的服务,使客户得到实惠,在相互信任的基础上开展交易,主要的服务形式有售前服务、订购服务、送货服务、售后服务、维修服务、零配件供应服务、培训服务、咨询信息服务等。

小案例

东风标致大幅"差价补偿"策略

在降价过于频繁的2004年中国车市,差价补偿其实不是个新鲜词,很多经销商都做过。但真正把"差价补偿"演绎到极致的应该属东风标致,在2004年的广州车展期间,它宣布标致307全线降价近两万,并提出了"差价补偿"的促销手段。这一来一回,对于差价补偿,保守估计东风标致就得拿出6000万元以上。

作为较大的汽车厂家,知名的汽车品牌,第一个以如此大的幅度差价补偿,这种勇气和决心肯定会给消费者留下深刻的印象,在消费者被降价吓得不敢再买车的时候,标致第一个站出来,给了消费者信心,同时也给对手带来了难以形容的压力。这种行为对于当时降价成风的国内车市,还是有一定积极意义的,受东风标致影响,又有厂家动了这方面的心思,东风日产就宣布:从2004年12月14日到2005年"3月15日"期间的购车用户,将能享受到厂家降价行为的"全价补偿",这无疑给消费者带来了相当的信心。

(2)对中间商的营业推广

对中间商的促销方式有如下:

①现金折扣。这种促销方式是指如果中间商提前付款,可以按原批发折扣再给予一定折扣。

②数量折扣。数量折扣是对于大量购买的中间商给予的一定折扣优惠,购买量越大,折扣率愈高。

③顾客类别折扣。这种折扣形式是企业根据中间商的不同类别、不同分销渠道所提供的不同服务,给予不同折扣。

(3)对推销人员的营业推广

针对本企业推销人员展开营业推广,其目的是鼓励推销人员积极开展推销活动。

①红利提成。红利提成的做法主要有两种:一是推销人员的固定工资不变,在固定薪资之外,从企业的销售利润中提取一定比例的金额,作为对推销人员的努力工作所给予的现金奖励;二是推销人员没有固定工资,每达成一笔交易,推销人员按销售利润的多少提取一定比例的金额,其提成比例按递增关系,销售利润越大,提取的百分比率越大。

②销售竞赛。销售竞赛目的在于刺激推销人员在一定时期内增加销售量,销售竞赛的内容主要包含推销数额、推销费用、市场渗透和推销服务等。企业明确规定奖励的级别、比例与奖金数额,成绩优异、优胜者可以获得一定的现金、实物、称号、度假、进修深造、晋升和精神奖励等,以激发推销人员的工作热情。

③教育与培训。教育与培训是指向推销人员提供免费的业务培训和技术指导,得到一定认证后方可晋级。

五、公共关系

1. 公共关系的含义

公共关系是指一个组织通过信息传播手段,为改善与社会公众的联系状况,为与社会各界公众建立良好的关系,为树立良好的组织形象而进行的一系列活动。

企业公共关系是近年来发展起来的一门独特的组织管理技术,它有利于树立企业的良好形象,以赢得企业内外相关公众的理解、信任、支持与合作,有利于企业创造良好的市场营销环境。

2. 公共关系的特点

公共关系是一种隐性的促销方式。它是以长期目标为主的间接性促销手段,其主要特点有以下几个方面。

(1) 长期性

公共关系的总体目标是树立企业的良好形象,通过各种公关策略的运用,从而能长时间地促进销售,占领市场。

(2) 沟通双向性

一方面将企业各方面的信息传播给社会公众,使其了解企业及企业的产品;另一方面又运用各种手段和技术收集信息,为不断健全、完善企业形象与产品形象提供依据。

(3) 可信度高

由于公共关系是间接的促销,通过系列活动在社会各界树立良好的企业形象,所以在公众面前的可信度也相对较高。

(4) 间接促销

公共关系强调企业通过积极参与各种社会活动,宣传企业营销宗旨、联络感情与扩大知名度,从而加深社会各界对企业的了解和信任,达到促进销售的目的。

(5) 影响的多元性

影响是多元的,主要有5种,即消费者(用户)、供应商、社会、政府和企业内部职工等。

(6) 成本低廉

公共关系主要是利用信息沟通的原理和方法进行活动,它比广告成本少得多。

3. 公共关系的活动方式

(1) 通过新闻媒介传播企业信息

企业可通过新闻报道、记者招待会、人物专访和记事特写等形式,利用各种新闻媒介对企业的新产品、新措施与新动态进行宣传,并邀请记者参观企业,还可撰写各种与企业有关的新闻稿件。

(2) 加强与企业外部公众的联系

企业应通过同社会各方面(政府机构、社会团体以及供应商、经销商)的广泛交往来扩大企业的影响,改善企业的经营环境。通过同这些机构建立公开的信息联系,来争取理解和支持,并通过它们的宣传,加强企业及其商品的信誉和形象,可赠送企业产品或服务项目的介绍、企业月报、季报和年报资料等。

(3) 企业自我宣传

企业还可以利用各种能自我控制的方式进行企业的形象宣传。如在公开的场合进行演讲;派出公共关系人员对目标市场及各有关方面的公众进行游说;印刷和散发各种宣传资料,如企业介绍、商品目录、纪念册等,有条件的汽车行业还可创办和发行一些汽车刊物,持续不断地对企业形象进行宣传,以逐步扩大影响。

(4) 借助公关广告

通过公关广告介绍宣传企业,树立企业整体形象。公关广告的目的是提高企业的知名度和美誉度,公关广告的形式内容可概括为3种类型:致意性广告、倡导性广告、解释性广告。

(5) 举行专题活动

通过举行各种专题活动,扩大企业的影响。举办各种庆祝活动,如周年庆、开工典礼、开业典礼等;开展各种竞赛活动,如知识竞赛、技能竞赛等;举办技术培训班或专题技术讨论会等,从而扩大企业的影响力。

(6)参与各种公益活动

通过参与各种公益活动和社会福利活动,协调企业与社会公众的关系,树立良好形象。这方面的活动包括安全生产和环境保护、赞助文体等社会公益事业和为社会慈善捐助等。

任务实施

一、推销策略

1. 推销方式

①上门推销。

②柜台推销(内见会、媒体见面会、试乘会)。

③会议推销(洽谈会、订货会、展销会、供货会)。

2. 推销的准备

①市场信息收集分析。

②活动企划案的主要内容。

③召开准备会议。

④目标设定。

3. 推销程序

①寻找潜在购车客户。

②建立客户资料卡(客户姓名、联络方式、感兴趣车型)。

③接近消费者。

④介绍和示范。

⑤排除异议。

⑥达成交易。

⑦跟踪服务。

二、促销策略

1. 让消费者试用产品

①随货附送赠品。

②折价券。

③现场展示说明。

④降价或打折。

⑤样品或试用品免费发送。

2. 刺激消费者续购

①积分累积赠奖。

②赠奖。

③贵宾卡。

④寄回空盒兑奖。

⑤会员制。
⑥随货附彩券。
⑦拼图、游戏。

3. 维持消费者品牌忠诚度
①持续广告。
②寄回空盒兑奖。
③公关。
④积分券和兑换券。

4. 提高消费者购买频率
①随货附送赠品。
②寄回空盒兑换。
③折扣出售。
④降价促销活动。

5. 清空商店存货
①买一送一，随货赠送。
②寄回空盒兑换。
③降价促销活动。

6. 促使客户光临现场
①赠品、纪念品。
②折扣出售。
③折价券。
④展示会。

 任务工作单

学习情境四：实施汽车市场4P策略 工作任务四：实施汽车促销策略	班级		
	姓名		学号
	日期		评分

一、工作单内容
　　对汽车市场的促销策略做出分析，汽车在促销策略方面可采取哪些方式：人员推销、广告、营业推广以及公共关系。

二、准备工作
　　说明：每位学生应在工作任务实施前独立完成准备工作。
　　1. 促销使用的方式有人员促销和_____两种。
　　2. 促销的核心是_____。
　　3. 引发、刺激消费者产生购买行为是促销的_____。
　　4. 推销人员运用能激起顾客某种需求的说服方法，诱发引导顾客产生购买行为，这是人员推销的_____策略。
　　5. 从市场地理范围大小看，若促销对象是小规模的本地市场，应以_____推销为主。
　　6. 在确定促销预算时，除了考虑营业额的多少外，还应考虑_____的要求、产品寿命等其他影响促销的因素。

7. 人员推销既是_____过程,也是商品交换过程,同时也是提供服务的_____过程。
8. 要对在岗的推销人员进行甄选,_____那些不适合推销工作的推销人员。
9. 由于推销人员素质高低直接关系到企业促销活动的成功与失败,所以推销人员的_____十分重要。
10. 常用的培训推销人员方法有讲授培训、模拟培训和_____。
11. 推销对象有消费者、生产用户和_____三类。
12. _____作为一种信息传播活动,在企业促销中是应用最广的促销方式。
13. 广告媒体中四种最常用的媒体是_____、杂志、广播和电视。
14. 广告效果测定中有按促销效果和_____效果的分类。
15. 公共关系是一定的_____与其相关的社会公众之间的相互关系。
16. 消费者对企业产品的各种反映与评价是_____信息。
17. 适合于在某一特定时期、一定任务条件下的短期性促销活动中使用的方式是_____。
18. 购买折扣、资助和经销奖励是促销活动中向_____推广的方式。

三、任务实施

[案例分析题]

1. 美国雪佛兰汽车厂积压了一批 1986 年生产的"托罗纳多"轿车,导致资金周转不灵,库存费用增大,工厂处于倒闭的边缘。该厂管理层检讨了企业管理方面的问题后,决定"买一送一",即凡是买走一辆托罗纳多轿车的人即可开走一辆南方牌轿车,使得原本"门前冷落车马稀"的营销部门一下子变得门庭若市,积压轿车被一售而空。

请问:这是什么促销模式?

2. 据统计,仅 1988 年,美国就有 3400 家以上的公司,在赞助体育比赛上花掉 13.5 亿美元,1989 年,美国企业花 5 亿美元请运动员为其产品做广告,赞助加上直接花在体育运动营销上的总金额达 55 亿美元。目前,至少已有 400 家美国公司成立了运动营销的专职部门,并有独立预算,专门负责体育活动的赞助。

试分析:(1)上文提到的是哪种广告策略?

(2)公司采用这种策略的目的是什么?

(3)广告促销决策有哪些内容?

四、工作小结

1. 企业在制定促销组合时应该充分考虑哪些因素?

2. 人员推销的基本形式和过程具体有哪些?

3. 广告媒体选择的影响因素有哪些?

4. 营业推广的方式有哪些?

学习情境五　汽车整车销售

📽 情境概述

本学习情境主要讲授汽车整车销售的流程、接待顾客的基本商务礼仪以及汽车售后管理跟踪的方法。根据岗位职业能力的要求,共有六个真实的工作任务。

一、职业能力分析

通过本情境的学习,期望达到下列目标。

1. 专业能力

(1) 掌握整车销售的规范流程。

(2) 掌握顾客接待的基本礼仪和行为规范。

(3) 掌握产品介绍的基本方法和技巧。

(4) 熟悉车辆售后服务的管理程序。

2. 社会能力

(1) 通过分组活动,培养团队协作能力。

(2) 通过规范文明操作,培养良好的职业道德和安全环保意识。

(3) 通过小组讨论、上台演讲评述,培养与客户的沟通能力。

3. 方法能力

(1) 通过查阅资料、文献,培养个人自学能力和获取信息能力。

(2) 通过情境化的任务单元活动,掌握解决实际问题的能力。

(3) 填写任务工作单,制订工作计划,培养工作方法能力。

(4) 能独立使用各种媒体完成学习任务。

二、学习情境描述

整车销售是汽车销售顾问基本的工作职能。完整的工作流程包括:客户接待→需求分析→产品介绍→试乘试驾→报价签约→交车→售后跟踪。因此,作为一名销售顾问,必须掌握客户接待的基本礼仪,车辆介绍的方法和与人沟通谈判等基本技能。本学习情境主要讨论学习在4S店汽车整车销售中各流程的工作内容和方法。

三、教学环境要求

本学习情境要求在理实一体化专业教室和专业实训室完成。要求展示4S店的各种岗位设置、配备整车以及车型资料、可以用于资料查询的电脑、任务工作单、多媒体教学设备、课件和视频教学资料等。

学生分成六个小组,各组独立完成相关的工作任务,并在教学完成后提交任务工作单。

工作任务一　汽车销售展厅接待

 **任务概述**

1. 应知应会

通过本工作任务的学习与具体实施,学生应学会下列知识:

(1)汽车销售人员职业形象。

(2)展厅接待商务礼仪。

应该掌握下列技能:

用销售顾问的标准完成展厅接待。

2. 学习要求

(1)在每个任务单元的学习过程中,完成相关任务工作单的填写,并通过课程网络及时提交给相关教师。任务工作单提交方法详见课程网站。

(2)在每个情境实施阶段的中期或后期,按要求填写工作单。本情境学习结束后,按要求填写学生考核记录表,进行自我评价后交小组长,小组长评价后连同工作单统一交教师。

(3)每个情境学习到评价环节时,个人进行任务完成情况的评估。教师对小组抽查,被抽查的个人上台进行讲评。

 相关知识

一、汽车销售人员职业形象

随着社会的发展,职场人士对自己的形象也越来越重视。好的形象可以增加一个人汽车营销实务的自信,对个人的求职、工作、晋升和社交都起着至关重要的作用。以往,人们往往认为形象就是指发型、衣着等外表的东西,实际上现代意义的职业形象主要包括仪容、仪表以及仪态三方面,其中最为讲究的是形象与职业、地位的匹配。销售人员的职业形象,直接影响着顾客的第一印象和第一感觉,殷勤有礼的专业汽车销售人员的接待将会消除顾客的负面情绪,为购买汽车奠定一种愉快和满意的基调。

1. 仪容、仪表

(1)仪容的含义

仪容通常是指人的外观、外貌。其中的重点,则是指人的容貌,更具体地说是指发式、面容以及人体所有未被服饰遮掩的肌肤,如手部、颈部等。在人际交往中,每个人的仪容都会引起交往对象的特别关注,并将影响到对方对自己的整体评价。在个人的仪表问题之中,仪容是重中之重。

①要求仪容自然美。它是指仪容的先天条件好,天生丽质。尽管以相貌取人不合情理,但先天美好的仪容相貌,无疑会令人赏心悦目,感觉愉快。

②要求仪容修饰美。它是指依照规范与个人条件,对仪容进行必要的修饰,扬长避短,设计、塑造出美好的个人形象,在人际交往中尽量令自己显得有备而来,自尊自爱。特别是对于汽车销售人员直接和顾客相接触,其具有良好的职业形象不但能让自己有自信,更能给顾客留下最好的印象,以便促成其交易成功。

③要求仪容内在美。它是指通过努力学习,不断提高个人的文化、艺术素养和思想、道德水准,培养出自己高雅的气质与美好的心灵,使自己秀外慧中,表里如一。

(2)仪表的含义

仪表是指人的外表,它包括人的形体、容貌、健康状况、姿态、举止、服饰、风度等方面,是人举止风度的外在体现。风度是指举止行为、接人待物时,一个人的德才学识等各方面的内在修养的外在表现。风度是构成仪表的核心要素。仪表美是一个综合概念,它包括三个层次的含义:一是指人的容貌、形体、仪态等的协调优美;二是指经过修饰打扮以后及后天环境的影响形成的美;三是指其内在美的一种自然展现。

(3)仪容修饰的原则

修饰仪容的基本规则,是美观、整洁、大方、典雅。它包括如下方面:

①头发的修饰。头发要干净、常理、常洗、常梳、常整;长短要适宜,男士头发一般7cm左右,前不及额,侧不及耳,后不及领;女士头发不长于肩,如长于肩就要做技术处理,或盘起来、或梳起来;要做到发式自然,不能将头发染成五颜六色,发型的选择要时尚、大方、得体,不能标新立异。

②胡须的修饰。在正式场合,男士留着乱七八糟的胡须,一般会被认为是很失礼的,而且会显得邋里邋遢。个别女士因内分泌失调而长出类似胡须的汗毛,应及时清除并予以治疗。

③鼻毛的修饰。鼻毛不要外现,鼻腔里要随时保持干净。

④清洁的口腔。牙齿洁白,口无异味,是对口腔的基本要求。在会见顾客之前忌食蒜、韭菜、腐乳等让口腔发出刺鼻气味的东西。

⑤手部的修饰。手是肢体中使用最多、动作最多的部分,要完成各种各样的手语、手势。如果手的"形象"不佳,整体形象就会大打折扣。对手的具体修饰应注意三点:清洁、不使用醒目的指甲油、不蓄长指甲。

(4)仪表修饰的原则

生活中人们的仪表非常重要,它反映出一个人的精神状态和礼仪素养,是人们交往中的"第一印象"。成功的仪表修饰一般应遵循以下的原则:

①适体性原则。要求仪表修饰与个体自身的性别、年龄、容貌、肤色、身材、体型、个性、气质及职业身份等相适宜和相协调。

②TP原则。即时间(Time)、地点(Place)、场合(Occasion)原则,要求仪表修饰因时间、地点、场合的变化而相应变化,使仪表与时间、环境氛围、特定场合相协调。

③整体性原则。要求仪表修饰先着眼于人的整体,再考虑各个局部的修饰,促成修饰与人自身的诸多因素之间协调一致,使之浑然一体,营造出整体风采。

④适度性原则。要求仪表修饰无论是修饰程度,还是在饰品数量和修饰技巧上,都应把握分寸,自然适度。追求虽刻意雕琢而又不露痕迹的效果。

(5)汽车销售人员的仪容仪表规范

汽车销售人员在与顾客交往时,第一印象十分重要。第一印象一旦形成,便很难改变。对销售人员来说,第一印象犹如生命一样重要,往往决定交易的成败。

如何把握与顾客初次见面短暂的时机,创造一个良好的第一印象呢?销售人员的仪表、举止、谈吐等方面的表现显得格外重要。

①仪表规范。汽车销售人员在与顾客见面之初,对方首先看到的是汽车销售人员的仪

容、仪表,如容貌和衣着。销售人员能否受到顾客的尊重,赢得好感,能否得到顾客的承认和赞许,仪表起着重要的作用。因此,注意仪表形象不仅仅是个人的事,更应该作为一种礼节来注意,同时也代表了企业的形象。仪表不仅仅是汽车销售人员外表形象的问题,也是一个内在涵养的表现问题。良好的形象是外表得体与内涵丰富的统一。当然,对汽车销售人员来说,注意仪表绝不是非要穿什么名贵衣物不可,不要刻意讲究,一般做到朴素、整洁、大方、自然即可。销售人员的衣着打扮:一要注意时代特点,体现时代精神;二要注意个人的性格特点;三要符合自己的体形。另外,头发也会给人很深的印象,头发要给人以清爽感,油头粉面容易给人厌恶感等。总之,外貌整洁、干净利落,会给人仪表堂堂、精神焕发的印象。

②举止规范。汽车销售人员要树立良好的交际形象,必须讲究礼貌礼节,注意行为举止。举止礼仪是自我心态的表现,一个人的外在举止可直接表明他的态度。对销售人员的行为举止,要求做到彬彬有礼、落落大方,遵守一般的进退礼节,尽量避免各种不礼貌或不文明习惯。

③谈吐规范。作为一名汽车销售人员,说话清楚流利是最起码的要求,而要成为一名合格而优秀的销售人员,必须要掌握一些基本的交谈原则和技巧,遵守谈吐的基本礼节。具体体现在以下几个方面:

a. 说话声音要适当。交谈时,音调要明朗,咬字要清楚,语言要有力,频率不要太快,尽量使用普通话与顾客交谈。

b. 与顾客交谈时,应双目注视对方,不要东张西望、左顾右盼;谈话时可适当用些手势,但幅度不要太大,不要手舞足蹈;不要用手指人,更不能拉拉扯扯、拍拍打打。

c. 交际中要给对方说话机会。在对方说话时,不要轻易打断或插话,应让对方把话说完。如果要打断对方讲话,应先用商量的口气问一下:"请等一等,我可以提个问题吗?","请允许我插一句",这样避免对方产生你轻视他或对他不耐烦等误解。

d. 与顾客交谈要注意对方的禁忌。一般不要涉及疾病、死亡等不愉快的事情。在喜庆场合,还要避免使用不吉祥的词语。顾客若犯错误或有某种生理缺陷,言谈中要特别注意,以免伤其自尊心。对方不愿谈的话题,不要究根问底,引起对方反感的问题应表示歉意或立即转移话题。

另外,谈话对象超过3人时,应不时与在场人攀谈几句,不要只把注意力只集中到一两个人身上,使其他人感到冷落。交谈时要注意避免习惯性口头禅,以免使顾客感到反感。交谈要口语化,使顾客感到亲切自然。

2. 肢体语言

站姿、走姿和手势等这些肢体语言已经是礼仪的象征,汽车销售人员会用肢体语言表达其所要表达的意思则被认为是有涵养的文明人,反之会被认为粗俗,没有礼貌缺乏修养,会在汽车销售中遇到不该有的麻烦。因此,肢体语言在汽车销售工作中是十分重要的,应该努力学习和掌握尺度。

(1)站姿的标准

站立的效果:女士要站的优雅;男士要站的稳重。正确的站姿应该注意以下几点:

①挺胸收腹抬头。挺胸能使人身体宽厚,也显得英姿勃发,充满力量。收腹既可使男女的胸部突起,也可以使臀部上抬,这种站立姿态,显得很稳定、很平衡。挺胸的方法是双肩略向后用力,平时多做上肢运动,增强胸肌、背肌、腹肌的力量。抬头时,头正直,腰部用力,背脊挺直,不要弯腰或垂头,不要显出萎靡不振或松松垮垮的样子,两臂自然下垂或双手叠放

靠在腰下,眼睛平视,环顾四周,嘴微闭,面带笑容,以保持随时为客人服务的姿态。

②下颌微收,目视前方,视线与眼睛同高,眼睛看前方1m左右。向上向下都会使印象减弱,显得不沉着。

③女士的站姿有两种:一是双脚呈V字形,如图5-1所示,即膝和脚后跟要靠紧,两脚张开的距离应为两拳;二是双脚呈Y字形,即双腿并拢,左脚跟从右脚中部斜伸出去,与右脚构成一个Y字形。女性站姿要有女性特点,要表现出女性的温顺和娇巧、纤细、轻盈、娴静、典雅之姿,给一种"静"的优美感。

④男士的站姿,如图5-2所示。男士站立时,双脚可并拢,也可分开,双脚与肩同宽,身体不应东倒西歪,站累时脚可以向后或身前半步但上体仍需保持正直,不可把脚向前向后伸手得太多,甚至叉开太大。站立时若空着手,可双手在下体交叉,右手放在左手上,双手放前、放后均可以。

(2)走姿的标准

①男士的走姿应当是昂首,闭口,两眼平视前方,挺胸收腹,直腰,上身不动,两肩不摇,步态稳健。

②女士走路的姿态应是头端正,不宜抬得过高,以端正,目光平和,目视前方,上身自然挺直,收腹,两手前后摆动的幅度要小,以含蓄为美,两腿并拢,平步行进,走成直线,步态要自如,匀称轻柔。

③行走线路是脚正对前方所形成的直线,脚跟要落在这条直线上,上体正直,抬起头,眼平视,脸有笑容,双臂自然前后摆动,肩部放松,走时轻而稳,两只脚所踩的应是两条平行线,两脚落在地上的横向距离大约是3cm左右。

④走路时,脚步要轻而稳,切忌晃肩摇头,上体摆动,腰和臀部居后。行走应尽可能保持直线前进,遇有急事,可加快步伐,但不可慌张奔跑,如图5-3所示。

图5-1　女士标准站姿　　　图5-2　男士标准站姿　　　图5-3　标准走姿

⑤两人并肩行走时,不要用手搭肩;多人一起行走时,不要横着一排,也不要有意无意地排成队形。

⑥走路时一般靠右侧,与顾客同走时,要让顾客走在前面;遇通道比较狭窄,有顾客从对面来时,服务人员应主动停下来,靠在左边上,让顾客通过,但切不可把背对着顾客。

⑦遇有急事或手提重物需超越走在前的顾客时,应彬彬有礼地征得顾客同意,并表示歉意。

(3)坐姿的标准

①正确的坐姿,如图5-4所示。身体坐在椅子的2/3处,上身保持正直,两手自然放于两膝上,两腿平行,与肩同宽。

a)男士坐姿

b)女士坐姿

图5-4 正确坐姿

②胸部自然挺直,立腰收腹,肩平头正,目光平视,女销售人员着裙时双腿并拢,斜放或平直放,双手自然摆放在腿上。

③与人交谈时,身体要与对方平视的角度保持一致,以便于转动身体,不得只转动头部,上身仍需保持正直。

(4)手势

手势是一种最有表现力的一种"体态语言",它是服务人员向顾客做介绍谈话,引路,指示方向等常用的一种形体语言。

手势要求正规,得体,适度,手掌向上。在指引方向时,应将手臂伸直,手指自然并拢,手掌向上,以肘关节为轴指向目标。同时,眼睛要转向目标,并注意对方是否已看清目标,手掌掌心向上的手势是虚心的、诚恳的。在介绍、引路、指示方向时,都应掌心向上,上身稍前倾,以示敬重。在递给客人东西时,应用双手恭敬地奉上,绝不能漫不经心地一扔,并切忌以手指或笔尖直接指向客人。

在销售过程中汽车销售人员要运用恰当的手势,以免带来不必要的麻烦。

二、展厅接待商务礼仪

在顾客来访的最初时刻,最重要的是使他放心。服务接待在顾客到来时应报以微笑,以缓解顾客的不安情绪,这能让服务接待更容易地和顾客进行交流并理解其要求。同时要注意必要的礼节,让内行挑不出毛病,让外行看着舒心。

1. 握手与介绍礼节

(1)握手礼节

在现代社会中,文明得体地见面礼仪越来越重要。往往人与人之间的情感交往也是从细微中流露,而见面握手,也是最常见的一种礼仪。可以说握手是交际场合中运用最多的一种交际礼节形式。行握手礼时应注意以下几点:

①握手应遵循"尊者优先"的原则,即应由客户先伸手。

②一定要用右手握手,握手时右臂自然向前伸出,与身体呈50°~60°,手掌向左,掌心微

微向上,拇指与手掌分开,其余四指自然并拢并略为内曲。

③保持手部清洁、干燥、温暖,握手有力,但不宜过重或只是轻轻触碰,时间约为1~3s,上下稍许晃动两三次,随后松开手,恢复原状。

(2)介绍礼节

介绍是汽车营销中重要的环节,介绍的礼节是通向交际大门的钥匙,销售人员有时需要为初次见面的他人进行介绍,又有时在相互之间进行自我介绍。

汽车销售人员为他人进行介绍时的介绍顺序和注意事项如下:

①把顾客向主人介绍之后,随即将主人再介绍给顾客。

②在一般情况下,应先把男子介绍给女士之后,再把女士介绍给男子。

③应先把年轻的、身份低的介绍给年长的、身份高的,然后再把年长的、身份高的介绍给年轻的、身份低的。

④在一般情况下,先把身份低者介绍给身份高者,先把年幼者介绍给年长者,先把未婚者介绍给已婚者。

⑤同级、同身份、同年龄时,应将先者介绍给后者。

⑥介绍时,要把被介绍的姓名、职衔(职位)说清楚。

⑦向双方做介绍时,应有礼貌地以手示意。手向外示意时手心向外,手向里示意时,手心向着身体,身体稍倾向介绍者,切勿用手指划,更不能拍打肩膀或胳膊。

⑧介绍双方姓名时,口齿要清楚,说得慢些,能让双方彼此记住。

2. 接电话礼仪

电话是现代人之间进行交流和沟通的便捷工具。在商业领域,通过电话销售,能够使公司的整体工作效率大幅度提高,因此要注意接电话的礼仪。

(1)左手持听筒、右手拿笔

大多数人习惯用右手拿起电话听筒,但是在与顾客进行电话沟通过程中往往需要做必要的文字记录。在写字的时候一般会将话筒夹在肩膀上面,这样电话很容易夹不住而掉下来发出刺耳的声音,从而给顾客带来不适。为了消除这种不良现象,应提倡用左手拿听筒,右手写字或操纵计算机,这样就可以轻松自如地达到与顾客沟通的目的。

(2)电话铃声响过两声之后接听电话

通常,应该在电话铃声响过两声之后接听电话,如果电话铃响三声之后仍然无人接听,顾客往往会认为这个公司员工的精神状态不佳。

(3)报出公司或部门名称

在电话接通之后,接电话者应该先主动向对方问好,并立刻报出本公司或部门的名称,例如,"您好,这里是某某公司……"。随着年龄的增长,很多人的身价会越来越放不下来,拿起电话往往张口就问:"喂,找谁……"这是很不礼貌的,应该注意改正,彬彬有礼地向顾客问好。

(4)确定来电者身份

接下来还需要确定来电者的身份。电话是沟通的命脉,很多规模较大公司的电话都是通过前台转接到内线的,如果接听者没有问清楚来电者的身份,在转接过程中遇到问询时就难以回答清楚,从而浪费了宝贵的工作时间。在确定来电者身份的过程中,尤其要注意给予对方亲切随和的问候。

(5)听清楚来电目的

了解清楚来电的目的,有利于对该电话采取合适的处理方式。电话的接听者应该弄清楚以下一些问题:本次来电的目的是什么;是否可以代为转告;是否一定要指名者亲自接听;是一般性的电话销售还是电话来往。

(6)注意声音和表情

接听电话时要注意声音和表情。声音好听,并且待人亲切,会让顾客产生亲自来公司拜访的冲动。不要在接听电话的过程中暴露出自己的不良心情,也不要因为自己的声音而把公司的金字招牌践踏在脚底下。因此,需要注意以下细节:

①虽然对方无法看到你的面容,但你的喜悦或烦躁会通过语调流露出来。正是因为对方不能从电话中看见你的笑容,所以你的声调就要负起全部的责任来。你的声调要充满笑意,比平时高兴的时候有更多的笑意。

②让自己处于微笑状态,微笑地说话,声音也会传递出很愉悦的感觉,听在顾客耳中自然就变得有亲和力,让每一个电话都保持最佳的质感,并帮助你进入对方的时空。

(7)保持正确姿势

接听电话过程中应该始终保持正确的姿势,身体不要下沉,不要趴在桌面边缘,这样可以使声音自然、流畅和动听。

(8)复诵来电要点

电话接听完毕之前,不要忘记复诵一遍来电的要点,防止记录错误或者偏差而带来的误会,使整个工作的效率更高。例如,应该对会面时间、地点、联系电话、区域号码等各方面的信息进行核查校对,尽可能地避免错误,以便准确和及时地帮助顾客解决问题。否则会影响公司的服务,造成不好的影响。

(9)最后道谢

最后的道谢也是基本的礼仪。来者是客,以客为尊,千万不要因为电话顾客不直接面对而认为可以不用搭理他们。实际上,顾客是公司的衣食父母,公司的成长和盈利的增加都与顾客的来往密切相关。因此,公司员工对顾客应该心存感激,向他们道谢和祝福。

(10)不要先挂断电话

通话结束后,也许顾客的耳朵此时尚未离开话筒,如果你先挂电话,他们听到"咔嗒"一声,就会以为你已经对他不耐烦了。在挂断电话之前停上一两秒钟,再轻轻挂断电话,这种习惯至少不会使你意外地失去一个顾客。

3. 名片使用礼仪

初次见到顾客,首先要以亲切态度打招呼,起身站立走上前,一边报上自己的公司名称,一边双手递过名片,将名片递给对方,注意名片的正面朝对方,如图5-5所示。不可递出污旧或皱折的名片,名片夹应放在西装的上衣内袋里,不应从裤子口袋里掏出。

接名片时最好用双手,接过后要点头致谢,不要立即收起来,也不应随意玩弄和摆放,而是认真读一遍,要注意对方的姓名、职务、职称,并轻读不出声,以示敬重。对没有把握念对的姓名,可以请教一下对方,然后将名片放入自己口袋、手提包或名片夹中。

图5-5　递接名片

 **任务实施**

顾客接待流程

1. 客户在顾客接待环节的需求
①销售人员能有礼貌地对待"我",及时关注"我"的需求。
②销售人员要给"我"一个较轻松的环境,不要给"我"压力。

2. 顾客接待的目的
①充分展现"顾客至上"的服务理念。
②建立顾客的信心,为销售服务奠定基础。
③消除顾客的疑虑,为引导顾客需求做好准备。
④通过良好的沟通,争取顾客能再次来店。

3. 展厅顾客接待的流程
(1)顾客接待的准备
①销售人员穿指定的制服,保持整洁,佩戴名牌。
②每天早会销售人员互检仪容仪表和着装规范。
③销售人员从办公室进入展厅前在穿衣镜前依人形模自检仪容仪表和着装。
④每位销售人员都配有销售工具夹,与顾客商谈时随身携带。
⑤每天早会销售人员自行检查销售工具夹内的资料,及时更新。
⑥每天早会设定排班顺序,制定排班表。
⑦接待人员在接待台站立接待,值班销售人员在展厅等候来店顾客。
(2)顾客接待时
①顾客来店时,值班销售人员至展厅门外迎接,点头、微笑,主动招呼顾客。
②销售人员随身携带名片夹,第一时间介绍自己,并递上名片,请教顾客的称谓。
③销售人员抬手开启自动门,引导顾客进入展厅。
④销售人员主动询问顾客来访目的,按顾客意愿进行。
⑤销售人员主动邀请顾客就近入座,并向顾客提供可选择的免费饮料(3种以上),座位朝向顾客可观赏感兴趣的车辆。
⑥征求顾客同意后入座于顾客右侧,保持适当的身体距离。
例如:先生,您好! 欢迎来到××店,我是这里的销售顾问××,这是我的名片(递名片),您可以叫我小×,很高兴为您服务! 先生,请问您怎么称呼?……×先生,您好! 您今天过来是看车呢还是做维护?……看车,那我们不妨先坐下来休息一下,来这边请! 来,×先生请坐,小心! (拉椅子)×先生,我们店免费为客户提供咖啡、饮料、茶水,您需要哪种呢?……好的,请您稍等! ×先生,您看,这里是我们店的一些车型资料,您可以先简单地翻阅一下,请您稍等片刻,小×马上回来。×先生,让您久等了,来,您的××,请慢用! 为了更好地跟您交流,小×可以坐在您旁边吗?……好的,谢谢!
(3)顾客离去时
①提醒顾客清点随身携带的物品。
②销售人员送顾客至展厅门外,感谢顾客惠顾,热情欢迎再次来店。
③微笑、目送顾客离去(至少5s)。

例如:请带好您的随身物品!××先生,非常感谢您的光临!期待您的下次来电!(鞠躬)请慢走!(微笑、并且一定要送到门外、挥手、目送离去)

任务工作单

学习情境五:汽车整车销售 工作任务一:汽车销售展厅接待	班级			
	姓名		学号	
	日期		评分	

一、工作单内容
对前来4S店的顾客进行展厅接待。

二、工作准备
说明:每位学生应在工作任务实施前独立完成准备工作。

1.汽车销售人员必备的销售工具有_____、_____、_____、名片、_____笔记用具、_____、_____和_____等。

2.顾客接待的目的是_____。

3.填写以下衣着/仪容规范(女性):

头发:

眼睛:

服装:

鞋子:

袜子:

身体:

三、任务实施
1.准备好销售前的工具资料。
2.整理自身仪容仪表。
3.在虚拟软件上对销售人员仪态进行纠错。

四、工作小结
销售前销售人员要做好那些方面的准备?

工作任务二　汽车客户需求分析

任务概述

1. 应知应会

通过本工作任务的学习与具体实施,学生应学会下列知识:

(1)提供咨询的程序及咨询中应收集的主要信息。

(2)巧妙的询问方式。

(3)倾听的技巧。

(4)提供建议的技巧。

应该掌握下列技能:

结合车型,会对各种客户进行需求分析。

2. 学习要求

(1)在每个任务单元的学习过程中,完成相关任务工作单的填写,并通过课程网络及时提交给相关教师。任务工作单提交方法详见课程网站。

(2)在每个情境实施阶段的中期或后期,按要求填写工作单。本情境学习结束后,按要求填写学生考核记录表,进行自我评价后交小组长,小组长评价后连同工作单统一交教师。

(3)每个情境学习到评价环节时,个人进行任务完成情况的评估。教师对小组抽查,被抽查的个人上台进行讲评。

相关知识

一、需求分析的形式

1. 询问

询问是指对客户的需求要有清楚、完整以及有共识的了解。

小案例

信徒的询问

一位信徒问牧师:在祈祷的时候可以抽烟吗?牧师回答说:不行!

另一位信徒问牧师:我在抽烟的时候可以祈祷吗?牧师回答说:可以!

启示:①提问时,首先要思考提什么问题;②如何表述;③何时提出问题。

1)询问的形式

询问形式有开放式和封闭式两种。

(1)开放式的询问

开放式的询问能让顾客充分阐述自己的意见、看法及陈述某些事实情况,可以让顾客自由发挥。提出一个问题后,回答者不能简单地以"是"或者"不是"来回答,可获得较多信息。

开放式询问分为两类:
①探询事实的问题。以何人、何事、何地、什么时候、如何、多少等询问去发现事实,目的在于了解客观现状和客观事实。例如,"您目前的使用状况如何?""您想要什么样的配置?"
②探询感觉的问题。是通过邀请对方发表个人见解来发现主观需求、期望、关注的事。例如,"您对自动挡是抱着什么样的看法?""您认为如何?"

开放式询问有两种提问方式:
①直接询问,例如,"您认为这种车型如何?"
②间接询问,首先叙述别人的看法或意见,然后再邀请顾客表述其看法。例如,"有些顾客认为这车较省油,您的看法是……"

(2)封闭式的询问

封闭式的询问也称有限制式问法,是让顾客针对某个主题在限制选择中明确地回答的提问方式,即答案是"是"或"否",或是量化的事实问题二者择一,"有没有""是否""对吗""多少"等。例如,约见顾客时询问:"既然这样,那么,我们是明天晚上见,还是后天晚上见?""您是喜欢两厢车还是三厢车?"

封闭式询问只能提供有限的信息,显得缺乏双方沟通的气氛,一般多用于重要事项的确认。例如,"您是否认为车的维修保养很重要?""您想买的车是商务用还是家用?""您首先考虑的是自动挡还是手动挡?"

封闭式询问的目的是获取顾客的确认,在顾客的确认点上发挥自己的优点,引导顾客进入你要谈的主题,缩小主题范围和确定优先顺序。

2)询问的步骤

先用开放式询问,当对方被动无法继续谈下去时,才能用封闭式询问。例如,"您同意吗?"改为"您认为如何?"

2. 倾听

关注顾客的话语,尽力理解顾客的需求。

(1)听的层次(如表 5-1 所示)

听的层次　　　　　　　　　　　　　　　　　　　　　　　　　　表 5-1

听 的 层 次	状 态
设身处地地听	参与到对方的思路中去,引起共鸣
专注地听	关注对方,适时地点头赞同
选择地听	对自己感兴趣的就听下去,对自己不感兴趣的就不听
虚应地听	只是为了应付,心不在焉
听而不闻	无反应,像未听到的一样,对顾客态度冷漠

(2)听的形式
①听他们说出来的。
②听他们不想说出的。
③听他们想说又表达不出来的。

(3)倾听的原则

全神贯注地倾听;给予反馈信息,让顾客知道你在倾听;强调重要信息;检查你对主要问题理解的准确性;重复你不理解的问题;回答顾客的所有的问题;站在顾客的立场考虑问题。

(4)倾听的作用(如表5-2所示)

听 的 作 用　　　　　　　　　　　　　　　　　　　　　　　　　　表5-2

听 的 作 用	状 态
听能创造良好的气氛	给顾客表述的机会,创造良好的气氛,是对方感到有价值、愉快
听能捕获信息	跟顾客谈话也是一样,如果你不注意捕获信息,就会充耳不闻
听能处理信息	顾客跟你谈判时话语很多,很复杂,甚至语无伦次,杂乱无章,但只要你能认真听,就能听出他的表达重点,理解他的意思,并对此做出正确反应

(5)倾听的技巧

①发出正确的信号——表明你对说话的内容感兴趣。

一是与顾客保持稳定的目光接触。心理学家认为,谈话双方彼此注视对方的眼睛能给彼此造成良好的印象,但关键是如何注视。目光游移不定,会让对方误以为你是心不在焉、不屑一顾;目不转睛地凝视,会让对方感到不自在,甚至还会觉得你怀有敌意。最自然的目光接触,应该是在开始交谈时,首先进行短时的目光接触,然后眼光瞬时转向一旁,之后又恢复目光接触,就这样循环往复,直到谈话结束能获得他人好感的目光应该是诚恳而谦逊的,既不卑不亢,又尊重他人也尊重自己。二是不插话,让顾客把要说的说完。让人把话说完整并且不插话,这表明你很看重沟通的内容。用形体语言表示你的态度,点头或微笑就可以表示赞同正在说的内容,表明你与说话的人意见相合,也表明你在专心地听着。三是保持并调动注意力。怎样保持并调动注意力?不妨把你的顾客当成世界上最重要的人物,把他们的讲话看作是你生平所听到的最重要的言语。将使人分心的东西(如铅笔、纸张等)拿走,采用放松的身体姿态(如身体重心偏向一边或前倾),就会使顾客感觉他们的话得到了你的关注。

②站在对方的立场,仔细地倾听。站在顾客的立场,专注倾听顾客的需求、目标,适时地向顾客确认你了解的是不是就是他想表达的,这种诚挚专注的态度能激起顾客讲出更多的内心想法。要能确认自己所理解的是否就是对方所讲的,你可以重复对方所讲的内容,以确认自己所理解的意思和对方一致,如"您的意思是不是指……""不知道我听得对不对,您的意思是……"对顾客所说的话,不要表现出戒备的态度,当顾客所说的事情对你的销售可能造成不利时,你听到后不要立即驳斥,可以请顾客更详细地说明是什么事情让他有这种想法顾客若只是听说,无法解释得很清楚时,也许在说明过程中他自己也会感觉出自己的看法不是很正确;若顾客说的证据确凿,你可以先向顾客表示歉意,并答应他说明此事的原委。

③掌握顾客真正的想法和需求。顾客有自己的立场,他也许不会把真正的想法告诉你,他也许会借用种种理由搪塞,或别有隐情,不便言明,因此,你必须尽可能地听出顾客真正的想法。要想了解顾客真正的想法,不是一件容易的事,你可以在听顾客谈话时自问以下问题:顾客说的是什么?它代表什么意思?他为什么这样说?他说的是一个建议吗?他说的是不是事实?他说的我能相信吗?他这样说的目的是什么?我能知道他的需求是什么吗?我能知道他的购买条件吗?

3. 建议

使用了解到的一切情况,尽量理解顾客的真正需求,然后提供专业建议。

(1)制定自己的标准说法

事先自己编出一套"说法大全",有经验的销售人员,通常在不知不觉中把洽谈中的一部分内容加以标准化。也就是说,与不同的顾客洽谈时,他就背熟了其中的一部分,且在任何洽谈中都习惯地使用。

（2）避免突出个人的看法

需求分析阶段，为了避免给客户留下促销的印象，同时也为了更好地了解客户自身的想法和需求，销售顾问应该尽量避免突出个人的看法。

（3）把自己当作顾客的购车顾问

顾问式销售是20世纪80年代后美国发展起来的一种标准销售行为。该销售方法要求销售人员具备行业知识，具备满足客户利益的技能，能够体现顾问形象的技能。该销售方法不是从推销出发，而是从理解客户的需求出发，引导客户自己认清需求顾问式销售是指销售人员以专业销售技巧进行产品介绍的同时，运用分析能力、综合能力、实践能力、创造能力、说服能力满足顾客的要求，并预见顾客未来的需求，提出积极建议的销售方法顾问式销售，即从理解客户的需求出发，以特定的产品满足顾客需求，实现顾客价值，实现销售，达到"双赢"的目的。

销售人员给顾客3点实用建议以树立自身的顾问形象，具体如下：

①建议顾客理性选择。首先是预算问题，应该先确定顾客经济能力所能承担的价格范围，然后选择其中性能价格比最高的车；其次，汽车销售人员要根据车辆的用途和顾客个人喜好，推荐选择最适合顾客的车型；最后，排量大小要适中。

②建议顾客进行性能价格比较。通过车辆说明书的性能参数，可以确定车辆的性能，性价比是顾客确定投入的依据。汽车销售员一般要提供汽车的有关情况，供客选购时参考。

③建议顾客全盘考虑。选购适用的车型和装置时不必贪大求全，而是要根据顾客使用的实际需要，选购适用的车型和装置。

二、需求分析的目的

①明确顾客的真正需求，并提供专业的解决方案。
②收集详尽的顾客信息，建立准确的顾客档案。
③在顾客心中建立专业、热忱的顾问形象。
④通过寒暄建立起与顾客的融洽关系。

三、需求分析的流程

1. 收集顾客信息

①从寒暄开始，找到公共话题，创造轻松的氛围。例如，"您看到了我们刊登的广告吗？"

②收集顾客的个人信息。包括姓名、电话、通信方式、家庭情况、业余爱好等。例如，"请问您如何称呼？""看您气质这么好，您是从事什么职业的呀？""不知道×先生业余都喜欢什么运动？"

③收集顾客的购车信息，包括目标车型、购车日期、购车用途等。例如："×先生，那您这次购车大概需要个多大排量呢？""×先生，来店之前还有到看其他的车型吗？""×先生，那您这次购车是准备增购呢还是换购？""×先生，冒昧地问一下，您的购车预算大概是多少？"

④需求分析以形成完整的A-C卡为目标，销售人员必须明确A-C卡内容。

⑤利用《来店顾客调查问卷》或集客活动，收集并记录顾客信息。

2. 分析并确认客户需求

①在适当的时机总结顾客谈话的主要内容，寻求顾客的确认。例如"×先生，我简单总结一下。可以吗？""您现在要买车，主要用于上下班代步，还有平时外出旅游，您看是不是

这样?"

②根据顾客需求主动推荐合适的商品,并适当说明。

例如,"××先生,根据您的需求,我向您推荐我们店卖的非常不错的××车,它非常符合您的要求""请允许我花两三分钟时间简要地给您介绍一下,您看可以吗? 如果您有什么问题,可以随时问我。"

四、需求分析中应收集的主要信息

需求分析中应收集的主要信息如表5-3所示。

收集客户信息项目　　　　　　　　　　　　　　　　　　　　　表5-3

信　息	目　的	细　项
顾客的个人情况	了解顾客的情况有助于了解顾客的实际需求,他们对经销商的感觉以及他们处于决定的哪个环节	姓名;电话;职业;业余兴趣爱好;家庭情况;购车用途;购车预算/经济状况等
过去使用车的经验	如果顾客过去有车,了解他们过去使用车的经验,有助于理解顾客再买车究竟想要什么,不想要什么	过去的车型、排量;对原来车的使用感受;对经销商的态度
对新车的要求	询问顾客的需求和购买动机有助于帮助他们选择出正确的车型。之后,你可以针对顾客的需求了解具体车型的主要特征和利益,以便更好地为这些顾客服务	购买动机;排量;配置;购车价位;关注的性能;购车时间;支付方式等

任务实施

一、需求分析准备工作

①汽车营销员必备的销售工具。包括公司介绍、汽车目录、地图、名片夹、计算器、笔记用具、最新价格表、空白"合同申请表"、"拜访记录表"等专业销售表格。

②研究所销售的产品。包括产品的构成、产品的特点与功能、专业数据。

二、客户开始表达需求时做法

①眼神接触,关心的表情,身体前倾,热情倾听,表示对客户的关心与尊重。

②使用开放式提问,主动进行引导,让客户畅所欲言。

③留心倾听客户的讲话,了解客户真正的意见,在适当的时机作简单的回应,不断鼓励客户发表意见,客户说完后再讲述自己的意见。

④征得客户同意,详细记录客户谈话的要点。

⑤未确认客户需求时,不可滔滔不绝地作介绍。

三、各种客户应对方式

(1)客户希望看车,但不知道对哪种车真正有兴趣

①请客户提供基本信息,以确定其购车动机,为了鼓励客户自愿提供信息,可采用开放式问题:"为什么考虑要买一部新车?""对车最感兴趣的是什么?"等。

②让客户完全随意地回答你的问题,尽量不要让客户有压迫感。

③仔细倾听客户所说的话,和客户保持目光接触。点头,对客户表示赞同,可用"是的""我了解""您说得很有道理""还有呢"等语句。

④复述或表达所听到的,认同客户的看法,表示我们了解他的需求。

⑤请客户确认你的理解,以便他相信你已了解他的最重要的需求。

⑥回答客户可能提出的任何问题,如果你不能回答客户的问题,你就要主动表示要为其获得有关信息。

⑦根据客户提供的购车动机,为其推荐两种你认为他可能感兴趣的车型。

⑧给客户提供一本他感兴趣的车型的目录。

⑨提出可以带客户去看他所感兴趣的车。

注:不要勉强客户进入"产品介绍"或"协商"步骤。

(2)客户希望看看某一档次的车型

①给客户提供一本他感兴趣的车型的目录。

②请客户告知其生活方式或所希望的汽车功能,以便决定向其推荐哪种档次。

③请客户告知他是否已决定购买哪种档次的车,以帮助确定其所感兴趣的具体车型。

④仔细倾听客户所说的话,和客户保持目光接触。点头,对客户表示赞同,可用"是的""我了解""您说的是""你说得很有道理""还有呢"等语句。

⑤复述或表达所到的,认同客户的看法,表示我们了解他的需求。

⑥根据客户的信息,向客户推荐某一特定档次的车。

⑦问客户以前是否已经看过这种车,以免浪费他的时间。

⑧问客户是否去过同类车型的专营店,以便确定他的购车经验。

注:不要勉强客户去考虑他并不感兴趣的车型。

(3)客户希望商谈某一具体车型的价钱

①询问客户是否已经看过其所要的车,是在本店还是其他的店。

②询问客户是否需要去看他所要的车。

③请他确认所希望的车型和档次。

④如果客户说"是",则带客户去看车。

⑤如果客户说"不",则按统一要求报价。

 任务工作单

学习情境五:汽车整车销售 工作任务二:汽车客户需求分析	班级		
	姓名	学号	
	日期	评分	
一、工作单内容 对前来4S店的顾客进行展厅接待,并对其进行需求分析。 二、准备工作 说明:每位学生应在工作任务实施前独立完成准备工作。 1. 需求分析时,询问形式有_____和_____两种。 2. 倾听的原则有:_____、给予反馈信息_____、强调重要信息、_____、回答顾客所有问题、_____、_____。			

三、任务实施

1. 准备好销售前的工具资料。
2. 整理自身仪容仪表。
3. 填写顾客信息收集表:

信　　息	细　　项
顾客个人情况	职业:
	兴趣爱好:
	家庭情况:
	经济情况:
过去用车经验	过去的车型:
	对过去车的使用感受:
	对经销商的态度:
对新车的要求	购车用途:
	排量:
	配置要求:
	关注的性能:
	购车时间:
	购车预算:
	支付方式:
	是否二手车置换
对顾客的建议	

四、工作小结

1. 需求分析的程序一般是怎样的?

2. 给顾客提供建议的方法技巧有哪几种?

工作任务三 车辆介绍与试乘试驾

1. 应知应会

通过本工作任务的学习与具体实施,学生应学会下列知识:
(1)展车设置。
(2)车辆介绍的技巧与方法。
(3)试乘试驾注意事项。
应该掌握下列技能:
(1)熟练运用FAB法进行车辆六方位介绍。
(2)熟练设计试乘试驾路线并进行动态介绍。

2. 学习要求

(1)在每个任务单元的学习过程中,完成相关任务工作单的填写,并通过课程网络及时提交给相关教师。任务工作单提交方法详见课程网站。

(2)在每个情境实施阶段的中期或后期,按要求填写工作单。本情境学习结束后,按要求填写学生考核记录表,进行自我评价后交小组长,小组长评价后连同工作单统一交教师。

(3)每个情境学习到评价环节时,个人进行任务完成情况的评估。教师对小组抽查,被抽查的个从上台进行讲评。

一、展车设置

1. 展厅车辆摆放整体要求

(1)注意车辆的颜色搭配
展示区域的车辆不能只有一种颜色,几种颜色搭配效果会更好一些。
(2)注意车辆的型号搭配
同一个品牌的车,可能有不同的系列,车型从小到大,不同型号与配置都应搭配展示。
(3)注意车辆的摆放角度
让顾客感觉错落有致,而不是零乱无序。
(4)注意重点车型的摆放位置
要把它们放在合适醒目的位置。属于旗舰的车型,一定要突出它的位置。可以把一些特别需要展示的车辆停在一个展台上,其他的车都围着它,犹如众星拱月,甚至可以打出一些聚焦的灯光。
(5)注意凸显产品特色
这是体现产品差异化,提高竞争力,使顾客加深印象的重要手段。

2. 展车设置要求

①展车摆放严格按照品牌标准规范执行,包括展车数量、型号、位置、照明、车辆信息

牌等。

②展车前后均有车牌(前后牌),指示车辆名称/型号。

③保持展车全车洁净,轮胎上蜡,轮毂中央车标摆正,轮胎下放置轮胎垫。

④展车不上锁,车窗关闭,配备天窗的车型则打开遮阳内饰板。

⑤展车内座椅、饰板等的塑胶保护膜须全部去除,放置精品脚垫。

⑥摘除前风挡玻璃上的扩大票,置于手套箱内。

⑦展车方向盘调整至较高位置,如果太低,顾客坐进去以后会感觉局促别扭。座椅头枕调整至最低位置,驾驶座座椅向后调,椅背与椅垫成105°角,与副驾驶座椅背角度对齐一致。

⑧展车时钟与音响系统预先设定,选择信号清晰的电台,并准备3组不同风格的音乐光盘备用。

⑨后座椅安全带折好用橡皮筋扎起塞到后座椅座位中间的缝隙里面,留1/2在外面。

⑩后备厢整洁有序,无杂物,安全警示牌应放在后备厢的正中间。

二、车辆介绍

1. 车辆介绍前的准备

①掌握4S店所有车型的商品知识及卖点。

②充分了解竞品信息,掌握商品的对比优势。

③在销售工具夹内准备主要的商品和竞车资料,便于向顾客展示说明。

④展厅内型录架上每一车型准备10页以上的商品单页,随时补足,便于顾客取阅。

2. 车辆介绍的方法

(1)爱达模式

注意、兴趣、欲望和行动四个单词的英文缩写为AIDA,中文英译为爱达。爱达模式内容可概括为:有效的推销活动一开始就应引起客户的注意,把客户的注意力吸引到推销活动中及其所推销的产品上,进而引起客户对所推销产品的浓厚兴趣。于是,客户的购买欲望自然产生,最终就会激发客户的购买行为。

(2)埃德帕模式

第一个步骤:Identification,确认客户需要,把推销的产品与客户的愿望联系起来。

第二个步骤:Demonstration,向客户示范合适的产品。

第三个步骤:Elimination,淘汰不宜推销的产品。

第四个步骤:Proof,证实客户已做出正确的选择。

第五个步骤:Acceptance,促使客户接受推销产品,做出购买决定。

(3)费比模式(FAB法)

第一步:把产品的特征(Feature)详细介绍给客户。

第二步:充分分析产品的优点(Advantage)。

第三步:给客户带来的利益(Benefit)。

FAB法是我们六方位绕车介绍中最常用的方法,很多品牌都采用此介绍法。

3. 六方位绕车介绍

环绕产品对汽车的六个部位进行介绍,有助于销售人员更容易有条理地记住汽车介绍的具体内容,并且更容易向潜在顾客介绍最主要的汽车特征和好处。在进行环绕介绍时,销售人员应确定顾客的主要需求,并针对这些需要做讲解。销售人员针对顾客的产品介绍,进行车辆展示以建立顾客的信任感。销售人员必须通过传达直接针对顾客需求和购买动机的相关产品特性,帮助顾客了解一辆车是如何符合其需求的,只有这时顾客才会认识其价值。直至销售人员获得顾客认可,所选择的车合他心意,这一步骤才算完成,而六方位绕车介绍可以让顾客更加全面地了解产品。

如图5-6所示,这就是在展厅中展示汽车的一个标准流程。

图5-6　车辆六方位介绍图

（1）第一方位：汽车的正前方

当汽车销售人员和顾客并排站在汽车的正前方时,介绍要点主要如下：

①品牌荣誉。例如,本车型的销量、获奖情况、在同级别车中的地位、本品牌的价值等。

②正面设计。例如,正面的造型、设计理念及整车气质。

③前照灯、雾灯、日间行车灯。例如,LED灯组成的日间行车灯、具有转向补光功能的新造型雾灯、具有随动转向功能的双氙气大灯等。

④保险杠、进气格栅。例如,贯通式前保险杠、镀铬进气格栅等。

⑤风挡玻璃等。例如,5层静音风窗玻璃等。

（2）第二方位：车侧

当汽车销售人员和顾客并排站在汽车的副驾驶侧时,介绍要点主要如下：

①侧面设计。例如,车身侧面设计流畅典雅、黄金车身比例、镀铬装饰条、可折叠后视镜等。

②车身的安全性（包括车身结构、车身材料、车身焊接技术等）。例如,车身结构能将碰撞的能量传至框架上从而保护乘员舱安全、热成型钢板、超高强度钢板、激光焊接技术等。

③底盘技术（悬架、ABS、EBD、ESP等主动安全装备）。例如,麦弗逊式悬架、多连杆悬架、最新版本的ESP、BSW制动盘水膜自动清除技术、BA紧急制动辅助系统等。

④车窗。例如,5层静音车窗玻璃、隐私玻璃等。

（3）第三方位：正后方

当汽车销售人员和顾客并排站在汽车的正后方时,介绍要点主要如下：

①尾部设计。例如,微微上翘的鸭尾式设计、尾部造型时尚等。

②尾灯造。例如,M型尾灯、高位制动车灯等。

③行李舱（行李舱的开启方式、开口方式、容积大小等）。例如,行李舱感应开启、U形大开口等。

④倒车影像等。例如,安装位置巧妙、模式切换方便等。

（4）第四方位：乘客席

此时正是销售人员争取顾客参与谈话的时刻,销售人员应该邀请顾客打开车门、触摸车窗观察顾客的反应并邀请顾客坐到乘客的位置。介绍要点主要如下:

①座椅。例如,真皮座椅、按照人体工程学设计、具有电加热功能、包裹性强、支撑至膝部等。

②车后排的乘坐空间(包括头部空间、腿部空间、肘部空间)。例如,"您坐在后排翘个二郎腿也不成问题!"

③车载影院。例如,液晶触屏方便性、车载影院给后排乘员带来的娱乐性等。

④后排安全气囊等。

(5)第五方位:驾驶席

汽车销售人员可以鼓励顾客进入车内,先行开车门引导其入座。如果顾客进入了车内乘客的位置,那么应该告诉顾客的是汽车的操控性能如何优异、乘坐多么舒适等。介绍要点主要如下:

①座椅调节功能。例如,十向调节,每个人都能找到最佳乘坐模式。

②内部设计。例如,内部设计高档、时尚、选材的环保性等。

③仪表盘。例如,获取信息方便、功能强大、造型时尚等。

④空调。例如,"我们配备的是双区独立自动空调,不同区域的乘员可以按照自己的需求来调节温度,可以满足不同乘员的舒适性。"

⑤音响。例如,"我们配备的是世界顶级的丹拿音响,能给您营造一个音乐厅般的感觉。"

⑥各种智能操控系统(如:AUTO-HOLD、EPB、EPS等)。

例如,"我们用的是电子制动,您只需轻按EPB键,就可以轻松驻车,既方便又安全。"

"我们这边还有个AUTO-HOLD功能,就是在等红绿灯或上下坡紧急刹车时,您只需按下AUTO-HOLD键,就可以解放您的右脚了。当您需要起步时,轻点油门就可以起步了。"

(6)第六方位:发动机舱

汽车销售人员站在车头前缘偏右侧,打开发动机舱盖,固定机盖支撑,介绍要点主要如下:

①发动机舱的整体布置。例如,"我们的发动机舱整体布局井井有条,非常合理。"

②发动机的型号及技术。例如,"我们这款发动机的型号是EA888,它采用的是先进的TSI缸内直喷涡轮增压技术。"

③发动机的各种参数。例如,最大功率、最大转矩、最高车速、百公里加速时间、百公里油耗等。

④发动机的防盗系统等。

绕车介绍完后针对顾客需求,口头总结商品特点与顾客利益;并在商品目录上注明重点说明的配备,作为商品说明的总结文件;转交车型目录,并写下销售人员的联系方式或附上名片;主动邀请顾客试乘试驾;待顾客离开展厅后及时整理和清洁展车,回复原状。

总之,六方位绕车介绍法是从车前方到发动机,刚好沿着整辆车绕了一圈,并且可以让汽车销售人员把车的配置状况做一个详细的说明和解释。这样的介绍方法很容易让顾客对车型产生深刻的印象,但在六方位绕车介绍时一定要注意以下几点:

①从顾客最关心的部分和配备开始说明,激发顾客的兴趣。

②创造机会让顾客动手触摸或操作有关配备。

③注意顾客反应,不断寻求顾客的观感与认同,引导顾客提问。

④顾客在展车内时,销售人员的视线不要高于顾客的视线。

⑤销售人员指示车辆配备时动作专业、规范,切忌单指指示。

⑥销售人员在说明过程中爱护车辆,切勿随意触碰车辆漆面。
⑦强调商品的优势,但要避免恶意贬低竞争产品。
⑧若销售人员遇到疑难问题,可请其他同事配合,正确回答顾客的问题。

4. 车辆介绍的技巧

产品劝购是一门艺术。销售人员在进行劝购时应该注意自己的语气和用词,说话不能太多太快或者漫不经心,劝购要委婉得体,要让顾客自己拿主意,满足顾客受尊重的需要。

(1)巧妙赞美顾客

巧妙地介绍自己的产品,有效地赞美顾客,将产品的优点与顾客的利益点有效地结合起来。在展示产品的过程中,不动声色地赞美顾客,赢得顾客的好感与信任,这就是聪明的销售人员必须学习的成功秘诀。

(2)打个恰当比喻

现在是个讲究效率的社会,几乎没有人愿意花费太多的时间来听销售人员长篇大论的产品介绍。因此,给你的方案打个恰当的比喻,用最简短、最精练的语言,最恰当、最形象的比喻,将它们表达清楚,这是销售人员在产品劝购中一项重要的技能。

(3)将缺点"全盘托出"

任何产品都会存在一些缺陷,这些缺陷对你的销售存在着诸多不利的因素,很多时候它们是你推销失败的罪魁祸首。然而,永远不要把产品的缺陷当作一项秘密,因为这是一种欺骗行为,一旦顾客发现你有意隐瞒,势必会导致你信誉的丧失。因此,当产品的某一项性能不符合顾客的要求时,应当将这个缺点当着顾客的面"全盘托出";然后再想办法把顾客的眼光引向产品的优势,着重表现出产品高于其顾客同类产品的地方。只有如此,才能化缺点为优点,化"腐朽为神奇"。

(4)让顾客参与其中

在销售时,最巧妙的做法是提供一个不完整的方案,给对方留下调整的余地。提供一个不完美的商品,赋予对方修改的权利。"人之患,好为人师",当顾客参与了"使方案或商品更完美"之后,顾客会更乐于接受你的建议。

5. 车辆介绍应注意的问题

(1)对自己所介绍的内容要有信心

顾客在向销售人员了解情况时,非常注意销售人员非语言部分的信息表达。顾客们除了要对销售人员所讲的内容进行分析外,还会根据销售人员讲话时的表情、语气、声调和态度来作出判断。如果销售人员对自己讲的内容有所怀疑、缺乏信心时,自信心将会受到影响,随之面部表情也会发生微妙的变化。尽管销售人员可能会竭力掩饰,但这种微妙的变化会马上让顾客察觉到对于顾客们而言,连销售人员自己都不认可的产品,凭什么我们还要去买。这就是为什么要求销售人员在进行产品展示与说明时应充满自信、充满激情、面带微笑。

(2)介绍中不能涉及太多的知识与概念

从心理学角度讲,顾客在接收任何信息时,一次只能接收6个以内的概念。但较多的销售人员不理解这个道理,在与顾客洽谈的过程上,就怕讲得不多顾客不接受,拼命将自己知道的向顾客们讲述。结果,当顾客离开时只知道几个不重要的概念,而真正影响顾客们决策的要点都抛在了脑后。因此,找出顾客购车时最关注的方面,只需用6个关键的概念建立顾客们的选择标注就可以。

如介绍发动机时,最关键的概念包括输出功率、输出转矩、油耗、汽缸数量、涡流增压、噪声、汽缸排列方式、压缩比、单顶置凸轮轴或双顶置凸轮等,但是这么多的概念一下子介绍给对汽车并不专业的顾客,顾客们就会如坠云雾之中,根本不知道什么最重要。此时,销售人员只要告诉顾客"一般1.3 L排量的发动机,如输出功率能够达到60kW,输出转矩能够达到100N·m以上,而且气门数量在16个以上就是一款好的发动机"。这里只用了三个概念就让顾客有了一个自己的选择标准。此时,如果顾客对发动机兴趣浓厚,有希望多了解一些情况的话,可以再把汽缸数、压缩比、凸轮轴等概念介绍给顾客。注意,这样的介绍不能单纯只是一个概念,而应该把该概念的含义及对顾客的利益清楚地表达出来。如单凸轮轴和双凸轮轴,它不仅仅是用一根轴还是两根轴来控制进气和排气,双凸轮轴的结构对发动机的性能有提升,但会增加投资成本。如果顾客关注发动机的性能而对投资不做计较的话,选择双凸轮轴的发动机会更好。归纳一点,在向顾客介绍和展示汽车产品时,必须针对顾客关注的那一点说清楚,同时最多只能给出6个概念,除非顾客在这方面很专业或顾客们对销售人员的介绍非常感兴趣并愿意接纳。

(3)介绍产品时不要太积极

这里所指的"不要太积极"不是说可以用消极的态度对待顾客,而是指在产品介绍中当顾客没有提出要求时,不要卖弄自己专业的渊博。如果不相信,最终吃苦的还是自己。

(4)要学会处理意外情况

产品展示与说明中经常或有意外的情况发生,可能是销售人员介绍错误,更可能是顾客的看法错误。此时,要注意做到以下几点。

①马上修正自己的错误并向顾客表示歉意。任何人都不可能不出错,关键的是出错后的表现。有一位销售人员在向顾客介绍千里马轿车的发动机时,讲到一个错误观念,告诉顾客说千里马轿车的发动机是起亚公司原装发动机,共有16个气门,所以动力性能相当不错,输出功率和扭矩大。同时,销售人员特别指出,在10万元以内的家庭轿车中只有千里马轿车的发动机是16气门,像羚羊轿车的发动机只有12气门。当时,作为顾客对销售人员的说法表示出了异样,但该销售人员并未发觉,也没有做出修正。当然,该顾客最终没有与该销售人员成交。

②如果是顾客的错误,应表示出"不要紧"的微笑。经常会遇到一些对汽车有一定了解但又并不专业的顾客,顾客们为了在洽谈中左右谈判的局面,往往会表现出自己很专业的样子,但实际对某些问题提出的看法又往往不正确。此时,销售人员最容易冲动的行为是试图去纠正顾客的说法。如果销售人员这样做了,就会发现让顾客很难堪,下不了台,甚至感觉非常没有面子,结果就是该顾客再也不会找这位销售人员买车了。遇到这用情况,最佳的处理方式:如果顾客没有意识到这样的问题,销售人员千万不要自作聪明地去纠正;如果顾客已经认识到自己出错了,要面带微笑地说:"不要紧,谁都会发生这样的错误,刚开始时我也出了错。"如果此时销售人员给足了顾客面子,顾客反过来也会回报销售人员并买单。

③别在顾客前说第三者的坏话。这里的"第三者"主要指竞争对手。一般而言,顾客为了降低自己购车的风险,往往会花费大量的时间去广泛地调查。因此,有可能对调查过的销售商和销售人员会建立认识和好感,往往会有些汽车销售人员由于经验不足,当顾客提及竞争对手时销售人员会紧张,怕这些对手会抢走自己的生意。因此,会针对这些"第三者"提出贬低的评价,这些评价就有相当一部分与顾客已经建立起来的认识发生冲突。结果不但没有降低顾客对第三者的认同,反而再一次增加了顾客对竞争对手的关注和认同。此时如何巧妙地处理这样的情况就成为一个销售人员是否专业的一个标志。最佳的做法是轻描淡写或以忽略的方式,或先认同顾客的看法,再以"只是"、"不过"、"如果"等转折词进行变换,千万不能用"是的……但是"这样的语气非常强硬的语气来表示。如果销售人员对顾客提出的竞争对手的优势表示出不以为然的表情,则顾客

就会觉得顾客们提出的问题不应该是汽车选购中最应关注的问题,反而有利于提高顾客对销售人员所涉及内容的关注度。第三者还包括销售人员自己的同事。有时某些销售人员为了自己的业绩,会在销售中对顾客提及的前面与顾客们打交道的同事进行贬低,殊不知越贬越让顾客觉得这家公司不可信,这位销售人员不值得合作。如果能够在顾客面前对自己的同事大加赞美的话,不仅不会失去顾客,反而会让顾客对销售人员产生敬佩,更有利于达成交易。

④保全顾客的面子。

一个成功的销售是让顾客高兴而来,满意而归。谁也不希望在与销售人员的接触过程中发生不愉快的行为,但有时会由于销售人员无意识的行为让顾客动怒,从而不利于销售的顺利进行。有这样一个案例,即顾客的小孩用玩具敲打宝马轿车车盖,当时那位销售人员告诉小孩如果敲坏的话要顾客父亲赔,父亲听到这句话后说了一句"不就才一百多万元,有什么了不起!"如果此时销售人员换一种说法就可以让顾客挽回面子,例如,"实在对不起,我说的不是这个意思,我只是不希望您买回去的是一部不完美的宝马轿车"。

三、试乘试驾

试乘试驾是让顾客感性地了解车辆有关信息的最好机会,通过切身的体会和驾乘感受,顾客可以加深对销售人员口头介绍的认同,强化其购买信心。在试乘试驾过程中,销售人员应让顾客集中精神进行体验,并针对顾客需求和购买动机进行解释说明,建立起信任感。

1. 试乘试驾的目的

①通过动态介绍,建立顾客对商品的信心,激发购买欲望。

②收集更多的顾客信息,为促进销售作准备。

2. 试乘试驾的流程

(1)试乘试驾前

①试驾车辆及其文件的准备:

a. 经销店必须准备专门的试乘试驾用车。

b. 试乘试驾车由专人管理,保证车况处于最佳状态,油箱内有1/2箱燃油。

c. 试乘试驾车应定期美容,保持整洁,停放于规定的专用停车区域。

d. 试乘试驾车证照齐全,并有保险。

②路线规划准备:

a. 按车型特性规划试乘试驾路线,避开交通拥挤路段。

b. 随车放置《欢迎参加试乘试驾活动》文件,附有路线图。

③人员的准备:

a. 销售人员必须具有合法的驾驶执照。

b. 若销售人员驾驶技术不熟练,则请其他合格的销售人员进行试乘试驾,自己陪同。

④试乘试驾邀约:

a. 商品说明后主动邀请顾客进行试乘试驾。例如,"王先生,您今天带了驾照吗?""带了的话小李可以给您预约一个试乘试驾,让您亲自感受一下,您看好吗?"

b. 安排小型试乘试驾活动,积极邀请顾客参加。

c. 在展厅或停车场显眼处设置"欢迎试乘试驾"的指示牌。

(2)试乘试驾时

①向顾客说明试乘试驾流程,重点说明销售人员先行驾驶的必要性。

②向顾客说明试乘试驾路线,请顾客严格遵守。
③查验顾客的驾驶证照并复印存档,签署安全协议与相关文件,如《试乘试驾记录表》。
④向顾客简要说明车辆的主要配备和操作方法。
⑤若有多人参加试乘试驾,则请其他顾客坐在车辆后排座位。
⑥确认车上人员系好安全带,提醒安全事项。
⑦销售人员将车辆驶出专用停车区域,示范驾驶。
⑧销售人员驾驶时依车辆行驶状态进行车辆说明,展示车辆动态特性。
⑨在预定的安全地点换手。换手时提醒顾客要系安全带,请顾客将座椅调至最佳位置,调整好后视镜;请顾客试踩制动踏板、油门及离合器,感知它们的精确程度;了解挡位;嘱咐顾客要精力集中驾驶,注意行车安全。
⑩在顾客的视线范围内换到副驾驶座。
⑪准备不同种类的音乐光盘供顾客选择,试听音响系统。
⑫在顾客驾驶过程中,应有意识地将顾客参与和顾客的体验融入试乘试驾的活动中去。体验内容主要包括如下:

a. 关车门的声音,是实实在在的声音,并非空荡荡的感觉。
b. 发动机的动力、噪声,请顾客感觉启动发动机时的声音与发动机在怠速时的车厢内的宁静。
c. 车辆的操控性,各仪表功能观察清晰,多向可调转向盘、自动恒温空调系统等各功能开关操控简便,触手可及。
d. 音响环绕系统保真良好。
e. 试乘试驾的舒适性,即使车行驶在不平坦的路面上,由于车辆扎实的底盘、优异的悬挂系统与良好的隔音效果等特性同样让乘坐者舒适无比。
f. 直线加速,检验换挡抖动的感觉。
g. 车辆的爬坡性能,检验发动机强大转矩在爬坡时的优异表现。
h. 体验车辆的制动精确、安全性,制动系统以及安全系统等的特点。
⑬仔细倾听顾客的谈话,观察顾客的驾驶方式,发现更多的顾客需求。

试乘试驾时,通过车况与路况演示,如表5-4所示,让顾客了解演示路段和演示重点。

试乘试驾演示重点　　　　　　　　　　　表5-4

演示路段	演示重点
发动与怠速	介绍如空调等需发动后才可使用的功能;体验怠速静肃性
起步时	请顾客体验发动机的加速性、噪声、功率/转矩的输出、变速器的换挡平顺性
直线巡航	体验室内隔音、音响效果、悬架系统的平稳性
减速时	体验制动时的稳定性及控制性
再加速时(依车速选择有力的挡位)	体验传动系统灵敏度,变速器换挡的平顺性及灵活性,发动机提速噪声
高速巡航	体验发动机噪声、轮胎噪声、起伏路面的舒适性、转向盘控制力
上坡时	发动机转矩输出、轮胎抓地性
转弯时	前风窗玻璃环视角度、前座椅的包覆性、方向的准确性(悬架系统与轮胎抓地力)
行经弯道时	转弯时车辆操控性及加速踏板控制灵敏性
空旷路段	示范行驶中使用转向盘上的音响/空调/电话控制键的便利与安全性

(3)试乘试驾后

试驾完成之后,引导顾客回到展厅,让其坐下来好好休息一下,为顾客倒上一杯茶水,舒缓一下顾客刚才驾车时的紧张情绪,重新体验一下试驾时的美好感受。

①适当称赞顾客的驾驶技术。
②引导顾客回展厅(洽谈区),总结试乘试驾体验,填写"试乘试驾意见反馈表"。
③适时询问顾客的订约意向。
④待顾客离去后,填写顾客信息,注明顾客的驾驶特性和关注点。

任务实施

一、日产天籁的产品介绍(FAB 模式,见表 5-5 至表 5-10)

天籁六方位介绍(车前脸)　　　　　　　　　　　　　　　　　表 5-5

N－需求	F－配置	A－优势	B－利益	话术冲击
车前方 45°角				
当客户关注前格栅时	豪华镀铬前格栅	既不像凯美瑞那样中庸,也不像雅阁那样运动,包容性更强	全新天籁镀铬前格栅使整个前脸看上去更加立体,动感。又不失优雅,高档	不管您出席商务场合还是家庭自用都非常适合
当客户关注前照灯时	投射式双氙气前大灯	亮度是卤素灯泡 2～3 倍,寿命长;同级车型大多只有近光灯是氙气大灯,天籁远近光都是氙气大灯	照射面积更广,更亮;带有延迟关闭功能,夜间更好地保证安全性;自动水平调节,始终保持最佳照射角度	有很多女性的天籁客户就非常喜欢这个功能,特别是像在那些晚上没什么路灯照明的小区
当客户注视前保险杠时	动感十足的前保险杠	全新天籁更加动感,更加时尚;机油冷却更加可靠	全新设计的网格状前保险杠进气孔,运动感强,是目前最流行的设计;比原天籁前保险杠,增加机油冷却专用孔	很多高端的运动型轿车和跑车都采用网状设计,比如奥迪 R8

天籁六方位介绍(驾驶席)　　　　　　　　　　　　　　　　　表 5-6

N－需求	F－配置	A－优势	B－利益	话术冲击
驾驶座				
当客户关注内饰时	现代豪华家居内饰	与同级别车相比,天籁的内饰更加温馨、现代、豪华,做工更加精致,让您体验到家的感觉	采用波浪形曲线的设计更显高档;长纹内饰设计更像实木	只要看过天籁车的客户都非常喜欢它的内饰,特别是木纹的设计,很多客户都认为是实木

N-需求	F-配置	A-优势	B-利益	话术冲击
当客户关注音响时	智控娱乐系统:虚拟6CD;硬盘式音乐盒;AUX+USB;蓝牙播放	雅阁凯美瑞只有单碟DVD和AUX,没有6碟虚拟CD,硬盘式音乐盒和蓝牙播放。雅阁虽然也配备硬盘式音乐储存,但是AUX和USB接口不能同时配备,也没有蓝牙	多种方式听音乐更方便;储存容量大,将您喜欢的音乐都收入在车里;不用放很多CD在车内,节省空间	您有没有带MP3,我马上演示下给您看;我拿张CD,帮您演示下是如何"虚拟"的
当客户关注天窗时	全景天窗	同级别车中没有一款车有这样的配置	为您带来更宽阔视野,更加的高档	在夜晚,即使您坐在后排也能看到满天的繁星
当客户关注空调时	负离子智能空调	负离子智能空调更能体现日产的人性化技术,同级别车的空调都没有这么多的功能	消除车内异味、烟尘和病菌,保障您和家人的健康。5min就可除去90%以上的香烟粒子;废气感应式内外气体循环自动切换功能,阻隔室有害物质	我们总经理开的就是天籁,他经常在车里抽烟,但是一点烟味都没有
向客户展示屏幕时	NAVI导航:HDD硬盘式;语音识别系统	采用硬盘式导航,相比传统导航,响应速度更快,容量更大,更加稳定,同级别车中没有语音识别系统	有了NAVI导航,您就再也不怕迷路了;语音识别系统使用方便,不用动手,用习惯后可以减少视线转移,提高行车安全	很多客户在买了带导航的车后,周末都开车到近郊区旅游,上次有客户开到海南去
当客户关注座椅时	多层仿生学座椅三重舒适结构;腰部疲劳缓解装置	凯美瑞、雅阁的座椅只有两层结构,所以天籁座椅柔适性是他们的1.6倍,柔适性能超过皇冠30%,超过奥迪A6L15%	包裹性好,支撑性好,非常舒适,长途驾驶也不会疲劳	您用手按一下座椅,会出现5个手印,和记忆枕的原理差不多,舒适性肯定好

天籁六方位介绍(乘客席)　　　　表5-7

N-需求	F-配置	A-优势	B-利益	话术冲击
车后座				
当客户询问静音效果时	三维静音工程:高速风噪弱化技术;360度噪音隔绝技术;各路况吸音等噪技术	同级别车型吸音材料使用较少,静音效果比天籁差很多	车内非常安静,乘客可以安心的休息,不用担心被吵醒;平时您可以在车里休息,不夸张地说关上门您就"与世隔绝"了	我把窗降下来您听听我们展厅里的音乐。我再把窗升起来,您比较下,是不是几乎听不出外面的音乐?

续上表

N-需求	F-配置	A-优势	B-利益	话术冲击
当客户坐在后座时	三重减震技术:悬挂减震;车身减震;座椅减震	天籁座椅减震性能是凯美瑞和雅阁的1.6倍;吸震性能优异,吸震效果超过奥迪A6和皇冠30%	天籁减震十分出色,崎岖路面不会上下震动,高速转弯时不会左右晃动,驾乘舒适性非常好	等会儿您在试驾的时候,您可以感受下我们的方向盘,基本感觉不到震动
当客户关注储物空间时	丰富储物空间	天籁的储物空间不仅多,而且容积也大。比如我们最常用到的手套箱,凯美瑞只有8L,雅阁也只有9L,而天籁达到了10L。您可别小看多出这1.2L的空间,多出1L就能多放3听可乐	储物空间多,可以放很多杂物,比如眼镜、水杯、iPad等;设计合理,取放方便	我来帮您数一下,您就可以充分地感受储物空间的多样化和便利性

天籁六方位介绍(车后方)　　　　　　　　　　　　表 5-8

N-需求	F-配置	A-优势	B-利益	话术冲击
车后方				
当客户关注尾灯时	LED组合尾灯	相比普通尾灯:点亮速度快;能耗小;寿命长	提升车辆档次;同时提升提高了行车安全性	网络上有很多关于LED尾灯的介绍,您可以去看下,它的优点是公认的。
当客户关注行李箱时	最优化行李箱	相比同级别轿车,天籁行李箱更大利用率更高	行李箱空间达到506L,可以放进很多东西,满足您日常生活的需要	这么大行李箱,非常适合全家出去旅行,可以放很多行李,比如旅行箱、帐篷什么的
当客户关注排气筒时	镀铬双排气筒	同级别车中的凯美瑞、雅阁都是单排气筒,档次上就比天籁了差一点	采用了双排气管双消音器设计,能够使发动机的排气噪音成倍降低,给整车带来更好的静音效果;看起来非常有运动感,非常高档	像您熟知的很多豪华车都是用双排气筒的,像宝马5系,还有奔驰E级

天籁六方位介绍（车侧）　　　　　　　　　　　　　　　　　　　　　　　　表 5-9

N－需求	F－配置	A－优势	B－利益	话术冲击
车侧方				
当客户关注刹车效果时	超高摩擦刹车装置	天籁采用新型日产专利超高摩擦材料，刹车效力领先同级车，较雅阁、凯美瑞刹车效力提升20%以上	极大提高刹车灵敏度，降低热衰减，提升主动安全性	奔驰和雷克萨斯都曾经想买下日产的这项专利
当客户关注安全性时	安全区域采用超高强度钢材；前车架增加连接钢筋；多负荷轨道车身	超高的安全性能在同级车中是首屈一指的	安全区域采用超高强度钢材，提升车辆的抗撞击力，最大限度保持乘坐安全，给您无微不至的关怀与保护	您看这是我们的五星级安全认证，给您最安全的保障
当客户询问车身安全时	高刚性车身结构；超高刚性车身	天籁高强度钢使用率远超雅阁和凯美瑞：390MPa以上高强钢雅阁仅为48%，凯美瑞使用率更低，天籁的390MPa以上高刚性材料使用率超60%；980MPa超强钢在雅阁凯美瑞中完全未使用	天籁在同级车中首次用980MPa超高强度刚性材料，大大提升了车体的刚性和抗扭能力，安全性大大提升	我特地去查过，980MPa超强钢一般在核潜艇等军工领域才会使用的

天籁六方位介绍（发动机舱）　　　　　　　　　　　　　　　　　　　　　表 5-10

N－需求	F－配置	A－优势	B－利益	话术冲击
发动机舱				
当客户要打开发动机舱时	全球十佳发动机	大多同级别车的发动机都是直列4缸的，和天籁差了一个档次	全新第四代VQ发动机，输出平稳，响应更及时，低噪音，低震动，更节能，更环保，百公里只有7.1L的超低油耗	是全球唯一连续14年获得"全球十佳发动机"殊荣的发动机，宝马这样的豪华车都没有做到，本田丰田就更不行了
当客户询问变速器时	新一代智能CVT无级变速器（带6速手动模式）	雅阁、凯美瑞均采用极为普通的5AT速变器，且雅阁无手动模式，新一代天籁为带6速手动模式的智能CVT无级变速器	采用更加先进的ASC控制单元，达到700多种转换模式。让您体验零换挡冲击，零时差加速，零动力损失。真正实现动力性、舒适性和燃油经济性的完美结合	奥迪的CVT变速器最高只能用于3.0L排量的发动机，天籁的可以用在3.5L的发动机，比奥迪还要先进

续上表

N-需求	F-配置	A-优势	B-利益	话术冲击
当客户询问操控时	TOPS随速感应智能转向系统	超越竞争对手的四十余种智能转向模式，操控更加得心应手	在低速时转向轻盈，不用花很大的力量高速时转向稳健，提高安全	待会您试驾的时候可以试试，在急速时打方向，非常轻便，您对比下您现在开的车，马上就可以感觉出来

二、大众新迈腾汽车六方位绕车介绍

1. 前脸

首先进入我们眼里的是全新迈腾圆润的前脸造型，凸显稳重，大方。给人美的感受的同时有效地降低了行车的风阻力度，大大提高燃油的经济性。全新迈腾大尺寸的镀铬格栅和大众标志简捷明快，体现驾驶者的尊贵和非凡品位。全新迈腾采用先进的AFS智能前大灯，它能根据汽车方向盘角度、车辆偏转率和行驶速度，不断对大灯进行动态调节，适应当前的转向角，保持灯光方向与汽车的当前行驶方向一致，提供全方位的安全照明，增强了黑暗中驾驶的安全性。迈腾新造型前雾灯具有随车转向补光功能，随转向而动，不仅提升了驾驶的安全性而且凸显了大众的独特品位。全新迈腾前挡风玻璃采用5层静音结构，他可以有效地防止发动机仓的噪音传入到车体内部，给你提供安静的驾驶环境，同时前挡风玻璃具有防紫外线功能和隐形功能，有效地减少辐射的困扰，保护了你的隐私安全。在全新迈腾的挡风玻璃下面隐藏的是我们的自动感应雨刷，他可以根据雨量的大小，分为四级刮刷速度。保证你前方视野的清晰性。提高你行车的安全性。隐藏式雨刷他也可以有效降低风切音，为你营造安静舒适的行车环境。

2. 驾驶室

全新迈腾随车配备遥控钥匙，十分便利，他可以让你对后备厢，车门锁，回家灯的开关。让你享受科技的便利。你坐在我们全新迈腾的驾驶席座椅上，你可以充分感受到人机工程学设计座椅为你提供的最舒适，最安全的乘驾。驾驶席座椅的前后，上下，背靠角度的六向电动调节，方便各种身材的驾驶者调节到最舒适的驾驶姿势，即使长时间驾驶也没有疲劳感。全新迈腾前排电加热座椅升温快，能耗低。在寒冷的时候只要轻按加热键，就能立刻享受到舒适的乘坐感受。通过优化A柱的弧度和宽度，同时采用防炫目的内后视镜防止后方车辆的灯光影响，为你提供更加宽阔的视野，有效提高行车的安全。全新迈腾采用全自动双区独立空调，左右可分别调节温度，更加人性化，为车主提供最贴心的服务。全新迈腾随车配备的智慧行车电脑可以将车外温度、行驶里程、平均油耗、车速等多种信息实时显示，极具科技感，同时彰显了全新迈腾的高档次与非凡品位。全新迈腾采用一键式开闭电动防夹天窗，能有效防止成员被夹伤，同时为你带来更开阔的空间和愉悦的心情。

3. 乘客席

××先生，请你坐到里面体验一下全新迈腾舒展的后排空间。车内采用U型空间设计，进出更加方便，提升腿部伸展的空间，全新迈腾后排座椅的空间达到990mm，座椅到头顶空间达到940mm。后排还采用三点式安全带，充分考虑到成员行车安全。同时全新迈腾标配的ISO-

FIX 儿童安全座椅固定装置,有效地保护了儿童安全座椅。先生你看我们副驾驶的后面,在这里配备了副驾驶座椅的后排调节按钮,能使后排乘客获得更开阔的乘坐空间。为了你和你家人的健康,全新迈腾车内使用水性涂料,并大量采用低挥发的内饰材料,使得整车更加环保。

4. 正后方

全新迈腾的车位层次分明,厚实饱满,和前脸前呼后应尊贵大气。宽大的镀铬饰条凸显行李舱盖,显现扎实的气质。尾灯采用 LED 设计,亮度高,反应快,能耗低,寿命长,迅速将你的行驶意图及时准确告诉后方车辆,提高行车安全。行李舱的空间达到 565L,地板宽大平整,当你把后排座椅放倒后行李舱容积最大可以达到 1350L,满足你的出行需求。行李舱盖采用内支撑装置,这就保证了你在开闭过程中不占用行李箱空间。你是否感觉这个很实用和人性化呢?高清晰倒车影像有 180°全方位视角,成像清晰,保证了让倒车入库无死角,即便利又安全。

5. 车侧(右前方)

全新迈腾侧面圆滑流体,活力十足。而窗上和底部的镀铬饰条也使整车的尊贵感展现得淋漓尽致,令人赏心悦目。采用德国博世先进品牌的 ESP 动态电子稳定系统,能有效防止车辆在急转弯时发生侧滑和甩尾。TCS 牵引力控制系统能防止驱动轮在湿滑的路面上发生驱动轮打滑。带 EBD 电子制动力分配的 ABS 防抱死装置,能合理分配四轮制动力,同时防止车轮抱死,确保行车的稳定。EBA 紧急制动辅助系统能根据脚踩制动踏板的力度和速度来判断前方的有效制动距离,进行辅助制动。这对于行车安全是必需的。全新迈腾的轮胎宽度为 235mm,轮毂直径为 17 英寸,抓地力极佳。前后刹车采用通风盘和后盘式制动,百公里制动距离仅为 42.5m,远领先于同级别车。全新迈腾采用的前麦弗逊式后多连杆式独立悬架,这种组合的悬架不仅保证了乘坐的舒适性还提高了驾驶操控性。

6. 发动机

全新迈腾采用德国大众 2.0TSI 涡轮增压式双顶置凸轮轴 2.0L 排量的铸铁发动机。采用了可变气门正时技术,通过改变进气门的开关时间,从而增加进气量,有效降低油耗。还有多点电控燃油喷射技术,他可以直接把油喷进汽缸体内,有效地提高了动力和染污的排放。整车的最大功率达到 147kW 最大的转矩达到 280N·m 不仅给你带来良好的动力体验还能有效降低油耗和排放。全新迈腾百公里加速时间仅仅为 8s,这在同级别车中属于领先地位。全新迈腾使用世界先进水平的 DSG 湿式双离合变速器,大大降低了换挡的顿挫感,行驶更加平稳,让你获得优越的驾驶乐趣。

任务工作单

学习情境五:汽车整车销售 工作任务三:车辆介绍与试乘试驾	班级			
	姓名		学号	
	日期		评分	

一、工作单内容
对接待的顾客进行整车六方位介绍。
二、准备工作
说明:每位学生应在工作任务实施前独立完成准备工作。

1. 填写以上车辆的六个方位:
2. 车前方介绍要点有:①_____ ②_____ ③_____ ④_____ ⑤_____。

3. 发动机舱的介绍要点有:①_____ ②_____ ③_____ ④_____ ⑤_____。
4. 车辆发动机包括_____、_____两大结构,_____、_____、和_____、_____、_____五大系统。

5. 解释以下名称及其作用
   ABS:_____
   VVT-i:_____
   ESP:_____
   EBD:_____

三、任务实施

1. 准备好整车介绍的工具资料。
2. 做好绕车前的准备工作(转向盘、座椅、车钥匙、收音机等)。

3. 以一汽大众 2012 款全新迈腾为例,环绕介绍,做好特征表的填写:

方　位	细　项	F(特点)	A(优势)	B(利益)
正前方	正面造型			
	前照灯			
	前风窗玻璃			
	保险杠			
	进气格栅			
车侧	侧面设计			
	车身尺寸			
	车身结构			
	车身材料			
	车身焊接技术			
	悬架			
	底盘主动安全装备			
正后方	尾部设计			
	尾灯设计			
	行李舱			
乘客席	乘坐空间			
	儿童关爱			
驾驶席	转向盘			
	座椅			
	安全带			
	仪表板			
	内饰			
	音响			
	空调			
	AUTO-HOLO			
	EPB			
发动机室	整体布置			
	发动机的动力性			
	发动机的经济性			
	发动机的安全性			

4. 请写出试乘试驾的流程。

5. 总结一汽大众 2012 款全新迈腾的卖点。

四、工作小结

1. 请总结 FAB 法的使用要点？

2. 试乘试驾一汽大众全新款迈腾时,应主要进行哪些功能的体验？

工作任务四　异议处理与促进交易

1. 应知应会

通过本工作任务的学习与具体实施,学生应学会下列知识:

(1)异议及异议处理。

(2)成交信号的识别与把握。

(3)签约成交(促成交易的方法与技巧、成交阶段的风险防范)。

应该掌握下列技能:

针对各种类型顾客进行异议处理并运用各种方法促成车辆交易。

2. 学习要求

(1)在每个任务单元的学习过程中,完成相关任务工作单的填写,并通过课程网络及时提交给相关教师。任务工作单提交方法详见课程网站。

(2)在每个情境实施阶段的中期或后期,按要求填写工作单。本情境学习结束后,按要求填写学生考核记录表,进行自我评价后交小组长,小组长评价后连同工作单统一交教师。

(3)每个情境学习到评价环节时,个人进行任务完成情况的评估。教师对小组抽查,被抽查的个人上台进行讲评。

一、客户的异议

客户的异议,就是客户对销售人员或其销售活动所做出的怀疑或反面意见的一种反应,是客户对产品、销售顾问、销售方式、交易条件发出的怀疑、抱怨,提出的否定或反对意见。简单地说,被客户用来拒绝购买的理由就是客户的异议,例如"对不起,我没兴趣","价格太贵了","售后服务能保证吗"等。

1. 客户异议的特点

①客户的异议是成交的障碍。如果销售顾问不能很好地处理客户的异议,就会直接影响购买行为。

②客户的异议也为成交提供了成功的机会。如果销售顾问对客户的异议处理得当,客户得到了满意的答复,其对产品及交易条件有了充分的了解和认同,就有可能产生购买意向。

2. 客户异议的类型

在不同的销售环境、时间、地点条件下,汽车销售人员所面对的也是不同的顾客。他们因各种因素的影响,会提出各种不同的异议。一般来说,顾客的异议主要表现为以下几种类型。

(1)需求异议

指顾客认为产品不符合自己的需要而提出的异议。当顾客对你说"我不需要"之类的话时，表明顾客在需求方面产生了异议。顾客提出需求异议的原因一般有两种：一是顾客确实不需要或已经有了同类产品，在这种情况下销售人员应立刻停止销售，避免不必要的资源浪费；二是这顾客想摆脱销售人员或是在销售谈判中占有主动的一种托词。在汽车销售实践中第一种情况相对比较少见，第二种情况出现的可能性比较大，因此汽车销售人员应运用有效的异议化解技巧来排除障碍，从而深入开展销售活动。

（2）产品异议

指顾客针对产品的质量、性能、规格、颜色、包装等方面提出的异议，也称为产品异议。这是一种常见的顾客异议，其产生的原因非常复杂，有可能由于产品自身存在的不足，也可能源于顾客自身的主观因素，如顾客的文化素质、知识水平、消费习惯等。有的顾客会认为日本车的安全性小于欧美车，买日本车不安全等。在汽车销售实践中，此种异议是汽车销售人员面临的一个重大障碍，并且顾客一旦形成就不易被说服。

（3）价格异议

指顾客认为价格过高或价格与价值不符而提出的异议。在销售过程中，汽车销售人员最常碰到的就是价格方面的异议，这也是顾客最容易提出来的问题，往往也是双方矛盾的焦点。一般来说，顾客在接触到某一款汽车后，都会询问其价格。因为价格与顾客的切身利益密切相关，顾客对产品的价格最为敏感，一般首先会提出价格异议。即使销售人员的报价比较合理，顾客仍会说："你们的价格太高了"，"能不能再少一点"等。在他们看来，讨价还价是天经地义的事。对于有经验的销售人员来说，顾客提出价格方面的异议，也是表示顾客对产品感兴趣，这是顾客产生购买意愿的信号。因此，汽车销售人员应把握机会，可适当降价，或从产品的材料、工艺、售后服务等方面来证明其价格的合理性，说服顾客接受其价格。

（4）服务异议

指顾客针对购买前后一系列服务的具体方式、内容等方面提出的异议。这类异议主要源于顾客自身的消费知识和消费习惯，处理这类异议，关键在于提高服务水平。在现行汽车销售模式中都非常重视服务，特别是售后服务活动的展开，甚至许多汽车销售商之间的竞争也变成了售后服务之间的竞争。

（5）时间异议

指顾客认为现在不是最佳的购买时间或对销售人员提出的交货时间表示的异议。当顾客说"我下次再买"，"我下次再来看看吧"之类的话时，表明顾客在这方面提出了异议，但要注意的是，顾客提出异议的真正理由往往不是购买时间，而是对价格、质量、付款能力、需求等方面存在问题。在这种情况下，汽车销售人员应抓住机会，认真分析时间异议背后真正的原因，并进行说服或主动确定下次见面的具体时间。此外，在汽车销售实践中经常会碰到由于企业生产安排和运输方面的原因，或正处于销售旺季，可能无法保证产品的及时供应。在这种情况下，顾客有可能对交货时间提出异议。面对此种异议，销售人员应诚恳地向顾客解释缘由，并力争得到顾客的理解。

（6）货源异议

货源异议是顾客对提供推销品的企业或销售人员不满意而拒绝购货，货源异议属于销售人员方面的一种顾客异议。当顾客提出货源异议时，通常表明顾客愿意按照销售人员的报价购买这种产品，只是不愿向这位销售人员或其所代表的公司购买。货源异议的根据主要是企业形象欠佳、知名度不高、销售人员态度不友善、服务安排不周到等原因。货源异议有一定的积极意义，有利于促使销售人员努力改进工作态度和服务质量，提高企业信誉。

(7)财力异议

指顾客由于无钱购买而提出的异议。在现实销售过程中,这种原因往往并不直接地表现出来,有时会通过其他方面表现出来,比如顾客会提出产品质量方面的异议,销售人员应善于识别。一旦觉察确实存在缺乏支付能力的情况,可以建议通过按揭贷款等途径解决。如果不得已而停止销售,态度也要和蔼,以免失去其成为未来顾客的机会。

(8)权力异议

权力异议是顾客以缺乏购买决策权为由而提出的购买异议。在很多场合,顾客并不提出其他问题,只是强调自己不能做主。事实上,无论是集团购买还是家庭购买,购买决策权都不是平均分布在每个成员手中的,多数成员可以对决策形成影响,但不一定具有决策权。权力异议的主要根源在于顾客的决策能力状况或心理成见。销售人员在进行顾客资格审查时,应该对顾客的购买资格和决策权状况进行认真地分析,找准决策人。面对没有购买权力的顾客极力推销产品是推销工作的失误。

3. 客户异议产生的原因

在销售过程中,客户异议的成因是多种多样的。既有必然因素,又有偶然因素;既有可控因素,又有不可控因素。

(1)客户方面的原因

①客户的自我保护。人有本能的自我保护,每个人都会对陌生人心存警戒,摆出排斥的态度,以自我保护。绝大多数客户所提出的异议都是在进行自我保护,也就是自我利益的保护。因此在销售过程中,与客户建立良好的沟通基础,同时注意唤起客户的兴趣,注意提醒客户购买产品所能带来的利益,才能消除客户的不安,排除障碍,进而达成交易。

②客户缺乏足够的购买力。购买力是指客户在一定时期内,具有购买商品的货币支付能力。它是满足客户需求、实现购买的物质基础。如果客户缺乏购买力,就会拒绝购买,或者希望得到一些优惠。有时客户也会以此作为借口来拒绝销售顾问,有时客户也会利用其他异议来掩饰缺乏购买力的真正原因。因此,销售顾问要认真分析客户缺乏购买力的原因,以做出适当的处理。

③客户的成见。有时客户会对产品、品牌、企业有固有的片面看法。通常这都是一些不符合逻辑、带有强烈感情色彩的反对意见,很不容易对付,对销售顾问非常不利,处理起来也很棘手。对这类客户,单凭讲道理是解决不了问题的,销售顾问首先要找到客户形成偏见的原因,消除客户的不好印象,再推销产品。

④客户的决策权有限。在实际的销售过程中,销售顾问会听到这样的说法:"对不起,这个我说了不算","我们再商量一下"。这可能说明客户的决策权不足。销售顾问要注意判断分析,在销售过程中,谁是决策者、谁是使用者、谁是影响者,区别对待。

⑤客户的情绪。人的行为有时会受到情绪的影响。当客户心情欠佳时,很有可能提出异议,甚至恶意反对,肆意埋怨。此时,销售顾问需要理智和冷静,缓和气氛,以柔克刚。

(2)产品方面的原因

在汽车整车销售过程中,由于汽车产品自身的问题致使客户产生异议的原因也有很多。

①汽车产品的性能。当客户对汽车产品的性能存在疑虑、不满,就会产生异议。当然,有些异议确实是产品本身的问题,有些却是客户对产品在认识上的误区或成见,有些则是客户想获得优惠的借口,销售顾问要耐心听取,去伪存真,挖掘真实的原因,对症下药,设法消除异议。

②汽车产品的价格。美国的一项调查显示:有75.1%的销售人员在销售过程中遇到有价格异议的客户。要解决价格异议,销售顾问必须掌握丰富的产品、市场知识和一定的销售技巧。

③汽车产品的销售服务。在日益激烈的汽车市场竞争中,客户对销售服务的要求越来越高。销售服务的好坏直接影响到客户的购买行为。产品的销售服务包括售前、售中和售后服务。对汽车企业来讲,销售服务是现在乃至将来市场竞争中的最有效的手段。销售顾问应尽其所能,为客户提供一流的、全方位的服务,以赢得客户。

(3)销售顾问方面原因

客户的异议也可能来自销售顾问。销售顾问的服务不周,推销礼仪不当;销售顾问的产品知识欠缺,产品展示失败;销售顾问的语言表达能力欠缺,使用了过多的专业用语;销售顾问不恰当的沟通等都会使客户产生异议。因此,销售顾问的能力、素质高低,直接影响到销售的成功与否,销售顾问要注意重视自身修养,提高业务能力及水平。

4. 客户异议的处理

客户异议无论何时产生,都是客户拒绝产品的理由。销售顾问必须妥善处理客户的异议才有望取得销售的成功。

(1)处理客户异议的原则

①正确认识客户的异议。在销售过程中,由于买卖双方的价值观、态度、利益、角度及其需要的不同,异议自然而然地产生了,而且客户的异议是销售过程中必不可少的环节。客户的异议是一种客观存在,销售顾问需要正确理解、正确对待。

②尊重客户的异议。美国心理学家马斯洛认为,每个人都有受尊重的需求,都希望得到别人的尊重。销售过程同时也是一个感情、思想交流的过程,销售顾问要尊重客户的价值判断,尊重对方的异议。即使你认为客户的异议是不符合实际的、无理的,甚至是错误的,也不要打断客户的话,而是应该认真地听下去。销售顾问要尽量施展说服艺术,避免直截了当地反驳客户的异议。切记与客户争吵,争吵是说服不了客户的。

③准确分析客户的异议。客户既然提出异议,一定有他的理由。销售顾问对持有异议的客户,要尊重、理解,并找出异议的真正原因。销售顾问要学会洞察客户的心理,认真分析客户的各种异议,把握住哪些是真实的异议,哪些是客户拒绝购买的借口,并探寻其背后的"隐藏动机"。只有认真、准确地分析客户的异议,才能了解客户的真正意图,有针对性地处理,从而提高销售的成功率。

(2)客户异议的处理步骤

①认真听取顾客提出的异议。

听取顾客意见是分析顾客异议、形成与顾客之间良好的人际关系、提高企业声望、改进产品的前提。在回答顾客异议之前,销售人员一定要仔细、彻底地分析顾客异议背后真正的原因。顾客提出异议的原因是极其复杂的,有时顾客嘴里说的并不是心里想的,有时几种原因会交织在一起,从而给分析顾客异议加大了难度。有经验的销售人员在摸不清顾客的确切意图时,往往会引导顾客讲话,从而逐步从其话语中摸索出顾客的真实想法,然后对症下药,消除顾客的异议。转化顾客的异议。当顾客提出异议时,一方面销售人员要表示接受顾客的异议,另一方面又要运用销售技巧劝说顾客放弃其异议。具体来说,销售人员在完成该项工作时,应注意以下几点:

第一,有些顾客提出的异议是正确的,这时销售人员要虚心地接受,而不要强词夺理,拼命掩饰自己产品的缺点和不足,否则易引起顾客的反感和厌恶情绪。在有些情况下,在承认顾客意见正确性的同时,可指出自己产品具有的突出优势,让顾客权衡得失。因而,即使在顾客提出的异议正确的情况下,销售人员也不应放弃,要力图使顾客了解并重视产品的优点。比如,当顾客说"你们的产品太贵了"时,销售人员回答:"您说得很正确,与同类产品相比,我们的产品价格确实略高。但是我们的产品采用目前最先进的技术制作而成,且保修5年,比其他产品的保修期要长2年。您看我们的产品价格略高是不是也物有所值呢?"

第二,无论在什么情况下,都要避免与顾客发生争吵或冒犯顾客。与顾客争吵的结果有可能是顾客赢了,销售人员理屈词穷;也有可能是销售人员赢了,顾客走了。无论哪一种情况,都是以销售失败为最终结果的。因此,与顾客争吵是销售人员的大忌,销售人员应锻炼自己的忍受能力、讲话艺术,避免与顾客针锋相对。即使在有些情况下,顾客提出的异议是错误的,销售人员也不要不留情面地直接反驳顾客,这样易使顾客恼羞成怒。而应婉转地以间接的方式进行劝说,使其最终放弃自己的异议。因此,销售人员在劝说顾客时,特别要注意言语的技巧,避免使用挑衅性的语言。举例来说,顾客经常会提出"你们的产品价格太高了"之类的异议。假设顾客的异议是错误的,销售人员也不要直接反驳。可以说:"您说的也有道理。这类产品目前还不能实现完全自动化生产,许多环节仍必须以手工劳动完成,生产规模上不去,可能产品确实是贵了点儿,但与其他企业的产品相比,我们的产品至少便宜××元。"

第三,在回答顾客的异议时,要尽量简单扼要。销售人员在回答顾客的异议时,越简单越好。这样一方面可以节约时间,提高销售的效率,另一方面可以避免顾客抓住销售人员的话柄提出新的异议。此外,销售人员应站在顾客的立场上为顾客解决问题,而不是以局外人的身份提供个人的看法和意见。

②适时回答顾客的异议。

面对顾客提出的异议,销售人员在什么时候回答最合适呢?销售人员回答异议的时机也是非常有讲究的。销售人员应根据销售环境的情况、顾客的性格特点、顾客提出的异议的性质等因素,来决定提前回答、立即回答、稍后回答,或是不予回答。

a.提前回答。指在顾客提出异议之前就回答。一个经验丰富的销售人员往往能预测到顾客有可能会提出哪些意见,并在销售过程中及时察觉。这时,销售人员应抢在顾客前先把问题提出来,并自己进行解答。如当一位销售人员在介绍产品功能时,发现顾客的脸上显现出不满的表情。根据以往的经验,销售人员判断顾客可能认为产品功能不全。这时,销售人员可及时地将顾客可能提出的异议说出来:"我们的产品功能确实不太多,但所有基本功能保证都是齐全的。"这样的回答至少有以下几个优点:

第一,销售人员主动提出顾客可能提出的异议,可以先发制人,避免纠正顾客或反驳顾客而带来的不快,提高销售的成功率。

第二,使顾客感到销售人员考虑问题非常周到,确实是站在顾客的立场上为顾客的利益着想,从而对销售人员产生好感,营造出友好、和谐的销售氛围。

第三,使顾客感到销售人员非常坦率,将产品的优点和缺点完全摆出来让顾客判断,并没有刻意隐瞒缺点。故对销售人员所介绍的产品的优点,甚至对销售人员本身的信任也增加了。

第四,同一种异议,若由顾客提出来有可能会百般挑剔、吹毛求疵;若由销售人员主动提出并婉转地加以解决,则会大事化小、小事化了。

第五,销售人员主动提出异议并自己解答,可以节省时间,提高销售的效率。

b. 立即回答。指对顾客的异议立即予以答复。对比较重要并且容易解决的问题,销售人员应立即予以回答。一方面,显示销售人员重视顾客,并能立即消除顾客的忧虑;另一方面,若任顾客提出意见而不予回答,顾客的异议增多,对产品的不满会越来越多,以致很难扭转。因此,销售人员在销售洽谈过程中应有选择地及时解决一些问题,避免留下后患。

c. 稍后回答。指对顾客提出的异议,稍后再予以回答。主要出于以下几种原因:

第一,销售人员认为顾客提出的异议比较复杂,不是一两句话可以解释清楚的,故稍后再作回答。

第二,销售人员无法回答顾客的意见,或需要搜集资料,故暂时放下,以后再选择恰当的时间或另找恰当的人来回答。

第三,销售人员认为随着销售业务的进一步深入,顾客提出的异议将不答自解,故暂时不予回答。

第四,销售人员认为若立即回答顾客的异议会影响销售工作的顺利进行,故先放下问题,稍后作答。不然,若任顾客在这一问题上纠缠下去,销售人员将不能进行下面的工作,不能充分向顾客展示产品的优点,可能导致销售失败。

第五,销售人员认为顾客的问题无关紧要,希望避免顾客以为销售人员总是与顾客作对,唱反调,故不马上予以回答。

d. 不予回答。指对顾客提出的异议置之不理,不予回答。对于顾客由于心情欠佳等原因提出的一些异议,或与购买决策无关的异议等,销售人员可以不予回答。

③收集、整理和保存各种异议。

收集、整理和保存各种异议是非常重要的。销售人员必须予以充分的重视,并做好这项工作。顾客的许多意见往往是非常中肯的,确实指出了产品的缺陷和应改进的地方,使企业改进产品有了一定的方向。此外,顾客的某些想法有可能激发企业的创新灵感,从而开发出满足顾客需要的新产品。销售人员对于顾客提出的各种异议不应采取"左耳进,右耳出"的态度,可在销售工作告一段落后加以收集、整理和保存。通过这项工作,销售人员可以了解顾客可能提出的异议,并据此设计令顾客满意的答案。这样,在日后面对顾客提出类似问题时才不会惊慌失措,才会提高自己对销售工作的信心。

(3)客户异议的处理方法和技巧

为了进行有效的推销,销售顾问既要把握原则,又要针对具体问题,选择适宜的方法,灵活、妥善地处理客户的异议。

①直接否定法。

直接否定法是指销售顾问根据有关事实和理由直接否定客户异议的方法。

优点:有效地使用直接否定法,摆事实,讲道理,可以增强客户的购买信心;迅速排除异议,直接促成交易。

注意的问题:销售顾问要注意保持友好温和的态度,在反驳客户时,应面带微笑,语气诚恳,态度真挚,既要否定客户异议,又不冒犯客户本人;反驳客户异议要有根据,针对客户提出的异议,用事实和证据进行反驳,使客户心服口服;该方法不适用于敏感型、固执己见的客户,当客户对产品、企业、服务提出质疑或是客户引用资料不正确时,可以采用直接否定法。例如,

应用范例:

客户:"我听说你们的售后服务做得不好,每次维修都慢慢吞吞的!"

销售顾问:"您说的一定是个案,有这种情况发生,我们感到很遗憾。我们企业的经营理念就是服务第一。××调查机构的售后服务满意度调查结果显示,我们品牌的售后满意度是同行业第一的。"

②间接否定法。

间接否定法也称为迂回处理法或转折处理法,是指销售顾问间接否定客户异议的一种方法。销售顾问首先表示对客户异议的理解,或是简单重复,使客户心理得到平衡,然后再转折,用事实和理由来否定客户异议。间接否定法是处理客户异议应用最广泛的一种方法。

优点:有利于保持良好的人际关系和推销气氛;销售顾问先进后退,尊重并承认客户异议,态度委婉;语气诚恳,容易使客户接受。

注意的问题:注意使用不同的转折语气和转折方式,尽量做到转折自然,语气委婉,恰当应用"不过""然而""但是"等转折词;

注意表达真诚和尊重,销售顾问在表达理解客户异议时,切不可给客户虚情假意的感觉。

应用范例:

销售顾问"先生,您的说法很有道理,并且我还认为……"

销售顾问"您有这样的想法,一点也没有错,当我第一次听到时,我的想法和您一样,可是如果我们做了进一步了解时……"

③补偿法。

补偿法是指销售顾问利用客户异议以外的其他优点来补偿和抵消客户异议的一种方法。任何一种产品或服务都不可能十全十美,总是存在着缺点和不足。汽车产品也是如此。每一款汽车产品基于市场定位、产品增加或舍弃某些配置,这就是产品差异。没有这种差异定价和制造成本考虑,也就没有丰富多彩的汽车市场,也就没有客户多层次需求的满足。对于客户针对产品的某些不足而提出异议时,销售顾问可以巧妙地运用产品的其他优点来补偿、抵消产品的缺点,引导客户从产品的优势方面来考虑问题,让客户取得心理的平衡。

优点:承认产品的不足,可以赢得客户的赞许与信任;着重提出产品的优点,重点推销,让客户相信产品的长处大于短处。

在销售过程中,对于客户的异议要认真分析,不是什么样的客户异议都可以使用补偿法的。补偿法主要应用于处理各种有效的客户异议。

应用范例:

客户:"这款车的工艺好像不太好。"

销售顾问:"这款车属于普及型。如果将涂装和内饰提高一个档次,价格可能要贵20%以上,况且,涂装和内饰并不影响车辆的行驶性能。"

④询问法。

询问法就是指在客户提出异议后,先通过询问的方式,把握客户的真正异议点,然后再化解客户的异议。

优点:引导客户说出心中的疑虑,找出客户异议的真是根源,对症下药;与客户共同解决问题,有利于建立良好的推销气氛。

在使用询问法处理客户异议时,销售顾问的提问要适可而止,并注意尊重客户,销售顾问要明确,我们追问客户的异议,只是为了弄清楚客户拒绝购买的原因,而不是逼迫客户购买。

应用范例：

客户："让我再考虑一下吧！"

销售顾问："×先生，不知道您还要考虑什么问题？如果您还有疑虑，可以说出来，我们共同讨论解决。"

⑤忽视法。

忽视法就是当客户提出的一些反对意见，并不是真正想要获得解决时，销售顾问可以忽视、回避或转移话题，以保持良好的洽谈气氛。

应用范例：

客户："你们这款车怎么不请刘德华代言啊，如果你们找他的话，我立刻就买了。"

销售顾问："先生，你说得很有道理。"

二、促成交易

汽车销售经过了接待、沟通、商品说明、需求分析、试乘试驾等环节，就将进入成交阶段。所谓成交，是指顾客接受销售人员的建议及销售演示，并且立即购买商品的行动过程。

在汽车销售过程中，成交是一个独特的阶段。它是整个销售工作的最终目标，其他的销售阶段只是达到销售目的的手段。换言之，其他销售阶段的活动都是在为最终成交准备条件。只有到了成交阶段，顾客才决定是否购买所推荐的汽车。因此，成交是销售过程中最重要、最关键的阶段。

1. 汽车报价的方法和技巧

报价是一门学问，同时销售人员由于报价技巧的不同，业绩也会出现很大的差距。要根据具体情况，把多种报价方式，结合起来用。报价永远是随机应变的，但要遵守一个原则——利润最低保障的原则，如果低于利润的最低保障，不如不做。

（1）三明治报价法

当顾客进入成交阶段，销售人员对销售价格进行说明称为报价。报价是最后促进顾客购买决定的关键环节，如何做好报价说明，是销售人员必须掌握的基本技能。

销售人员在向顾客说明价格的过程中不单说明车辆的零售价，而同时说明车辆带给顾客的利益和产品的价值，这在汽车销售中称为"三明治报价法"，如图5-7所示。

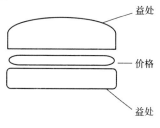

图5-7 三明治报价法

一般来说，汽车销售大都是采用三明治报价法，具体做法是总结出你认为最能激发出顾客热情的针对顾客的益处，这些益处应该能够满足顾客主要的购买动机，再清楚地报出价格。如果客户还有异议，强调一些你相信能超过顾客期望值的针对顾客的益处，比如再赠送东西，或是在客户感兴趣的配置之余还有超出客户想象的其他配置，让客户觉得物有所值，成交就更简单些。

例如，使用三明治报价法时可以这样说："这辆是我们今年的最新车型，开上它您肯定会赢得不少回头率的，现在的报价是18.8万元，最近我们在搞店庆5周年活动，现在购买的话还可以送您价值5888元的大礼包。"三明治报价法就是指先不急于报价，多宣传某个产品的价值，减轻顾客敏感度的报价方法。

（2）比较法

顾客购买产品一般都会采取货比三家的方式。这个时候销售人员就要用自己产品的优势与同行的产品相比较，突出自己产品在设计、性能、声誉、服务等方面的优势。也就是用转移法化解顾客的价格异议。例如："市场上现在装有这些配置的车型都要 20 万元左右，而我们的价格只有 188800 元！"

常言道，"不怕不识货，就怕货比货"。由于价格在明处，顾客一目了然，而优势在暗处，不易被顾客识别，而不同生产厂家在同类产品价格上的差异往往与其某种"优势"有关，因此，销售人员要把顾客的视线转移到产品的"优势"上。这就需要销售人员不仅要熟悉自己销售的产品，也要对市面上竞争对手的产品有所了解，才能做到心中有数，知己知彼、百战不殆。

另外，销售人员在运用比较法的时候，要站在公正、客观的立场上，一定不能恶意诋毁竞争对手。通过贬低对方来抬高自己的方式只会让顾客产生反感，结果也会令销售人员失去更多的销售机会。

（3）价格分割法

销售人员把产品的价格按产品的使用时间或计量单位分至最小，可以隐藏价格的昂贵性，这实际上是把价格化整为零。这种方法的突出特点是细分之后并没有改变顾客的实际支出，但可以给顾客一种所买不贵的感觉。

例如：销售人员在给客户介绍完一款价值 10 万元的汽车，客户在经过自己的试驾后也感到比较满意，但对价格提出了异议。此时，销售人员可以这样说："您说的一点也不错，10 万元确实是大数目。但是您想过吗，您的汽车起码能开 10 年吧，这样算下来每天也就 20 多元，比打车还便宜呢。更何况打车既不方便也不安全，自己开车多舒服啊！"

（4）优惠报价法

报价时可以将价格和达成协议的优惠条件联系起来。如因客户性质、购买数量、需求急缓、交易时间、交货地点、支付方式等不同，报不同的价格。例如："这款车原价要 129800 元，最近我们店庆在搞促销，如果现在预订只需要 120000 元就可以了，今天可是最后一天，明天就恢复原价了。"

总之，报价策略都是让对方感觉到物有所值，证明价格的合理性。

2. 价格商谈的原则

（1）非谈不可才谈

"非谈不可才谈"是指把价格商谈放到最后，也就是在除了价格以外，客户已经对产品完全满意，只要价格谈妥，就可以马上成交的时候才与客户谈价。在销售过程中客户对价格问题是最敏感的，价格商谈也是最难的。如果在经过一番讨价还价之后，客户还对产品有不满之处而不能下决心购买，那所有的一切就都白费了。

（2）绝不谈价就打折，让价应有代价

不管你准备给客户多少折扣，都要尽量分计划退让，一般来说第一次的让价幅度可以比较大，以博得客户的好感和喜悦，若客户仍不满意，再做小幅度的让步，以明确态度，让步是有限的，以退无可退。同时，每一次的让步也要让客户付出代价。例如："如果您今天交定金的话，我再给您优惠……。"

价格商谈是与客户谈判中的一项重要的内容，一个优秀的谈判者要掌握正确的原则，积累实践经验，学会运用不同的方法策略，以促成价格谈判的成功。

3. 缔约成交的信号

成交信号是指顾客在接受推销过程中有意无意地通过表情、体态、语言及行为等流露出来的各种成交意向。我们可以把它理解为成交暗示。在实际推销工作中,顾客为了保证自己所提出的交易条件,取得心理上的优势,一般不会首先提出成交,更不愿主动、明确地提出成交。但是顾客的成交意向总会通过各种方式表现出来。对于销售顾问而言,必须善于观察顾客的言行,捕捉各种成交信号,及时促成交易。

顾客表现出来的成交信号主要有语言信号、行为信号、表情信号和事态信号等。

（1）语言信号

语言信号是指在顾客与销售顾问交谈的过程中,通过顾客语言表现出来的成交信号。以下几种情况属于成交的语言信号：

①客户经过反复比较挑选后,话题集中在某款车型时。
②客户对销售顾问的介绍表示积极的肯定和赞扬时。
③客户询问交易方式、交货时间和付款条件时。
④客户就交易条件与竞品交易条件比较时。
⑤客户提出与购买相关的假设性问题时。
⑥客户询问售后服务、维修、保养等事项时。

（2）行为信号

行为信号是指在销售顾问向顾客的推销过程中,通过顾客的某些行为表观出来的成交信号,如：

①客户十分关注销售顾问的动作、谈话,不住点头。
②客户反复、认真翻阅汽车彩页广告等资料。
③反复来展厅。
④认真查看汽车有无瑕疵。
⑤姿态由前倾到后仰,身体和语言都很放松。

（3）表情信号

表情信号是在销售顾问向顾客推销过程中,从顾客的面部表情和体态中所表现出来的一种成交信号。例如,微笑、下意识地点头表示同意你的意见,对推销的商品表示关注等。

（4）事态信号

事态信号是在销售顾问向顾客推销的过程中,就形势的发展和变化表现出来的成交信号。例如,顾客要求看销售合同书;顾客接受你的重复约见;顾客的态度逐渐转好；在面谈中,接见人主动向销售顾问介绍企业的有关负责人或高层决策者。这些事态的发展都明显地表现出顾客的成交意向。

顾客的语言、行为、表情以及事态变化等表明了顾客的想法。销售顾问可以据此识别顾客的成交意向。因此,销售顾问应及时地发现、理解、利用顾客所表现出来的成交信号了提出成交要求,促成交易。

4. 成交的方法与技巧

（1）请求成交法

请求成交法又称为直接成交法或直接请求成交法,是指汽车销售顾问直接要求顾客购买推销品的一种成交方法。这是一种最简单、最基本的成交方法,也是一种最常用的成交方法。请求成交法一般适合于以下一些场合。

①老客户。对于老顾客,因为买卖双方已建立了较好的人际关系,运用此法,顾客一般不会拒绝。

②顾客已发出购买信号。顾客对推销品产生购买欲望,但还未拿定主意或不愿主动提出成交时,销售顾问宜采用请求成交法。

③在解除顾客存在的重大障碍后。当销售顾问尽力解决了顾客的问题和要求后,是顾客感到较为满意的时刻,销售顾问可趁机采用请求成交法,促成交易。例如:"×先生,如果没有问题,我就为您办理购车手续了。"

请求成交法在使用时需要注意以下问题:

①要求销售顾问具备较强的观察能力。因为请求成交法要求销售顾问主动提出成交要求,所以销售顾问必须尽量引导顾客,使洽谈局面朝着成交的结果发展。销售顾问应时刻观察顾客,适时开口提出成交要求。

②把握好成交的时机。在成交过程中,成交时机是销售顾问最不易把握的因素。选择适当的时机要求成交,会令顾客自然、顺利地接受。反之,在时机不成熟时要求成交,则会导致顾客的回避甚至反感而错过了机会。如何把握成交时机,是销售顾问应该认真琢磨和思考的问题。

请求成交法是销售顾问应该掌握的最基本的成交技术。大胆运用请求成交法,是一个销售顾问灵活、主动进取的表现。

(2)假定成交法

假定成交法又称假设成交法,是指销售顾问假定顾客已经接受推销建议,只需对某一问题做出答复,从而要求顾客购买的一种成交方法。

在推销洽谈过程中,销售顾问根据时机,可以假定顾客已经接受推销建议,从而主动提出成交要求。假定成变法运用的关键是销售顾问有较强的自信心,这种自信心,也会感染顾客,增强顾客的购买信心。例如:"××先生,现在您只需花几分钟时间,就能将换取牌照与过户的手续办妥,再有半个钟头,您就可以把这部新车开走了。如果您现在要去办公事,那么就把这一切交给我们吧,我们一定会在最短时间内把它办好。"如果客户根本没有决定要买,他自然会向你说明;但如果他觉得换取牌照与过户等手续相当麻烦而仍有所顾虑的话,那么现在他就可以放心了,这些手续不成什么问题。又如:"××小姐,现在没有什么问题了吧,那您准备什么时候提车?"

假定成交法的优点是节省推销时间,效率高。它可以将推销提示转化为购买提示,适当减轻顾客的成交压力,促成交易。假定成交法是最基本的成交技术之一,是选择成交法、小点成变法等其他成交技术的基础。

假定成交法也有一定的局限性。这种方法以销售顾问的主观假定为基础,不利于顾客做出自由选择,甚至会令其产生反感情绪,破坏成交气氛,不利于成交。所以,在使用这种方法时,要注意下列两点:

①应适时地使用假定成交法。一般只有在发现成交信号,确信顾客有购买意向时才能使用这种方法,否则会弄巧成拙。

②应有针对性地使用假定成交法。使用这种方法时,销售顾问要善于分析顾客。一般地说,依赖性强、性格比较随和的顾客以及老顾客,可以采用这种方法。但对那些自我意识强,过于自信的顾客,则不应使用这种方法。

(3)选择成交法

选择成交法是指销售顾问为顾客提供一个有效的选择范围,并要求顾客立即做出抉择的成交方法。这种方法可以说是假定成交法的应用和发展。销售顾问在假定成交的基础上向顾客提供成交决策的比较方案,先假定成交,后选择成交,使顾客无论做出何种选择,导致的结局都是成交。

应用范例:

销售顾问:"以车身的颜色来说,您喜欢灰色的还是黑色的?"

客户:"嗯,如果从颜色上来看,我倒是喜欢黑色的。"

销售顾问:"选得不错! 现在最流行的就是黑色的! 那么,汽车是在明天还是在后天送来呢?"

客户:"既然要买,就越快越好吧!"

这就是选择成交法。事实上,如果客户给你上述答复,的确就表示他已告诉你他要购买的商品了;如果他迟疑片刻后向你表示他尚未做最后的决定时,你也没有半点损失,仍然可以继续提出新的方式进行你的推销工作。

选择成交法在实际推销工作中经常使用,并且具有明显的效果。销售顾问把选择权交给顾客,把顾客限定在目标范围内,无论顾客做出什么样的选择,都在目标范围以内,都可以达到销售的目的。

选择成交法从表面看来,似乎把成交主动权交给了顾客,而事实上是把成交的选择机会交给了顾客。所以它的优点就在于既调动了顾客决策的积极性,又控制了顾客决策的范围。选择成交法的要点是使顾客不能回避要还是不要的问题,而只是在不同的数量、规格、颜色、包装、样式、送货日期等上面进行选择。

(4)最后机会成交法

所谓最后机会成交法,又称机会成交法、限制成交法、无选择成交法或唯一成交法,是指销售顾问直接向顾客提示最后成交机会而促使顾客立即购买的一种成交方法。机会成交法是销售顾问针对顾客害怕错过良好的购买机会的心理动机,向顾客提示成交机会。"机不可失,时不再来",一去不复返的机会,必然会引起顾客的注意和浓厚兴趣,从而产生一种立刻购买的心理倾向。在最后机会面前,人们往往由犹豫变得果断。所以这种方法的最大优点是促使顾客立即购买的效果比较好。

例如:"今天是我们五周年店庆优惠活动的最后一天,同样的车型如果明天购买,你就要多花费5000元,请勿错过机会。"或者如:"这种车型很畅销,库存只剩下最后一辆了,下一批要等到一个月以后才能到货呢。"

机会成交法能吸引顾客的成交注意力,它利用了人们对各种机会表现出一定的兴趣并给予一定的注意,尤其对一去不复返的机会就会更加注意这一心理特点。正确地使用机会成交法,可以增强成交说服力和成交感染力,从而打动顾客,利于成交。使用这种成交方法应注意的问题是,要讲究推销道德,实事求是,绝不可采用欺骗的手段来换取顾客的购买。

(5)优惠成交法

优惠成交法是指销售顾问通过向顾客提供优惠条件,从而促使顾客购买的方法。求利心理动机是顾客的一种基本购买动机,是促成交易的动力,优惠成交法正是利用了顾客的求利购买动机,直接向顾客提示成交优惠条件,诱使顾客立即购买推销品。优惠成交的条件,主要是价格的折扣,也有向购买决策人提供回扣和佣金的。在这个问题上,要弄清合法与非法的界限。例如:"×先生,如果现在购买,优惠可以达到8000元,还有送油票的活动。"

优惠成交法能创造良好的成交气氛,可以促成大量交易。但应注意的是,优惠成交提示具有二重性,既可以产生积极的成交心理效应,又可能产生消极的心理效应。如果销售顾问滥用优惠成交法,会使顾客对所推销的产品质量产生怀疑,从而拒绝购买。在实际推销工作中,有些销售顾问提示虚假的优惠成交条件,诱骗顾客成交;有些销售顾问抬高原价,制造减价成交的假象;还有些销售顾问利用成交优惠条件,推销劣质货等。这些行为,破坏了推销信誉,甚至违反了法律法规。因此,在推销工作中,销售顾问应诚实守信,遵守法律,合理使用优惠成交法。

(6)保证成交法

保证成交法是销售顾问通过向顾客提供售后保证,从而促成交易的成交方法。保证成交法即是销售顾问针对顾客的主要购买动机,向顾客提供一定的成交保证,消除顾客的成交心理障碍,降低顾客的购物风险,从而增强顾客的成交信心,促使尽快成交。保证成交法是一种大点成交法,直接提供成交保证,直至促成交易。如:"我们保证为您的爱车做好售后服务。"

保证成变法的保证内容一般包括商品质量、价格、交货时间、售后服务等。这种保证直击顾客的成交心理障碍,极大地改善成交气氛,有利于成交。但是,保证成交法也不可滥用,以免失去推销信用,引起顾客的反感,从而不利于成交。

一、间接补偿法回答异议

(重复异议):"您是担心凯美瑞的重量轻,怕不安全吧?安全这个问题是很多客户关心的!"

(否定异议):"这款车的重量确实比其他品牌同档次的车要轻一些,但正是这个优势使得它的油耗更低,轻不轻不是最关键的,最关键的是车辆的安全性,请让我为您详细解释一下,您看好吗?第一、现在市面上有些车型依靠厚重的钢板来提高安全性,不仅技术含量低,而且油耗非常高,大大增加您的用车成本,在欧美市场早就被淘汰了。我们的凯美瑞之所以轻,是因为它采用了很多高科技材料和最先进的 GOA 车身设计技术;第二、凯美瑞自面世来,全球累计销量超过 1000 万辆,在国际上一直很畅销,这说明全世界各国的人都认可了凯美瑞的安全性,并且得到了长时间的品质验证。这是我们的安全配置表,这是权威机构对我们这款车的安全测试结果,安全性达到了最高,您可以看一下。"

二、请求成交法与最后机会成交法促成交易

小刘:"先生,看您挺喜欢这车的,那您什么时候提车?"

赵先生:"怎么,你这么着急让我买?"

小刘:"先生,是这样的,现在订这款车的客户很多,货很紧,一定要提前安排,以免误了客户的大事。我有位客户以前在我这里买车,客户看了之后决定买下来,并要求当场提货,结果那次恰好遇到那款车搞促销,库里已经没有货了,要从总部调货,而客户第二天就要用车,没办法,我们只好紧急从其他店里临时调了一辆新车过来,才解决问题。所以,我就问问您什么时候提车,也好做好安排啊。"

赵先生:"那你们最快可以什么时候提车?"

小刘:"这款车现在只有两辆现车,剩下的都已经预订出去了,如果您现在下订单,就可以马上提车,如果明天下订单的话,您就要等一周了。"

任务工作单

学习情境五:汽车整车销售 工作任务四:异议处理与促进交易	班级			
	姓名		学号	
	日期		评分	

一、工作单内容

顾客前来4S店咨询买车事宜,销售顾问回答其问题、解释其疑虑,运用各种促销手段进行新车推介。

二、准备工作

说明:每位学生应在工作任务实施前独立完成准备工作。

1. 客户的类型分为:_____、_____和_____型。
2. 年青汽车消费者的消费心理及行为特点有:_____。
3. 中年汽车消费者的消费心理及行为特点有:_____。
4. 老年汽车消费者的消费心理及行为特点有:_____。
5. 产品的促销策略有_____、_____和_____。
6. 客户异议的处理步骤是_____、_____和_____。

三、任务实施

1. 准备好销售资料、报价单、合同文本。
2. 分析顾客类型。
3. 如何解释以下异议。

异 议	解答及销售促进
这款车的工艺好像不太好	
我的预算不够,20万元太贵了	
我要到其他地方去看下	
你们的产品太贵了	
我还要考虑一下	
你讲的这个不对吧?我在网上看到的不是这样说的	
这个高配的功能到底能给我带来什么用处呢	
听朋友说你们的售后服务做得不好	
车型、价格都还挺好的,就是担心钢板薄,不安全呀	
其他性能都还行,就是觉得油耗比较高	
这个车型有现车吗?我想今天就拿车	
车子我很满意,价格可以再优惠点吗	

四、工作小结

1. 列举客户产生异议的原因。

2. 解答异议的方法技巧有哪些,最常见的是哪种?

3. 接待男性顾客和女性顾客有哪些不同的注意事项?

工作任务五 交车服务

 任务概述

1. 应知应会

通过本工作任务的学习与具体实施,学生应学会下列知识:

(1)交车前的准备。

(2)交车检查。

(3)交车流程和内容。

应该掌握下列技能:

熟练完成新车交付。

2. 学习要求

(1)在每个任务单元的学习过程中,完成相关任务工作单的填写,并通过课程网络及时提交给相关教师。任务工作单提交方法详见课程网站。

(2)在每个情境实施阶段的中期或后期,按要求填写工作单。本情境学习结束后,按要求填写学生考核记录表,进行自我评价后交小组长,小组长评价后连同工作单统一交教师。

(3)每个情境学习到评价环节时,个人进行任务完成情况的评估。教师对小组抽查,被抽查的个人上台进行讲评。

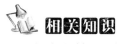 相关知识

新车交付的时候是令人兴奋的时刻,客户和销售顾问都实现了自己的心愿。在这个激动人心的时刻,销售顾问要将每个环节都做得尽善尽美,不出任何差错,为整个销售工作锦上添花。

一、交车前的准备工作

要做好交车工作,应先做好交车前的准备。具体的准备工作包括以下几个方面。

1. 车辆的准备

当准备把一辆新车交付给客户使用前,汽车销售公司必须要自检该车是否合格,合格才可以把它交给客户。在交车给客户前,销售顾问要对车辆做全面而细致的检查。

(1)车辆性能的检查和确认

在新车交车前,要委托售后服务部对新车的各项性能进行检查(新车交付检查),确保车辆性能优异,各种开关操作正常,还要校正时钟、调节收音机频道。

(2)车辆的清洁

交车的当天必须对新车进行清洁,要做到一尘不染,在车内地板上铺上保护纸垫,车内的工具、备胎摆放整齐,要让客户觉得这是一辆没有人开过的全新的车辆。

在交车前车辆检查重点应为:漆面是否有刮伤、剥落、凹痕、锈点的痕迹;饰条是否松脱;缝隙的大小和均匀度等,电线束的束紧和吊挂;车窗和车厢、引擎及行李箱等是否脏污;有没有不必要的标签或会扎人的物品;油箱内要有适量的燃油;车辆必须经过实际的操作,确认所有的功能正常(把它当作自己的车子看待),以保证提车的客户的满意度。

2. 销售顾问的准备工作

（1）交车前一天工作

①确定客户来店提车的具体时间，并暗示客户遵守约定的时间。例如，销售顾问可以说："好的，那么我明天下午3点钟准时恭候您的光临，期待与您再次会面，谢谢，再见。"

②确认客户的付款方式。询问客户是付现金还是付支票或是刷卡，不同的付款方式可能会影响到交车的时间，最方便的方式是刷卡。因此，尽量说服客户采用刷卡的方式进行付款，这样可以提高交车的效率，如果客户提供的是支票，必须说明要等支票的款到账后才能提车。

③告知客户交车的主要内容及所需时间，以便客户提前做好时间安排。很多销售人员在交车前没有提前告知交车所需的时间，待客户来提车时，由于没有安排出足够的时间，最后造成很多交车说明事项没有时间说明，导致客户在车辆使用过程中出现问题。

④告知客户交车所需携带的资料、文件和证件。交车过程中，需要客户提供的订单、收据、身份证、驾驶证等，在交车前告知客户，否则因客户在交车时未带齐资料而造成无法提车，就会影响客户的满意度。

（2）交车当天的准备工作

①销售员必须保证交车区的明亮、整洁、清新，最好备有桌椅、饮料、点心（销售人员可事前确认），以便销售顾问将各种车辆资料在很庄重、轻松、愉快的气氛下交给客户，提高交车的满意度。

②销售顾问准备好交车的资料和物品，包括随车资料、合格证、交接单、订单等，以及交车仪式中要用到的照相机、礼物、鲜花、礼炮等。新车交车时，会有很多表格、手册类东西需要填写，销售顾问应该在客户到来之前将这些资料准备齐全，同时，熟知每一张表格的填写要求、规范及如何填写，如果需要客户提供某原始数据及资料，应提前通知客户一同带来。在客户填写表格的时候，销售顾问应在一旁指导，毕竟客户不经常接触这些东西。有些地方不需要客户本人填写的，销售顾问可以代劳，如免费办理会员卡需要填写的资料等。

③通知销售经理、服务人员以及相关人员，告知参加交车仪式的时间，以及客户的信息。

交车前与客户进行充分的沟通是十分必要的，客户在历经了几番周折后终于决定了要买车，而交车的日子对于他们来说显然意义重大。如果能够在一个充足的时间里面完成这一活动，客户显然会更加满足。所以汽车销售顾问要从客户的角度出发，在交车前做好充分的准备，为他们留下一个难忘的历史时刻。

二、新车交付流程及其技巧

交车过程是客户最兴奋的时刻，也应该是销售顾问比较高兴的时刻，在这个时刻每个环节都要迎合客户的这种喜悦的心情，并在交车的过程中，详细说明车辆使用的注意事项以及售后服务的内容，并办理车辆的交接手续。具体内容如下。

1. 对客户的接待

第一步：客户到达时，销售顾问要按约定时间提前到门口迎接；态度要热情，并恭喜客户购买了心仪的车辆，同时感谢客户对自己的信任。

第二步：引导客户到交车区就座，并提供饮品等，再次说明交车的流程、内容及所需时间。

第三步：介绍需要客户确认和签字的内容，并告知客户可以在交车过程中随时提问和指出不足。

在对客户进行接待的过程中可参考以下话术,如:"××先生/女士您好,欢迎您来提车!请先坐一下(提供茶水或饮料),我会花几分钟时间向您介绍一下交车的步骤和需要您签字确认的内容,您看好吗?您先检查确认车辆,签署文件,付尾款,然后我将向您演示和介绍车辆的操作要领、注意事项,我还会请服务顾问介绍车辆的保修条款、使用注意事项,带您参观我们的维修车间,最后我会为您举行一个交车仪式。全部过程需要××小时。给您介绍一下这是我们的交车专员××,今天的交车由他协助我共同完成,在交车中如果您有什么疑问,可以随时问我们,我们会全程陪同您。"

2. 费用的说明和单证的确认

第一步:根据新车订购单上所填写的内容,再次说明各项购车费用。

第二步:利用相关手续和费用清单说明其他相关的费用明细。

第三步:计算购车余款的金额,并得到客户的确认,无误后销售顾问领客户到财务部办理交款手续,并由财务部开具发票。在此过程中,销售顾问可参考以下话术,如:"××先生/女士,这是我们的收银员××,由他给您办理尾款交付手续(客户交款时注意回避)……××先生/女士,您的尾款业务已经办理完毕,我大约花××分钟时间给您办理出库和发票业务,在这期间您先到交车区由我们的交车专员进行车辆的检查和功能的解释,你看好吗……那您这边请……"

第四步:销售顾问和客户清点证件和书面文件,请客户签字确认收到的证件和书面文件;向客户解释各种单据、手册的用途。提醒客户分类保管好各种单据、手册以备日后使用。相关单据、手册如表5-11所示。

交车资料袋内项目表　　　　　　　　　　　　　　　　　　　表5-11

项目	购车发票	购置税证	发车单	保养手册	购销合同	合格证	使用说明书
有							
无							

在此过程中,销售顾问可参考以下话术,如:"××先生/女士,我们先清点一下证件和文件,这是车辆发票、购置税发票、合格证、使用说明书等,您看有没有问题?如果没问题请您签字确认,您看好吗?(具体解释各种证件、文书的用途)请您一定保管好这些文件,以便日后使用。"

3. 车辆的验收

第一步:销售顾问陪同客户对车辆进行检查,确认车辆外观和性能完好。

第二步:请客户确认车辆的型号、规格、颜色与所订车型是否一致。

第三步:请客户确认座椅皮(布)面是否完好、清洁。

第四步:请客户确认新车公里数,油箱里是否有燃油。

第五步:引导客户对照《新车交付表》的内容逐项检查,请客户签字确认。

在此过程中,销售顾问可参考以下话术,如:"××先生/女士,我们一起按《新车交付表》上的项目检查车辆,看看有没有问题?如果没问题请您在《新车交付表》上签字确认。"

4. 交车说明

(1)操作说明

在客户对车辆进行确认之后,销售顾问应针对车辆的操作进行详细的说明,包括车内各种设施的使用,各种操控键的作用和使用方法、工具的使用,销售顾问可以利用《使用说明书》向客户介绍新车的使用知识。

在此过程中,销售顾问可参考以下话术,如:"××先生/女士请您看一下仪表中的时钟是否准确?我们已经为您调整过时钟。请您打开音响,这里是调到 FM 收音机的开关,您看这几个频道是××台、××台……我已经为您调整过所有频道了,您只要按这几个数字键就可以,很方便,请您试试看。"

(2)安全注意事项的说明

销售顾问要向客户说明车辆的安全配置以及使用的规范和要求,告知在行车过程中的安全注意事项。例如,如何正确使用安全带,儿童锁的使用方法,不要将可乐罐和矿泉水瓶放在驾驶员座椅下面,一旦滚到刹车踏板下面去,将会产生严重的安全事故等。

(3)上牌程序的说明

销售顾问要向客户说明车辆上牌的手续以及办理的地点,如果是代办上牌的,要与顾客预约上牌的时间、并告知相关的收费标准,有很多客户是第一次购车,对上牌的手续不了解,因而常常在上牌过程中出现问题。例如,上了牌却没有办理备案,没有及时购买养路费和车船税,最终导致车辆无法年审,还要接受高额的滞纳金。因此,上牌的说明是十分重要的。

(4)磨合期注意事项的说明

磨合期的使用对一辆车的性能起到至关重要的作用,因此,销售顾问在交车的过程中,要向客户说明磨合期应注意的关键点。例如,磨合期要控制车速,发动机的转速尽量控制在3000 转以内,避免急加速和急刹车,避免在不平坦的道路上行驶等,同时要告诉客户磨合期保养的时间和相关的费用(不同的车型会有较大的差别)等。

(5)保修条件和保修范围的说明

在交车的过程中销售顾问要让售后服务部的专业人员向客户讲述车辆保修的条件和保修的范围,这就需要销售顾问与服务顾问有一个衔接。

范例如下:

销售顾问:"××先生/女士,这是我们售后服务部的服务顾问×水,下面将由他向您介绍相关售后服务的工作内容。"

服务顾问:"××先生/女士您好,我是服务顾问××,感谢您成为我们的用户,从今天起,您的车有什么问题请与我联系……"

销售顾问或服务顾问应根据《保养手册》的内容解释车辆检查和维护的日程及其重要性,重点是保修期限和保修项目等重要事项。很多客户认为在保修期内,车辆有任何的问题都是属于保修的范围,这是不对的,如果在交车的时候不说清楚,在今后的使用过程中买卖双方容易产生矛盾,引起不必要的争端。例如,车辆的玻璃、雨刮片、灯泡、轮胎在使用过程中正常损耗是不属于保修范围的,如果不说明,很多客户就不知道,一旦说过了,客户就容易理解。特别要向客户说明强制保养的规定以及重要性。有些客户就是没有按厂家的规定进行强制保养,最后不能享受厂家的免费保修,给自己带来很大的损失。

另外,售后服务部的工作人员还要向客户介绍售后的服务网络,以及本经销店的营业时间、预约项目、24 小时救援服务项目等。

(6)售后服务和满意度调查的说明

在车辆销售之后,公司会为客户提供全方位售后服务,因此,售后服务部门会定期与客户进行联系,了解客户的使用情况,并及时提醒客户进行车辆保养。有一些厂家和经销商还会对客户进行满意度调查,这些工作都需要客户耐心地配合,因此在交车的时候就向客户说明,希望客户能够给予支持和配合。

(7)精品加装的确认

对加装了精品的客户进行精品加装项目的确认,并检查安装的质量,同时向客户说明精品的使用和相关的操作。例如,加装了导航系统的,要告诉客户各种功能和操作方法等。

5. 参观维修部门

为了向客户证实买车后可以提供的售后服务,同时为了展示经销店的维修实力,可以带客户参观维修车间,向客户介绍维修部门的负责人和维修设备。因为客户买了车后,是肯定要和维修部门打交道的,通过对售后服务部门的介绍能增强客户对经销店的信心,一旦他有朋友买车,就会想到介绍给这家经销店。

交车时最关键的内容就是必须将车辆的使用方法明明白白地告知客户,让客户能正确地使用车辆,同时了解车辆在使用过程中的注意事项,减少问题的发生,即使出现问题也能够知道如何处理,解决客户用车的后顾之忧。因此说,交车过程中的说明是十分必要的环节,务求认真细致,切不可为赶时间而一带而过。

6. 新车交付仪式

交车是客户最兴奋的时刻,为了能迎合客户的心理,在交车的过程中举行交车仪式,既能很好地激发销售顾问的热情,又能带给客户一个惊喜,大大提高客户的满意度。

交车仪式力求简短、隆重、热烈,通过交车仪式让客户拥有一段难忘的经历,留下深刻的印象。举行交车仪式应该注意以下几点:

①总经理或销售经理应亲自参加交车仪式,到场向客户表示祝贺和感谢,并赠送鲜花和礼物。公司领导参与交车仪式会让客户感受到尊贵感,能够使交车仪式的效果更好,也使用户的心理得到最大限度的满足,从而使客户从满意转变为感动,提高客户对经销店的忠诚度。

②经销店有空闲的工作人员都列席交车仪式,鼓掌以示祝贺,营造一个热烈、温馨的交车氛围。

③还应与客户合影留念,并将照片冲洗出来后寄给客户。有条件的可以鸣放礼炮或播放事先准备的背景音乐,体现热烈的气氛。

交车仪式一方面是为了提高客户的满意度,另一方面也是通过这样一种方式来影响在经销店看车或修车的客户,让他们感受到作为我们的客户所受到的礼遇和尊重,那么,当他们再次购车以及亲属、朋友购车,他们就会想到本店。可以说,交车仪式是非常有效的提高客户满意度的方式。

客户张先生在上海大众4S店购买新车,在取车环节我们应该这样实施任务。

1. 做好交车前的基本准备工作

2. 打电话给客户

具体电话内容如下:

小李:"您好,请问是张先生吗?我是上海大众4S店的销售顾问小李。"

张先生:"是的。"

小李:"上次我们约好今天早上九点来我们4S店提车,我的准备工作都已经做好了。就等您的大驾光临了。"

张先生："好的,我一会就到。"

3. 店内接待

销售顾问小李应在店门口迎接客户,见到客户后应说:"您好,张先生,今天真是恭喜您了,终于可以拿到您的爱车了,请到我们展厅休息一下,我把有关的文件交给您。请戴上我们的交车卡吧。"见到有交车卡的客户,所有看见的销售顾问都应祝贺:"张先生,恭喜您今天来取爱车啊!"

4. 文件交接

小李:"张先生,您好,这是您的保险卡、合格证、保修手册、使用说明书、完税证明、车价发票,其他一些费用的发票(保险单据、上牌费、车船使用税、车辆购置税)请妥善保管,以后在车辆的使用过程中,这些证件非常重要。还请张先生核对一下,没有什么问题的话请在交接单上签字,好吗?如果对这些费用有什么疑问的话,随时可以问我。"(各项费用要向客户详细解释说明,且要和商谈前符合,如果有不符合的地方,要向顾客说明原因并出示交车确认表,依各项目点请客户逐项打勾。)

张先生:"好的,没有问题。"

小李:"好的,没什么问题的话,我们去看看您的爱车吧!"

5. 车辆操作

小李:"张先生,我给您演示一下车辆各项功能的操作吧。如果您在今后使用的过程中不会操作的话,可以打电话给我,也可以查看我们随车的操作手册。"

作为销售顾问为客户演示车辆各项操作功能时,需介绍的主要内容包括以下各项:

第一项:座椅、方向盘调整(含方向盘锁住时,如何转动钥匙,起动发动机等)。

第二项:后视镜调整、电动窗操作。

第三项:儿童安全锁。

第四项:空调及除雾。

第五项:音响(含设定频道,要参看使用说明书,操作给客户看)。

第六项:灯光、仪表、电子钟。

第七项:特有配备的机能及配备介绍。

第八项:其他任何客户可能不熟悉的事项。

第九项:指出其他服务,诸如加满油箱等(如可行的话)。

6. 车辆检验及认可

小李:"张先生,我们一起来检验一下车况吧!"

销售顾问带领顾客进行车辆检验时,所涉及的主要项目包括:

首先是车内部分:座椅、地毯等整洁。

其次是车辆外部:灯、保险杠、门把等整洁,有没有损坏漆面等。

最后是附件齐全:配备(标准、专营店答应赠送的)、千斤顶、工具包、故障警示架、备胎及胎压、点烟器等。

车辆检验完毕后,销售顾问应示意客户对检车结果是否满意,所以,销售顾问小李应对客户说:"张先生,您觉得怎么样,还满意吗?如果没有什么问题的话我们一起签署交车确认表吧!然后给您介绍一下我们的售后服务,您买车之后,售后维修是非常重要的。"

7. 售后服务

小李:"您的爱车在今后的使用过程中,有任何问题可拨打我们的免费服务电话或24小时求助电话。您可以查看使用说明书及保修手册。"

销售顾问在交车时应给客户提供全国服务网点一览表并对"五个安心"服务承诺进行说明。并详细口头说明下列事项：

第一项：首保之前，车辆磨合期使用注意事项。

第二项：5000km免费保养内容说明。

第三项：保修时间、保修里程数（两者其中之一，不管何者出现，都表示保修期已到）。

第四项：保修项目、非保修项目（如易磨损部件和维护材料等）。

第五项：确定首保的日期并记入《保有客户管理卡》。

第六项：详细介绍服务站及维修人员，以增加客户入厂可能性。

第七项：营业时间、地点说明。

第八项：服务进厂、作业流程说明。

最后，销售顾问还要为客户介绍本店的服务经理及指定服务顾问，所以，小李说："这是我们的服务经理刘经理和服务顾问小王，这是他们的名片，您以后有车辆维修方面的问题可直接与他们联系。"

8. 送别客户

小李："张先生，我们公司对您会提供后续跟踪服务以便及时了解您的车况，一周后向您发首保通知，请问我们什么时候和您联系比较方便呢？"

张先生："节假日的时候都可以吧。"

小李："衷心感谢您的惠顾，我们与您的爱车拍个照留念吧，我们4S店还特意为您准备了鲜花，预祝您行车愉快，祝您一切顺利！"

待客户上车后，销售顾问要陪送客户直至路口，并进行合适的交通指导。

销售顾问应将客户对后续跟踪服务的选择及其他信息记入《保有客户管理卡》，将该客户档案转交服务部。

 任务工作单

学习情境五：汽车整车销售 工作任务五：交车服务	班级			
	姓名		学号	
	日期		评分	

一、工作单内容

对已交付定金的客户进行交车服务。

二、准备工作

说明：每位学生应在工作任务实施前独立完成准备工作。

1. 销售人员和客户的情绪高涨点不同，销售人员情绪最高涨是在_____时候，而客户是在_____时情绪达到最高点。

2. 客户经理将发票和结算清单交给客户，应与客户核对发票上的客户姓名、购车日期、车辆型号、发动机号码、车架号_____、发票号码等。

3. 交车前电话联系客户，确认_____、_____，并对_____和_____再做一简要结算，征得客户认可。

4. 交车前，销售顾问做好准备工作，确认并检查_____、_____和_____以及其他文件和发票等。

三、任务实施
1. 准备好交车时所用到各项单据资料。
2. 完成新车 PDI 检查。
3. 清洗车辆,保证车辆内外美观整洁,车内地板铺保护纸垫。
4. 交车时一般要进行车辆部位说明,做好车辆部位说明项目表的填写:

说 明 部 位	说 明 项 目
驾驶室	
发动机舱	
行李箱	

四、工作小结
1. 为什么要对客户进行完善的交车服务呢?

2. 交车前的准备工作包括哪些内容?

3. 交车说明的主要内容有哪些?

工作任务六　车辆的售后服务管理

 **任务概述**

1. 应知应会

通过本工作任务的学习与具体实施,学生应学会下列知识:

(1)成交后的跟踪服务。

(2)未成交顾客的跟踪服务。

(3)客户投诉处理。

应该掌握下列技能:

学会车辆的售后服务管理。

2. 学习要求

(1)在每个任务单元的学习过程中,完成相关任务工作单的填写,并通过课程网络及时提交给相关教师。任务工作单提交方法详见课程网站。

(2)在每个情境实施阶段的中期或后期,按要求填写工作单。本情境学习结束后按要求填写学生考核记录表,进行自我评价后交小组长,小组长评价后连同工作单统一交教师。

(3)每个情境学习到评价环节时,个人进行任务完成情况的评估。教师对小组抽查,被抽查的个人上台进行讲评。

 **相关知识**

一、售后服务内容

1. 售后服务意义

对于一位购买了新车的客户来说,第一次维修服务是这位客户亲身体验4S店"服务流程"的一次亲密接触机会。销售流程的后续跟踪步骤的要点是在客户购买新车之后与"首次保养"之间如何继续促进和发展双方的关系,以保证客户会返回4S店进行"首保"。并通过定期跟踪,巩固与客户之间良好的关系,再通过这种关系的延长,不断地获得新的潜在意向客户。

一个满意的客户往往会带来更多的新客户,在国内的汽车销售行业中,有一项非常重要的指标,那就是客户的回头率。最近的一项调查表明:绝大多数客户最担心的是他们在购买了车辆之后就没人管了,就不再重视他们了。所以,作为汽车销售人员,要十分重视客户满意度,只有客户满意了,他才能信任你,才是你的销售职业长久发展的基础。销售顾问经历了客户的开发、接待、咨询、介绍、试车、签约、交车等诸多环节之后,如何持续保持客户的满意呢? 售后跟踪服务是维持客户满意度的最好途径。

2. 售后服务工作的内容

(1)整理客户资料、建立客户档案

客户购买车辆之后,销售顾问应于2日内将客户有关情况整理制表并建立档案,装入档案袋。客户有关情况包括:客户名称、地址、电话、来访日期、车辆的车型、车号、车种、首次维修保养日期、保养周期、客户希望得到的服务、客户的特殊需求等。

（2）根据客户档案资料，研究客户的需求

销售人员根据客户档案资料，研究客户对汽车维修保养及其相关方面的服务的需求，找出"下一次"服务的内容，如通知客户按期保养、通知客户参与本公司联谊活动、告之本公司优惠活动、通知客户按时进厂维修或免费检测等。

（3）与客户进行电话、信函联系，开展跟踪服务

跟踪服务的具体内容包括以下事宜：

①询问客户用车情况和对本公司服务有何意见。

②询问客户近期有无新的服务需求需我公司效劳。

③告之相关的汽车运用知识和注意事项。

④介绍本公司近期为客户提供的各种服务，特别是新的服务内容。

⑤介绍本公司近期为客户安排的各类优惠联谊活动，如免费检测周，优惠服务月，汽车运用新知识晚会等，内容、日期、地址要告之清楚。

二、客户跟踪项目

1. 感谢信和感谢电话

在提车后的3天和7天应该为客户打回访电话，咨询客户车辆的使用情况避免让客户觉得无人问津。同时将合影邮寄给客户留下纪念。在此过程中，告知客户可以为客户做首保预约，避免客户首保过期而影响车辆质保及车辆使用。最后不定期关怀客户，吸引客户再次到店，为培养忠诚用户做准备。

应用范例：

交车当天电话回访话术："××先生/女士，您好！我是销售顾问小陈，你到家了吧！感谢您购买了××品牌××车型的汽车，很高兴为您服务。如果在车辆熟悉过程中有任何问题，您都可以打我手机，我手机24h开机。不打扰您了，再见！"

交车3天后电话回访话术："你好！××先生/女士，我是销售顾问小陈。这几天您对车辆大概也熟悉了吧，有什么问题都可以随时打电话给我。如果有朋友想买车也可以介绍给我。谢谢您了！对了，我们公司的客服人员将会对您进行电话回访，主要内容是对本次服务的满意度调查，到时候希望您能给我一个满意的10分，麻烦您了。祝您生活愉快！"

交车7天后电话回访话术："您好！××先生/女士。不好意思打扰您了。我是小陈，车熟悉的怎么样了，一切都好吧！没见你打电话过来给我，我想应该没什么问题的。我们店最近将举办一个用户课堂活动，内容是车辆的一些保养和使用小知识，如果您感兴趣，我们热烈欢迎您及家人朋友一同来参加。我现在给您做个登记吧！"

2. 首保预约

致电客户进行首保预约话术："您好！××先生/女士。我是小陈。是这样的，您车辆现在行驶了多少千米了？快三个月了吧？可以进行车辆的首次保养了。我们首次保养是免费的。您看您近期什么时候方便来做首保呢？我现在给您做个预约登记。预约登记后，您来进行首保就不用排队了，可以节约您宝贵的时间。好吗？

3. 吸引客户来店

通过不断的跟踪工作，为客户创造优质的用车环境，构筑客户对网点的信赖，吸引客户再次来店，鼓励客户推介。事实上不是每次销售都会成功的，对于未成交的用户，销售顾问

或公司客服也应该及时进行电话回访,吸引客户来店。

未成交客户电话跟踪话术:"××小姐/先生,您好!我是××品牌4S店的客服,您近期来过我们公司询问过车价,我们是想了解一下您为何后来没有选择我们公司的车,是我们这里的服务不够好,还是有其他的原因呢?……好的,那您现在是否购买了呢?是什么原因没有购买呢?那您还会考虑我们的车吗?非常感谢您的配合,如果您还有意愿的话我们将热诚为您服务,那不好意思打搅您了,祝您工作顺利,再见!"

4. 后续关怀

记住对客户生日关怀、节日关怀、居家关怀、出险慰问、产品资讯等相关内容,常与客户进行联系,并且要保证每三个月跟客户联系一次。

销售顾问客户跟踪的执行中有要按照规定时间回访,为客户预约首保,后续关怀培养忠诚用户,鼓励推介新客户,认真记录回访内容。每次客户回访后将相关信息内容在客户管理卡上进行补充完善。

三、客户投诉处理

1. 汽车4S店客户投诉处理技巧和注意事项

(1)基本的做法

①接待员去接待有意见的车主(必要时由站长出面)。

②态度要诚挚。

③接触之前要了解本次维修详细过程和车主的情况。

④让车主倾诉他的意见,这样才能使其恢复情绪,平静地说话。

(2)处理原则

①对4S店的过失,要详尽了解,向车主道歉。

②让车主觉得自己是个重要的客户。

③对车主的误会,应有礼貌地指出,让车主心服口服。

④解释的时候不能委曲求全。

⑤谢谢客户让你知道他的意见。

(3)注意的问题

①注意心理换位,把自己置身于车主的处境来考虑问题。

②让车主倾诉自己的怨言。

③时间不能拖,要及时处理,否则问题会越变越严重。

(4)具体处理方法

①车主打电话或来店投诉时,用平静的声音告诉客户。例如:"谢谢你给我们提出了宝贵的意见",切忌与车主发生争执。

②仔细倾听客户的抱怨。

③确实属于我们的问题,除向客户诚挚道歉以外,马上根据客户时间安排返修,并承担相关费用。

④不属于我方造成的问题。耐心向客户做出解释,解释时注意不要刺伤车主的感情。

⑤建议对车辆存在的问题进行免费检查,并在征得客户同意的前提下,进行检修。

⑥收费问题可以适当优惠或对工时费予以减免。

⑦再次对客户的投诉表示感谢。

2. 汽车4S店客户投诉处理流程

（1）客户投诉处理流程

①任何人在接到客户意见后，第一时间向客户道歉，并记录投诉内容以及相关内容，比如时间、地点、人员、事情经过、其结果如何等问题，了解投诉事件的基本信息，并初步判断客户的投诉性质，在1h内上报客户经理或客户服务中心，由客户经理或客户服务中心立即填写《客户信息反馈处理单》。

②客户服务中心立即给该《客户信息反馈处理单》进行编号并简单记录基本信息：车牌号、填单人姓名、内容概要。

（2）对于明显能确定责任的质量问题、服务态度、文明生产、工期延误的投诉

①客户经理在24h内协同被反馈部门完成责任认定并对责任人完成处理意见后，完成与客户的沟通（如有必要）并将《客户信息反馈处理单》转给管理部。24h内没有联系上的客户，客户经理应在48h完成上述工作。

②管理部在接到《客户信息反馈处理单》后，在四小时内根据公司文件对处理意见进行复核，对认可的处理出具过失处理意见；对有异议的，召集客户经理和相关部门进行协商并签署协商意见。在4h内，将处理结果上报主管总经理，同时将主管总经理的处理意见反馈给客户经理和相关部门执行。

③管理部在8h内根据最终处理意见实施责任追究、进行过失沟通，完成最终的《客户信息反馈处理单》并于当日转客户服务中心。

（3）对于当时无法确定责任的质量问题、配件延时、客户不在场、客户没有时间的投诉

①客户经理通知客户在客户方便时直接找客户经理解决，报主管总经理认可后，按未了事宜进行处理。

②如客户属于重大投诉，客户经理应请示主管总经理后上门拜访客户。

③未了事宜由客户经理和客户服务中心分别在各自的《未了事宜台账》上进行记录，并在维修接待电脑系统中明确标注。

④客户经理每月4日完成上个月未了事宜的客户沟通、提醒，及时回厂处理并及时掌握未了事宜的变化情况。

3. 回访流程

客户服务中心对处理完毕的《客户信息反馈处理单》，并有客户经理明确标明需要回访的客户，在24h内进行回访；对正在处理中的《客户信息反馈处理单》暂停回访，直至处理完毕后再进行回访。

任务实施

一、交车后一天电话回访

小王："马先生，您好，我是一汽丰田4S店的销售顾问小王，您昨天在我们这里购买一辆花冠轿车。"

马先生："是啊，怎么了？"

小王："马先生，您昨天把车开走后想必也感受了车的良好性能，我打电话是想问问您对车是否还满意，看您有没有什么需要帮忙的。"

马先生："挺好的，谢谢你，我朋友都说车挺漂亮的。"

小王:"您满意就好。由于是新车,再加上您开车时间也不太长,会有几个月的磨合期。在这段时间里,您可以看看驾驶员手册,按照说明操作,这样既可以保护您的爱车,也可以保证您的安全,您说是吗?"

马先生:"那是那是,我会注意的。"

小王:"好的,先生,您以后要是有什么问题找我也可以,找售后部的××也可以。如果您有什么宝贵意见和建议,也欢迎您给我们提出来。最后祝您事业顺利、用车愉快。"

二、处理投诉

情景:客户陈女士怒气冲冲地来到某品牌4S店,进店便质问卖给她车的销售顾问小孙,说该品牌根本没有售后服务,认为自己被欺骗了,要求退车。此时,作为销售顾问的你该如何应对呢?

(1)不指责抱怨,不发脾气

对愤怒的陈女士的指责、抱怨、打断对方的话只会让她更加愤怒,让自己更被动,最终引起更大的冲突和对抗。所以,无论如何,销售员小孙都不要指责对方,也不要半途插话,更不要辩解或对客户发脾气。

(2)面带微笑

正所谓伸手不打笑脸人,销售顾问小孙如果能够对客户保持真诚的微笑,可以有助于陈女士的情绪很快稳定下来,而若是表现出冷冰冰的神情只能更加激怒陈女士。

(3)对客户表示理解

要让一个人的情绪平复下来,最简单的办法就是利用同情心,让他知道你和他是站在同一条战线上的,你理解他、懂得他,处理客户的抱怨和投诉也是同样的。销售人员小孙在询问陈女士事实的真相或采取解决措施之前,要先明确对她的遭遇表示自己的理解,尽量让她平静下来,鼓励她把心事说出来,迅速发现她面临的问题,并了解她的期望,及时给以安抚和平息。

(4)认真倾听

对销售顾问来说,会说能说未必是好事,销售顾问小孙不但要说好自己应该说的话,还要引导陈女士多说,弄清楚客户的愤怒、看法、意见、不安,才能真正洞悉客户的真实意图,也才能让一名激动的陈女士平静下来,更为客观地看待产品。销售顾问小孙不但要克制自己的情绪,而且还要冷静下来做一个最好的倾听者,必要的时候给予适当的回应,不时点头等,及时表达自己对客户的同情和关注,以缓解陈女士激动、愤怒的情绪。当她说到重要的地方的时候,小孙还可以重述客户的话以示重视,这样小孙才能争取更多的主动。

(5)把客户的不满记录下来

销售顾问小孙在听取陈女士抱怨、征求其意见的时候,应随身携带笔记本,将客户感到不满的原因以及希望的解决方式记录下来,然后对客户的意见表示感谢,并告知自己的解决方式,即使当时没有妥善的解决方法,也要告知客户自己一定会解决,以给客户信心。在解决问题之后,还要及时将最终结果反馈给客户。

(6)与客户一起协商解决问题的方法

陈女士:"你们是怎么回事,售后服务到底有没有?你们是不是在骗人?我要退车。"

小孙:"女士,您请坐,请问您是遇到什么麻烦了吗?"

陈女士:"我买车的时候,你给我说得很好听,如果遇到什么问题直接找你们售后部门就可以解决,可是现在,我打电话预约从来没有打通过电话,我自己找维修点人家又说不维修我这种车。你当时是怎么跟我说的?为什么现在这样?服务差不说,我从买车到现在才三个月,车就已经送去维修三次了,质量也太差了,跟你当时和我说的完全是两回事。我要退车,你今天必须给我一个说法,这事不能就这么了了。"

小孙:"女士,真是抱歉,我很理解您的愤怒,这事摊到谁头上都会很生气,给您添麻烦了,我们一个个解决您遇到的问题好吗?我听您的意思是说,您打售后服务电话打不通吗?"

陈女士:"是,我打了三次都没通过。你们也太过分了,早知道是这样我就不买你们的车了。"

小孙:"女士,谢谢您能告诉我们这个问题。您能告诉我您什么时候打的电话吗?这样我也好弄清楚问题所在。"

陈女士:"今天上午,九点到十一点之间。"

小孙:"哦,女士,我想是这样的,公司销售现在进入旺季,售后也忙起来了,经常会出现那种忙线的情况,您打电话的时候是不是也是占线呢?"

陈女士:"也许吧,反正里面说是线路忙。那我的车为什么老是坏?该不会是你当时卖给我试驾车吧?"

小孙:"女士,我理解您的疑虑,不过您放心,我们卖给您的绝对是新车,您提车时也看了,不管是发动机的型号还是其他方面都和您当初看的车是一样的。只是前三个月车还处于磨合期,对车不熟悉、路况等都可能使车出问题,也有可能是我们的工作没有做好,您看这样好吗,我们先对车进行一个全面检查,看看问题出在哪里。"

陈女士:"好吧,我要不是看你挺好的,我一定退车,买个车这么麻烦。"

小孙:"谢谢您对我们的支持,也感谢您对我的信任。您放心,我们一定会给您一个满意的处理。"

任务工作单

学习情境五:汽车整车销售 工作任务六:车辆的售后服务管理	班级		
	姓名	学号	
	日期	评分	

一、工作单内容

对于已在4S店提车的客户,销售顾问对其进行售后跟踪服务。

二、准备工作

说明:每位学生应在工作任务实施前独立完成准备工作。

1. 汽车产品售后服务工作始于_____后,贯穿于_____、_____和_____的全过程。

2. 销售人员可通过_____体现对客户的关怀,解决客户_____化解_____,从而与客户建立_____,为寻找新的_____,培养_____奠定良好的基础。

3. 在处理所有投诉的过程中,必须树立一个正确的观念,只有_____,没有_____;即使是客户一时的误会,也是我们自己_____。

4. 在售后服务跟踪环节,销售顾问应按客户能接受的方式与客户保持长期的联系,在电话回访的时候,可以先聊点其他的内容,下列说法错误的是_____。

A. 张先生,好久没有联系了,打个电话问候一下。
B. 朱小姐,好久没有听到你的声音了,最近生意还好吗?
C. 王先生,最近有没有朋友要买车啊,给介绍一下啊。
5. 如果客户对所使用车辆或服务站不满意,下列做法错误的是( )。
   A. 让客户随意说出自己的不满
   B. 为客户带来的不便表示歉意,并决心改正
   C. 极力表达自己的观点
6. 交车六个月之后,销售顾问接触客户的目的是( )。
   A. 车检提醒,续保招揽　　B. 以旧换新促进　　C. 询问用车情况

三、任务实施
1. 整理客户资料,建立客户档案;
2. 根据客户档案资料,研究客户的需求;
3. 与客户进行回访电话联系,开展跟踪服务。

回 访 项 目	回 访 话 术
李女士3天前在大众4S店购买了一辆1.8T的迈腾,请你对李女士做个售后三日电话回访工作	
王先生在上海大众4S店购买POLO车已经3个多月了,请你通过电话方式提醒王先生来店进行车辆保养	
邀请保有客户张先生来参加公司举办的用车大讲堂活动	
客户潘先生反映:车才买了几个月,烧机油现象很严重,接着里程表、传动轴又坏了。客户很失望,要求销售顾问退车	

四、工作小结
1. 如何理解"真正的销售始于售后"。

2. 谈谈客户跟踪的内容和具体方法。

参 考 文 献

[1] 刘建伟.汽车销售实务[M].北京:北京理工大学出版社,2012.
[2] 华英雄.汽车销售快速成交50招[M].北京:中国经济出版社,2012.
[3] 顾燕庆,朱小燕.汽车销售顾问[M].北京:机械工业出版社,2012.
[4] 宋润生.汽车营销基础与实务[M].广州:华南理工大学出版社,2008.
[5] 李刚.汽车营销基础与实务[M].北京:北京理工大学出版社,2011.
[6] 李刚.汽车及配件营销实训[M].北京:北京理工大学出版社,2011.
[7] 王世铮,高犇.汽车营销[M].北京:北京理工大学出版社,2010.
[8] 王梅.汽车营销实务[M].北京:北京理工大学出版社,2010.
[9] 孙凤英.汽车及配件营销[M].北京:高等教育出版社,2010.
[10] 杜艳霞,李祥峰.汽车与配件营销实务[M].北京:科学出版社,2010.
[11] 付慧敏,罗双,郭玲.汽车营销实务[M].哈尔滨:哈尔滨工业大学出版社,2013